オールカラー

全身の各筋肉を思い通りに鍛え分ける

筋トレ
動き方・効かせ方
パーフェクト事典

東京大学大学院
総合文化研究科教授
石井 直方 監修

国際武道大学
体育学部准教授
荒川 裕志 著

ナツメ社

CONTENTS

監修者のことば ……………………………… 10

序章 筋肉の働きと人体動作の関係　11

関節動作のしくみ …………………………… 12
筋肉が発達するしくみ ……………………… 14
主働筋と協働筋 ……………………………… 16
負荷の方向と肢位の関係 …………………… 18
最大負荷の位置 ……………………………… 20
負荷範囲の長さ ……………………………… 22
単関節筋と二関節筋 ………………………… 24
肩甲骨・体幹・股関節の構造 ……………… 26
負荷強度と回数の設定 ……………………… 28
筋トレ種目の種類 …………………………… 30

本書の読み方 ………………………………… 32

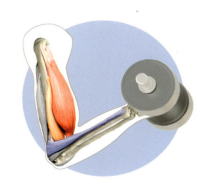

第1章 BIG3種目の動き方・効かせ方　33

バーベルスクワット …………………………………… 34
●ローバースクワット　●フロントスクワット ……… 36
●ハーフスクワット　●フルスクワット　●ワイドスクワット …… 37
●膝関節スクワット　●ダンベルスクワット　●スミスナロースクワット …… 38
●スケータースクワット　●ピストルスクワット　●シシースクワット …… 39

ルーマニアンデッドリフト …………………………… 40
●デッドリフト　●スティッフレッグドデッドリフト …… 42
●パーシャルデッドリフト　●ワイドデッドリフト　●スミスルーマニアンデッドリフト …… 43

ベンチプレス(ややワイド) …………………………… 44
●ベンチプレス(ややナロー)　●スミスインクラインベンチプレス …… 46
●ナローベンチプレス(肩幅)　●ナローベンチプレス　●スミスベンチプレス …… 47
●足上げベンチプレス　●デクラインベンチプレス　●リバースベンチプレス …… 48

第2章 フリーウエイト（多関節種目）の動き方・効かせ方　49

ダンベルプレス ……………………………………………………………………… 50
- インクラインダンベルプレス ●ダンベルフライ ……………………………… 51
- デクラインダンベルプレス ●ダンベルフライプレス
- インクラインダンベルフライ …………………………………………………… 52
- ダンベルフライ（45度外転位）●リバースダンベルプレス
- 肩甲骨リバースダンベルプレス ………………………………………………… 53

バーベルバックプレス …………………………………………………………… 54
- バーベルフロントプレス ●アーノルドプレス ………………………………… 56
- ダンベルショルダープレス ●リバースフロントプレス ●スミスフロントプレス …… 57

ベントオーバーロー ……………………………………………………………… 58
- ワイドベントオーバーロー ●リバースベントオーバーロー
- ダンベルベントオーバーロー …………………………………………………… 60
- ワンハンドロー ●インクラインダンベルロー ●Tバーロー ………………… 61

バーベルアップライトロー ……………………………………………………… 62
- ワイドバーベルアップライトロー ●ダンベルアップライトロー
- 外旋アップライトロー …………………………………………………………… 63

バーベルランジ …………………………………………………………………… 64
- バーベルサイドランジ ●ダンベルランジ ●ウォーキングランジ ………… 66
- バーベルバックランジ ●ダンベルバックランジ ●スミスバックランジ … 67

ブルガリアンスクワット ………………………………………………………… 68
- 片手片脚デッドリフト ●片手ブルガリアンスクワット ……………………… 69
- 片脚デッドリフト ●スプリットスクワット …………………………………… 70

第3章 フリーウエイト（単関節種目）の動き方・効かせ方 71

バーベルカール ……………………………………………………… 72
- ●ダンベルカール（オルタネート）　●EZバーカール ……………… 74
- ●インクラインカール　●プリーチャーカール ……………………… 75
- ●コンセントレーションカール　●スピネートカール　●ハンマーカール …… 76
- ●バーベルリバースカール　●ダンベルリストカール
- ●ダンベルリバースリストカール …………………………………… 77

トライセプスエクステンション ……………………………………… 78
- ●トライセプスエクステンション（肩可動）　●リバーストライセプスエクステンション
- ●キックバック ………………………………………………………… 80
- ●フレンチプレス　●片手フレンチプレス　動1 ダンベルプルオーバー …… 81

ダンベルシュラッグ …………………………………………………… 82
- ●バーベルシュラッグ　●肘曲げダンベルシュラッグ　●スミスシュラッグ …… 84
- ●バーベルバックシュラッグ　●インクラインシュラッグ　動1 サイドベンド …… 85

サイドレイズ …………………………………………………………… 86
- ●ライイングサイドレイズ　●ライイングサイドレイズ（45度）
- ●インクラインサイドレイズ …………………………………………… 87
- ●フロントレイズ（手甲上）　●フロントレイズ（親指上）
- ●ライイングフロントレイズ …………………………………………… 88
- ●バーベルリバースフロントレイズ　●ベントオーバーリアレイズ
- ●ライイングリアレイズ ………………………………………………… 89
- ●ライイングデルトロー　●ライイングデルトロー（45度） ………… 90

第4章 自重種目の動き方・効かせ方　91

プルアップ …………………………………………………………………… 92
- ワイドプルアップ ●ナロープルアップ ●スターナムプルアップ ……… 94
- チンアップ ●チンアップ（肘屈曲メイン）●ビハインドネックプルアップ … 95

プッシュアップ ……………………………………………………………… 96
- ワイドプッシュアップ ●デクラインプッシュアップ ●プランシェプッシュアップ …… 98
- ナロープッシュアップ ●脇開きナロープッシュアップ …………………… 99

ディップス …………………………………………………………………… 100
- ナローディップス ●肩甲骨ディップス ……………………………………… 102
- リバースプッシュアップ ●サイドプッシュアップ ●肩甲骨プッシュアップ … 103

シットアップ ………………………………………………………………… 104
- シットアップ（足固定）●片脚股関節シットアップ ●デクラインシットアップ … 106
- クランチ ●Vシット ●サイドシットアップ ………………………………… 107

ツイストクランチ …………………………………………………………… 108
- サイドクランチ ●トランクツイスト ●サイドシットアップトランクツイスト … 110
- デクライントランクツイスト ●デクラインツイストシットアップ ●シャフトスイング … 111

体幹バックエクステンション ……………………………………………… 112
- 股関節バックエクステンション ●グルートハムレイズ …………………… 114
- 片脚股関節バックエクステンション ●股関節バックエクステンション（水平）
- グルートハムレイズ（水平）…………………………………………………… 115

フロントブリッジ …………………………………………………………… 116
- アブローラー ●サイドブリッジ ●ダイナミック片脚フロントブリッジ …… 117

片脚ヒップリフト …………………………………………………………… 118
- 片脚デクラインヒップリフト ●サイドヒップリフト ●バーベルヒップスラスト …… 119

レッグレイズ ………………………………………………………………… 120
- サイドレッグレイズ ●プローンレッグレイズ ●ライイングウィンドシールドワイパー … 121
- ハンギングレッグレイズ ●体幹屈曲ハンギングレッグレイズ
- ハンギングウィンドシールドワイパー ……………………………………… 122
- 旋回ハンギングレッグレイズ ●ドラゴンフラッグ ●ツイストドラゴンフラッグ … 123

ネックエクステンション …………………………………………………… 124
- ネックフレクション ●ネックフレクション（立位）●サイドネックフレクション …… 125
- ネックブリッジ（前）●ネックブリッジ（後）●ネックブリッジ（回旋）…… 126

第5章 マシン種目の動き方・効かせ方　127

ラットプルダウン ……………………………………………………… 128
- ●ワイドプルダウン　●ナロープルダウン　●ビハインドネックプルダウン ……… 130
- ●リバースナロープルダウン　●リバーススターナムプルダウン
- ●スターナムプルダウン ……………………………………………………… 131

シーテッドロー …………………………………………………………… 132
- ●シーテッドロー（上体前傾）　●アンダーグリップロー　●ワイドシーテッドロー …… 134
- ●片手シーテッドロー　●ケーブルバックエクステンション　●マシンローイング …… 135

チェストプレス ……………………………………………………………… 136
- ●ワイドチェストプレス　●ナローチェストプレス ………………………… 138
- ●デクラインチェストプレス　●リバースチェストプレス　●チェストプレス（正面軌道）…… 139

チェストフライ ……………………………………………………………… 140
- ●肘曲げチェストフライ　●デクラインチェストフライ　●ペックデックフライ ……… 141

リアデルトフライ …………………………………………………………… 142
- ●肘曲げリアデルトフライ　●肩甲骨リアデルトフライ　●リバースリアデルトフライ …… 143

マシンショルダープレス …………………………………………………… 144
- ●ショルダープレス（45度）　●ナローショルダープレス ………………… 146
- ●ワイドショルダープレス　●ハンマーショルダープレス　●逆向きショルダープレス …… 147

プレスダウン ………………………………………………………………… 148
- ●脇開きプレスダウン　●リバースプレスダウン ………………………… 150
- ●ストレートアームプレスダウン　●プレスダウン（二股ロープ）　●ケーブルクランチ …… 151

ケーブルクロスオーバー …………………………………………………… 152
- ●肘曲げケーブルクロスオーバー　●ケーブルクロスオーバー（斜め上方向）
- ●ケーブルクロスオーバー（斜め下方向） ………………………………… 154
- ●片手ケーブルクロスオーバー　●ケーブルクロスオーバー（真下方向）
- ●両手ケーブルローテーション（内旋） …………………………………… 155
- ●ケーブルローテーション（内旋）　●ケーブルローテーション（外旋）
- ●ケーブルリストカール ……………………………………………………… 156

ケーブルフロントレイズ …………………………………………………… 157
- ●ケーブルフロントレイズ（手甲上）　●肘曲げケーブルフロントレイズ
- ●ケーブルフレンチプレス …………………………………………………… 158
- ●ケーブルフロントレイズ（対角方向）　●ケーブルアップライトロー …… 159

6

ケーブルサイドレイズ ……………………………………………………… 160
- 外旋位ケーブルサイドレイズ ●ケーブルサイドロー ●フェイスプル ……… 161

ケーブルリアレイズ ……………………………………………………… 162
- ケーブルリアロー（水平） ●ケーブルリアロー（斜め上方向）
- ケーブルリアロー（斜め下方向） ………………………………………… 163

アブドミナルクランチ …………………………………………………… 164
- アブドミナル側屈クランチ ●アブドミナル回旋位クランチ ……………… 166
- マシン股関節シットアップ **幸1** さまざまな腹筋マシン ………………… 167

ロータリートーソ ………………………………………………………… 168

レッグプレス ……………………………………………………………… 170
- 股関節レッグプレス ●膝関節レッグプレス ●ワイドレッグプレス …………… 172
- ナローレッグプレス ●カーフレイズ（レッグプレスマシン） ●ハックスクワット …… 173

レッグエクステンション ………………………………………………… 174
- レッグエクステンション（上体前傾） ●つま先レッグエクステンション ……… 176
- 膝外旋レッグエクステンション ●膝内旋レッグエクステンション
- 片脚レッグエクステンション ……………………………………………… 177

マシンバックエクステンション ………………………………………… 178
- マシンバックエクステンション（フルレンジ）
- スティッフレッグドバックエクステンション …………………………… 180
- 体幹マシンバックエクステンション ●股関節マシンバックエクステンション …… 181

ヒップフレクション ……………………………………………………… 182
- ヒップエクステンション ●ヒップアブダクション ●ヒップアダクション …… 183

マシンアダクション ……………………………………………………… 184
- マシンアダクション（上体前傾） ●膝浮かしマシンアダクション …………… 185

マシンアブダクション …………………………………………………… 186
- マシンアブダクション（上体前傾） ●膝浮かしマシンアブダクション ……… 187

マシンカーフレイズ ……………………………………………………… 188
- 片脚マシンカーフレイズ ●膝曲げマシンカーフレイズ
- シーテッドカーフレイズ …………………………………………………… 189

レッグカール ……………………………………………………………… 190
- 片脚レッグカール ●レッグカール（上体前傾）
- ライイングレッグカール …………………………………………………… 192

第6章 関節動作と主働筋

肩関節の可動域と主働筋 ……………………………………… 194
肩関節を動かす筋一覧 ……………………………………… 196
三角筋／広背筋 …………………………………………………… 197
大胸筋／大円筋／烏口腕筋 ……………………………………… 198
棘上筋／棘下筋／小円筋／肩甲下筋 …………………………… 199

肩甲骨の可動域と主働筋 ……………………………………… 200
肩甲骨を動かす筋一覧 ……………………………………… 202
僧帽筋／大菱形筋 ………………………………………………… 203
前鋸筋／小菱形筋 ………………………………………………… 204
小胸筋／肩甲挙筋／鎖骨下筋 …………………………………… 205

肘関節の可動域と主働筋 ……………………………………… 206
肘関節を動かす筋一覧 ……………………………………… 208
上腕二頭筋／上腕三頭筋 ………………………………………… 209
上腕筋／腕橈骨筋／肘筋 ………………………………………… 210
回外筋／円回内筋／方形回内筋 ………………………………… 211

手関節の可動域と主働筋 ……………………………………… 212
手関節を動かす筋一覧 ……………………………………… 213
浅指屈筋／深指屈筋／尺側手根屈筋／橈側手根屈筋 ………… 214
総指伸筋／尺側手根伸筋／長橈側手根伸筋／短橈側手根伸筋 … 215
長母指伸筋／長母指外転筋／示指伸筋／虫様筋 ……………… 216

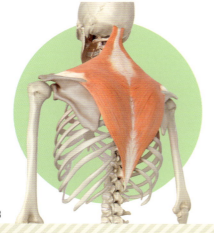 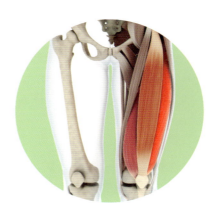

足関節の可動域と主働筋 ……………………………………………… 217
足関節を動かす筋一覧 ……………………………………………… 218
腓腹筋／ヒラメ筋 …………………………………………………… 219
前脛骨筋／後脛骨筋／長趾伸筋／長母趾伸筋 …………………… 220
長腓骨筋／短腓骨筋／第三腓骨筋／長母趾屈筋 ………………… 221

股関節の可動域と主働筋 ……………………………………………… 222
股関節を動かす筋一覧 ……………………………………………… 224
大殿筋／中殿筋 ……………………………………………………… 226
大腰筋／腸骨筋／小腰筋 …………………………………………… 227
小殿筋／大腿筋膜張筋／薄筋 ……………………………………… 228
大内転筋／長内転筋 ………………………………………………… 229
短内転筋／恥骨筋／大腿方形筋 …………………………………… 230
外閉鎖筋／内閉鎖筋／梨状筋 ……………………………………… 231

膝関節の可動域と主働筋 ……………………………………………… 232
膝関節を動かす筋一覧 ……………………………………………… 234
大腿直筋／中間広筋 ………………………………………………… 236
内側広筋／外側広筋 ………………………………………………… 237
半腱様筋／半膜様筋 ………………………………………………… 238
大腿二頭筋／膝窩筋 ………………………………………………… 239

体幹の可動域と主働筋 ………………………………………………… 240

頸部の可動域と主働筋 ………………………………………………… 242
体幹・頸部を動かす筋一覧 ………………………………………… 244
腹直筋／腹横筋 ……………………………………………………… 246
外腹斜筋／内腹斜筋 ………………………………………………… 247
脊柱起立筋 …………………………………………………………… 248
頭半棘筋／頸半棘筋 ………………………………………………… 249
回旋筋／腰方形筋 …………………………………………………… 250
前斜角筋／中斜角筋／後斜角筋 …………………………………… 251
頭板状筋／胸鎖乳突筋 ……………………………………………… 252

- 運動別 最大筋力(参考値)の比較 ……… 253
- 著者のことば ……………………………… 254

9

監修者のことば

　筋トレには、始める前にまず「実施種目を選択する」という作業があります。数多くの種目の中からどの種目を選択するかによってトレーニング強度も鍛えられる部位および筋肉も変わってきます。
　では何を基準に種目を選べば良いのでしょうか。個々人でそれぞれ体力や鍛える目的、求める効果が異なるため一概には言えませんが、実施種目を絞るなら「BIG3」とよばれる多関節種目のスクワット、デッドリフト、ベンチプレスを行うことが基本となります。そこにBIG3では鍛えにくい背中や腹筋の種目を加えたり、各自の強化ポイントに適した種目を選んで追加したりするのが良いでしょう。
　特定の部位を強化したい場合は、同じ部位の種目を複数行うことも効果的です。同じ筋肉がターゲットの種目でも、各種目によって可動域内で負荷がかかる範囲や、最も強い負荷がかかる位置などが異なるため、選択する種目次第ではひとつの筋肉に異なる刺激を与えることが可能です。同じ種目で同じ刺激ばかり与えていても筋肉は刺激に慣れてしまいます。さらに、マンネリになってトレーニングへのモチベーションが低下するリスクも生じます。だからこそ、ひとつの部位を刺激の異なる複数種目で鍛えることが有効なのです。
　筋トレの面白いところは、使用する器具やマシンを変えなくても、体勢や動かす方向を変えるだけでターゲットとなる筋肉や筋肉への刺激を変えられるところ。私自身も主要種目に動きをアレンジしたバリエーション種目をいくつか組み合わせて実施していました。
　本書では、種目の選択に必要な情報を最大限に収録しています。筋トレに励むすべての方々にとって有意義な一冊となれば幸いです。

東京大学大学院 総合文化研究科 教授
石 井 直 方

序章

筋肉の働きと
人体動作の関係

質の高い筋トレを実施するためには、筋肉の働きと人体の動きとの関係を理解する必要がある。さらに筋肉の発達を誘発するストレス（刺激）の種類を知ることによって、より効率良く筋トレ効果を得ることが可能になる。

関節動作のしくみ

筋肉が全身の関節を動かすことで、人体のあらゆる運動が可能となっている。各関節の動きには、発揮される力を増減するテコのしくみが作用している。

骨格筋の起始と停止

筋肉（骨格筋）は、縮む方向に力**（筋張力）**を発揮し、その力が腱を介して骨を引くことで関節の運動が起こる。骨への付着部のうち、身体の根元側（近位側）にあり、動きの少ない方を**「起始部」**とよぶ。身体の先端側（遠位側）にあり、動きの大きい付着部は**「停止部」**とよぶ。

細い両端に対し、筋の中央で盛り上がる部分を**「筋腹」**とよぶ。また、腱には筋腹の両端部分を指す「外部腱」と、筋腹の表面または内部で膜状に伸びる「腱膜（内部腱）」がある。

関節を動かすテコのしくみ

力点・支点・作用点でレバーを動かすしくみを「テコ」とよぶ（右下図）。人間のあらゆる関節はテコのしくみによって動いている。

テコには、力で得する（距離で損する）「力型テコ」と、距離で得する（力で損する）「距離型テコ」がある。人間の関節は典型的な「距離型テコ」である。すなわち、力点が作用点よりも支点に近い（テコ比が小さい）ため、少しの筋収縮でも**作用点**の負荷を長い距離動かせる代わりに、大きな力を発揮しなければならない。

筋張力が生む関節トルク

テコのしくみにおいては、筋張力が力点（筋肉の停止部）を引く力によって、支点（関節）を軸にレバー（前腕）を回転させる力が生じる。このレバーに生じる回転力のことを**「関節トルク」**という。つまり、筋張力がそのまま外部へ発揮されるのではなく、関節トルクを生じさせることにより、レバーを通じて作用点から外に力を発揮する状態になる。

なお、テコのしくみにおける支点と力点の距離を**「モーメントアーム」**という（右下図）。筋のモーメントアームが長くなるほど、同じ筋張力でも関節トルクは大きくなる。すなわち、発揮される力では少し有利になるが、その分、負荷を持ち上げるのに長い距離を収縮する必要が生じる。

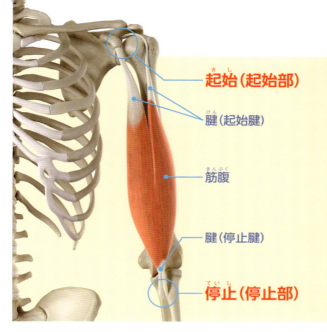

筋の部位別名称（上腕二頭筋）

通常、筋肉（骨格筋）は起始（起始部）からはじまり、筋腹を通って停止（停止部）で終わる。起始と停止はそれぞれ起始腱、停止腱を介して骨に付着している。起始から停止までつながっている筋のスジが筋線維であり、骨格筋は筋線維を縮めることによって強い力を発揮する。

モーメントアームと関節トルク（上腕二頭筋）

筋張力が力点（上腕二頭筋の停止部）を引く力によって、支点（肘関節）を回転軸にしたレバー（前腕）を動かす力（関節トルク）が生じる。このとき、筋収縮の力はレバーを通じて作用点（手先）から発揮される。

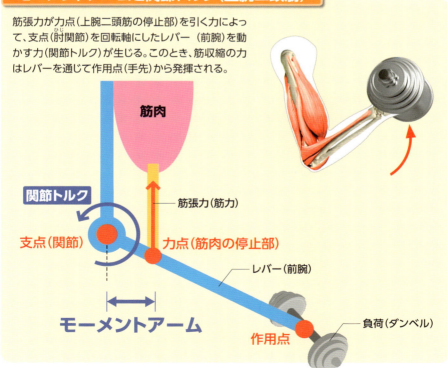

※「トルク（モーメント）」とは回転力を意味する用語

筋肉が発達するしくみ

筋肉にはストレスを受けると、そのストレスに適応しようとする性質がある。ストレスを受けた筋肉は強くなる必要性を感じて以前より太く強く発達する。

筋トレで筋肥大するしくみ

人体にはストレスに適応する能力がある。骨は衝撃を繰り返し受けると硬くなり、心肺機能は持久走を繰り返すと向上する。**筋肉もストレスを繰り返し受けることで、そのストレスに適応して太く発達する**。筋肉が太くなれば筋力も向上するため、大きな負荷にも耐えられる。筋肉に

筋トレで筋肉が発達するメカニズム

筋トレを行うことにより筋肉にストレスを与える

物理的ストレス
① 強い筋張力の発揮
② 筋線維の微細な損傷

化学的ストレス
③ 無酸素性代謝物の蓄積
④ 筋肉の低酸素状態、虚血

- 各種ホルモンの分泌（成長ホルモン、テストステロンなど）
- IGF-1（インスリン様成長因子のひとつ）の分泌
- mTOR（細胞内シグナル伝達に関わるタンパク質の一種）の活性化
- 筋サテライト細胞（筋肉の組織幹細胞）の増殖 etc.

● 筋肥大 ● 筋力アップ

対して太く、強くなる必要性を感じさせるストレスを意図的に与え、筋肥大を誘発する運動が**筋トレ**である。

筋肥大を誘発するストレスは、**「物理的ストレス」**と**「化学的ストレス」**に大別される。それらの要素が個別に、もしくは複合的に作用することで筋トレ効果が生まれる。物理的ストレスと化学的ストレスは、さらに以下の4つに分類される。

筋肥大を誘発するストレス

物理的ストレス

❶ 強い筋張力の発揮

筋肉が強い筋張力を発揮すると、それ自体が筋肉にとってストレスとなり、筋肥大を促すシグナルとなる。そのメカニズムに**「速筋線維」**の動員が関係している。筋肉を構成する筋線維には、瞬発系の速筋線維と、持久系の遅筋線維があり、速筋線維のほうが筋肥大しやすい性質をもつ。しかし、人間の身体は**筋張力を発揮する際、遅筋線維から動員する性質がある**ので、速筋線維まで動員するには、筋肉に強い力を発揮させる必要がある。

筋トレによって筋肥大効果を得るためには、**筋肉に大きな負荷を与えて速筋線維を動員させる**ことがポイントのひとつとなる。

❷ 筋線維の微細な損傷

筋肉が収縮(短縮)して強い筋張力を発揮すると、**筋線維(筋細胞)には微細な損傷が生じる**。このミクロレベルの損傷も筋肥大を促すシグナルとなる。これは細胞の損傷によって起きる免疫反応などを経て、筋線維のもととなる筋サテライト細胞の増殖が促進されるため。筋サテライト細胞の増殖によって筋線維の増大が促され、筋肥大へとつながる。

筋線維の微細な損傷は、**「エキセントリック収縮」**で起こることが分かっている。これは筋肉が活動して力を発揮しながら、強い外力を受けて"伸ばされている"状態。筋トレではバーベルやダンベルを下ろす局面にあたる。

化学的ストレス

❸ 無酸素性代謝物の蓄積

筋肉が収縮すると、乳酸をはじめ一酸化窒素、水素イオンといった**無酸素性のエネルギー供給にともなう代謝物**が体内に蓄積する。これらの代謝物の蓄積が筋肉のストレスとなり、成長ホルモンやテストステロンなど筋肥大を誘発する各種ホルモンの分泌を促進する。筋トレ直後に筋肉が一次的に膨張するパンプアップも無酸素性代謝物の蓄積で起こるため、筋トレの達成度を予測する目安となる。

それほど高負荷をかけなくても、**短いセット間インターバルで行うトレーニングや、動きを通して負荷が抜けにくい筋トレ種目**を実施すると、無酸素性代謝物が蓄積しやすい。

❹ 筋肉の低酸素状態、虚血(きょけつ)

筋肉に力を入れた緊張状態が続くと、血管が圧迫されて血流が滞る影響で筋肉への酸素供給が不足し、**筋肉が低酸素状態となる**。酸素不足の状態では、主に酸素を使ってエネルギー代謝を行う遅筋線維が動員されにくくなり、**筋肥大しやすい速筋線維が優先的に動員される**。加圧トレーニングはベルトで血流を意図的に制限し、筋肉への酸素供給を抑えることで筋肥大を狙うトレーニング法である。

筋肉を低酸素状態にするには、**負荷をかけ続けて鍛える方法が有効**。筋トレの反復動作において脱力する局面を作らず、筋肉が力を発揮し続ける種目や方法を実施すると良い。

序章 筋肉の働きと人体動作の関係

主働筋と協働筋

すべての筋トレ種目には、種目ごとに鍛えるメインターゲットの筋肉がある。
各種目にはそれぞれ主要な関節動作があり、複数の関節動作を行う種目もある。

主働筋と協働筋

　筋トレ種目には、それぞれの種目ごとにメインターゲットとなる筋肉があり、それらを**「主働筋」**とよぶ。主働筋とともに筋トレ動作に貢献するものの、主働筋よりも関与が小さい筋肉は**「協働筋」**とよぶ。

　動きが似ている種目でも、体勢や負荷のかけ方によって各筋肉の貢献度が変化し、主働筋や協働筋が入れ替わる場合がある。各種目の解説ページでは、主働筋を**「メイン」**、協働筋を**「サブ」**として表示している。

筋トレ種目の主要関節動作

　各筋トレ種目にはそれぞれの動きの中で主要な関節動作がある。また、主要な関節動作が複数ある種目では、主働筋・協働筋と同様に、メインとなる関節動作とサブ的な関節動作がある。動きが似ている種目でも体勢や負荷のかけ方によって主要な関節動作が入れ替わり、その変化が主働筋・協働筋の入れ替わりにも繋がる。これを応用したものが筋トレにおける**「バリエーション種目」**である。

単関節種目と多関節種目

　筋トレ種目には、ひとつの関節動作を行う「単関節種目（アイソレーション種目）」と、複数の関節動作を行う「多関節種目（コンパウンド種目）」がある。スクワットやベンチプレスなどの多関節種目では、単関節種目より動員される筋群が多く、複数の部位を同時に鍛えられる。そのため種目数を厳選する場合は、原則として多関節種目を優先的に選ぶ。

　多関節種目は単関節種目と比べて高重量を扱える種目が多く、**「運動のボリューム」**の指標である仕事量（力×移動距離）が大きい傾向にある。全身性のストレスを強く与えることができるため、筋肥大を促す作用をもつホルモンの分泌を促進する効果が期待できる。一方、単関節種目には、特定の筋肉に意識を集中させやすいこと、使用重量が軽めになり安全に行えることなどの利点がある。

フォームで変わる主要動作&主働筋：例❶グリップ幅

同じ種類、系統の筋トレ種目でも、バーを握る左右の手幅などのフォームを変えると
主要な関節動作（主要動作）やメインターゲット（主働筋）が入れ替わる。

●ベンチプレス（手幅広め）

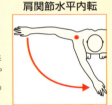

主要動作：
肩関節水平内転

- **メイン** 大胸筋（だいきょうきん）
- **サブ** 上腕三頭筋

肩幅の1.5倍程度の手幅で挙上するベンチプレス。主要動作となるのは肩関節水平内転。

●ナローベンチプレス（手幅狭め）

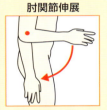

主要動作：
肘関節伸展

- **メイン** 上腕三頭筋
- **サブ** 大胸筋

肩幅よりも狭い手幅で挙上するナローベンチプレス。主要動作となるのは肘関節伸展。

フォームで変わる主要動作&主働筋：例❷手先の方向

同じ種類、系統の筋トレ種目でも、バーやダンベルを握る手先の向きを変えると
主要な関節動作（主要動作）やメインターゲット（主働筋）が入れ替わる。

●ダンベルカール（手の平上向き）

主要動作：肘関節屈曲（回外位）

前腕を回外位にした状態で肘を曲げていくダンベルカールでは、上腕二頭筋のモーメントアームが長いため上腕二頭筋がメインとなる。

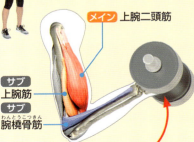

- **メイン** 上腕二頭筋
- **サブ** 上腕筋
- **サブ** 腕橈骨筋（わんとうこつきん）

●ハンマーカール（親指上向き）

主要動作：肘関節屈曲（中間位）

親指を上に向けた前腕の中間位で肘を曲げるハンマーカールは、上腕二頭筋のモーメントアームが短くなり、上腕筋と腕橈骨筋がメインに。

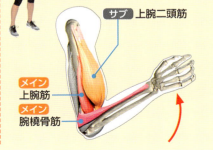

- **サブ** 上腕二頭筋
- **メイン** 上腕筋
- **メイン** 腕橈骨筋

序章　筋肉の働きと人体動作の関係

負荷の方向と肢位の関係

複数の筋肉で構成される複合筋や、異なる複数の部位から起始する筋肉は、負荷をかける方向や肢位を変えることによって強く鍛えられる部位が変わる。

複数の筋肉からなる複合筋

「複合筋」とは、複数の筋肉が集まって構成されている筋肉のことであり、大腿四頭筋(大腿直筋・内側広筋・中間広筋・外側広筋)や腸腰筋(大腰筋・腸骨筋)などがある。

一部の複合筋は、手先や足先の向きを変える(下図参照)、または二関節筋の性質を利用する(→P.24)ことによって、複合筋の各部位をある程度鍛え分けることができる。

複数の起始部がある筋肉

大胸筋や三角筋、広背筋、大殿筋などの筋肉は、異なる複数の骨から起始している。これらの筋肉は、同じ筋肉でも部位ごとに働きが異なっているため、ひとつの種目だけで筋肉全体を鍛えることはできない。

P.17の大胸筋の例のように、部位ごとに別の種目やバリエーション種目を行うことによって、筋肉全体をまんべんなく鍛えることができる。

レッグエクステンションによる大腿四頭筋の鍛え分け

複合筋の大腿四頭筋が鍛えられるレッグエクステンション。足先の向きを変えることで強く鍛えられる部位が変化する。

●膝関節外旋位

足先を外側に向けた膝関節外旋位で膝を伸ばすと大腿四頭筋の中でも内側広筋に強い負荷がかかる。

●膝関節内旋位

足先を内側に向けた膝関節内旋位で膝を伸ばすと大腿四頭筋の中でも外側広筋に強い負荷がかかる。

大胸筋の筋線維方向

大胸筋は全体として肩関節水平内転の主働筋として働くが、上部・中部・下部は異なる骨から起始しているため、正確にはそれぞれ作用方向も異なる。そのため複数の種目を行うことで全体をまんべんなく鍛えられる。

肩関節水平内転

上部

上部は鎖骨から起始しているため、筋線維は斜め下方向に向かって走行している。

斜め下方向へ走行する大胸筋の上部は、肩関節の外転をともなう水平内転で短縮するため、上体を斜めに後傾して行うインクラインダンベルプレス(上写真)などの種目で鍛える。

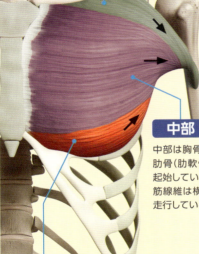

中部

中部は胸骨および肋骨(肋軟骨)から起始しているため、筋線維は横方向に走行している。

横方向へ走行する大胸筋の中部は、肩関節水平内転で短縮するため、上体を水平に寝かせて行うベンチプレス(上写真)などの種目で鍛える。

下部

下部は腹部の腹直筋鞘から起始しているため、筋線維は斜め上方向に走行している。

斜め上方向へ走行する大胸筋の下部は、肩関節の内転をともなう水平内転で短縮するため、頭よりお尻の位置を高くして行うデクラインベンチプレス(左写真)などで鍛える。

序章 筋肉の働きと人体動作の関係

最大負荷の位置

筋トレ種目にはそれぞれ最も強い負荷がかかる最大負荷のポジションがある。
筋肉が伸ばされる伸張位で最大負荷がかかる種目は筋損傷の刺激を得やすい。

種目で異なる最大負荷位置

ターゲットの筋肉にかかる負荷の大きさは、可動域内のポジションで変化する。例えば、立位で行うサイドレイズの場合、肩関節90度外転位(腕を体側から90度上げた位置)で最大の負荷がかかる(右図参照)。つまりサイドレイズでは、筋肉(三角筋)が比較的短いポジション(短縮位)で負荷が最大となる。

一方、ライイングサイドレイズでは、肩関節0度外転位(腕を体側に下ろした位置)で最大の負荷がかかる。よってライイングサイドレイズは、筋肉が比較的長いポジション(やや伸張位)で負荷が最大となる。

本書では「伸張位」「やや伸張位」「中間位」「やや短縮位」「短縮位」の5段階で、各種目の動作中に負荷が最大となるポジション(※項目名は「最大負荷」)を分類している。

最大負荷位置の重要性

筋肉は、長く伸びたポジション(伸張位)で筋張力を発揮するときほど微細な筋線維の損傷を起こしやすい(Nosakaら, 2000)。筋損傷の発生は筋肉を発達させる因子のひとつであるため、**筋肉の伸張位で大きな負荷がかかる種目ほど、筋損傷による筋肥大の刺激を得やすい**といえる。

ただし、過度な筋損傷が発生すると回復に時間がかかり、次回のトレーニングに支障をきたす場合もある。また、伸張位では筋膜などの結合組織の弾性力が働くため、筋線維自体から発揮される張力が小さくなり、かかっている負荷の割に筋肉の活動レベルが意外と低くなりやすい。そのため伸張位での負荷が大きな種目をあえて外すという選択もある。

対照的に、**短縮位**で大きな負荷がかかる種目は、筋損傷による筋肥大の誘発はあまり期待できないが、結合組織の弾性力が働かないため可動域の全域において確実に筋肉へ負荷をかけられる。このように負荷を抜かずにかけ続けられる種目には、筋肉に対して化学的ストレスを与えやすいというメリットがある。

サイドレイズの体勢による最大負荷位置の変化

●サイドレイズ

最大負荷：やや短縮位

立位で行うサイドレイズでは、ターゲットの三角筋が比較的短いポジションとなる肩関節90度外転位（トップのポジション）で最も大きい負荷がかかる。

●インクラインサイドレイズ

最大負荷：中間位

斜めにセットしたインクラインベンチに寝て行うサイドレイズでは、三角筋が中間的な長さのポジションとなる肩関節45度外転位（トップとボトムの中間）で最も大きい負荷がかかる。

●ライイングサイドレイズ

最大負荷：やや伸張位

フラットベンチに寝て行うサイドレイズでは、三角筋が比較的長いポジションとなる肩関節0度外転位（ボトムのポジション）で最も大きい負荷がかかる。

負荷範囲の長さ

同じ関節動作の筋トレ種目でも、各種目によって負荷のかかる範囲が異なる。筋トレ種目を選ぶ際には、負荷範囲の長さも重要な選択基準のひとつとなる。

負荷のかかる範囲とは

　P.20でも解説したように、筋トレにおいてメインターゲットの筋肉にかかる負荷の強度は、ポジションによって変化する。そのため多くの筋トレ種目では、主要関節動作の可動域内において"負荷が抜けてしまうポジション"が存在する。本書では、目安として最大負荷の30〜40％以上の負荷がかかるポジションを**「負荷範囲」**と定義している。

　また、負荷範囲の長さは、同様の可動域で行われる種目同士でも、大きく異なっている場合がある。例えば、ダンベルフライとチェストフライは肩関節の可動域がほぼ同様である（右図参照）。ところがダンベルフライでは両腕を閉じる動作の後半で負荷がほとんど抜けてしまうのに対し、チェストフライでは可動域の全域にわたって負荷がかかり続ける。

　本書では、メインターゲットとなる筋肉（主働筋）の筋線維の長さに基づき、主要動作の可動域におけるポジションを「短縮位」「やや短縮位」「中間位」「やや伸張位」「伸張位」の5段階に区分け。可動域（主働筋の筋線維が最も短くなる**「トップ」**から最も長くなる**「ボトム」**までの動作範囲）における負荷範囲（主働筋に最大負荷のおよそ30〜40％以上の負荷がかかる範囲）を、この5段階の区分けを組み合わせて分類している（例：チェストフライの可動域における負荷範囲は「やや短縮位〜伸張位」となる※右図参照）。

　一般的に、負荷（重量）が同じであれば、負荷範囲が長い種目ほど負荷の移動距離も長くなるため、運動のボリューム（仕事量＝力×移動距離）が大きくなる。さらに、可動域を通して筋肉の張力が抜けにくくなるため、筋肉内の環境の悪化を誘発して化学的ストレスをより強く与えられるという利点もある。

負荷範囲のポジション

　負荷範囲のポジションそのものが短縮位側もしくは伸張位側にシフトしている種目がある。例えば、座位

で行うレッグカールは、ターゲットであるハムストリングの負荷範囲が中間位付近に位置しているのに対し、腹ばいに寝て行うライイングレッグカールでは負荷範囲がより短縮位側にシフトしている。これは股関節が伸展位になることで、二関節筋（→P.24）であるハムストリングがより短縮するため。このように可動域や同様の種目でも体勢や負荷のかけ方を工夫することで、負荷範囲の長さやポジションを変えることができる。

フライ系種目の「負荷範囲の長さ」の比較

❶ダンベルフライ 負荷範囲：中間位～やや伸張位

❷チェストフライ 負荷範囲：やや短縮位～伸張位

ダンベルフライは、動作の前半（ボトム側）では大胸筋に負荷がかかるものの、動作後半（トップ側）では負荷がほぼ抜けてしまう。チェストフライでは動作の全域で負荷がかかり続ける。

レッグカール系種目の「負荷範囲のポジション」の比較

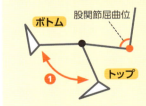

❶レッグカール（座位）
負荷範囲：やや短縮位～やや伸張位

股関節を屈曲した状態で膝を曲げる座位のレッグカールは、ターゲットであるハムストリングの負荷範囲が中間位付近にある。

❷ライイングレッグカール
負荷範囲：短縮位～中間位

腹ばいで股関節を伸展し、二関節筋のハムストリングが伸ばされた状態で膝を曲げるため負荷範囲は短縮位側にシフトする。

※二関節筋の詳細についてはP.24-25を参照

単関節筋と二関節筋

筋肉にはひとつの関節だけでなく、二つの関節をまたいでいる筋肉がある。
二つの関節をまたぐ二関節筋は、構造を理解したうえで鍛える必要がある。

二関節筋の鍛え方

ひとつの関節のみをまたぐ筋肉を**「単関節筋」**とよぶのに対し、二つの関節をまたぐ筋肉を**「二関節筋」**とよぶ。例えばふくらはぎの筋肉でいうと、ヒラメ筋が足関節のみをまたぐ単関節筋であるのに対し、腓腹筋（ひふくきん）は足関節と膝関節をまたぐ二関節筋である。そのためヒラメ筋は足関節を底屈する動きのみに働くが、腓腹筋は足首を底屈させる動きに加えて、膝関節を曲げる動きにも働く。

二関節筋を伸ばして強く動員させる

筋肉には、長く伸ばされると動員されやすく、短く緩むと動員されにくくなる性質がある。この筋肉の性質と二関節筋の構造を利用することで、特定の筋肉を意図的に強く動員させることが可能となる。

分かりやすい例として、腕のカール系種目におけるインクラインカールの特徴が挙げられる。カール系種目の主働筋である肘関節屈曲筋群（上腕二頭筋、上腕筋、腕橈骨筋（わんとうこつきん））のうち、上腕筋と腕橈骨筋は肘関節のみをまたぐ単関節筋であるのに対し、上腕二頭筋は肘関節と肩関節をまたぐ二関節筋であり、肩関節屈曲（腕を前方に振る動き）の働きも併せもっている。そのため腕を後ろに振った状態（肩関節伸展位）で肘を曲げるインクラインカール（右上図）では、上腕二頭筋がより長く伸ばされたポジションで肘関節の屈曲運動が行われるため、他のカール系種目よりも上腕二頭筋が動員されやすい。

二関節筋を短く緩めて単関節筋にフォーカス

反対に、あえて二関節筋を短く緩めることで、同じ部位の単関節に負荷を集める方法もある。腕を前方に振った状態（肩関節屈曲位）で肘を曲げるプリーチャーカール（右下図）では、二関節筋である上腕二頭筋が短く緩んで動員されにくくなるため、肘関節屈曲筋群のうち、単関

節筋である上腕筋と腕橈骨筋が主働筋となってよりフォーカスされる。
　このように、単関節筋と二関節筋が混在している部位は、二関節筋の長さを変えることで両者を「鍛え分け」することが可能となる。

二関節筋を伸ばして動員されやすくする

● **インクラインカール**
メイン 上腕二頭筋

インクラインカールでは、腕を後方に引いて二関節筋である上腕二頭筋が長く伸ばされた状態で肘を曲げるため、単関節筋の上腕筋や腕橈骨筋に比べ、上腕二頭筋がより強く動員される。

上腕二頭筋が長く伸びる

二関節筋を緩めることで単関節筋を動員されやすくする

● **プリーチャーカール**
メイン 上腕筋、腕橈骨筋

プリーチャーカールでは、腕を前方に振って二関節筋である上腕二頭筋が短く緩んだ状態で肘を曲げるため、上腕二頭筋よりも単関節筋の上腕筋、腕橈骨筋がより強く動員される。

上腕二頭筋が短く緩む

肩甲骨・体幹・股関節の構造

狙った筋肉を的確に鍛えるためには、体のコアの構造も理解する必要がある。肩甲骨・体幹（脊柱）・股関節の動きを意識することで筋トレの質は高まる。

腕の土台となる肩甲骨

「肩甲骨」とは、背中にある左右一対の骨であり、腕の付け根部分にあたる肩関節の土台である。この肩甲骨は、肋骨（胸郭）の背面をスライドするように動かすことができる。腕は肩関節から先だけが動くのではなく、肩関節の土台である肩甲骨自体から動かすことができる。

肩甲骨の動きは、主に「上下（挙上・下制）」「左右（内転・外転）」「左右への回転（上方回旋・下方回旋）」の3つ。そこに「前後への回転（前傾・後傾）」を加えた4つの動き（→P.200～201参照）が筋トレにおいては重要となる。

腕を振る動きには、肩関節だけでなく肩甲骨の動きが密接に関わっているため、背中や肩、胸の筋トレを行う場合は、肩甲骨の動きを目的に応じて適切にコントロールする（肩甲骨を意識して動かす・動かさないなど）ことがメインターゲットの筋肉にしっかり効かせるための重要なポイントとなる。

体幹と股関節の動きを区別

「股関節」とは、脚の付け根にあたる関節であり、股関節の動きとは骨盤に対する太ももの動きを指す。股関節の動きというと開脚をイメージしやすいが、脚を前後に振る、内外にひねるといった動きも含む。

一方、「体幹」とは胴体部分のことであり、体幹の動きとは骨盤よりも上の脊柱の動きを指す。胴体が前後左右に曲がったり、ひねられたりする動きはすべて脊柱の動きである。**股関節と体幹では動きのしくみも主働筋も異なる**ため、筋トレでは目的に応じて両者の動きをしっかり区別して行うことが重要である。

片脚種目を取り入れる

股関節の伸展筋である大殿筋やハムストリング、屈曲筋である腸腰筋をメインターゲットに鍛える場合は、ブルガリアンスクワットや片脚デッドリフト、片脚股関節シットアップなどの**「片脚種目」**が有効となる。

通常のスクワットやデッドリフト、シットアップでは、股関節の筋群が追い込まれる前に、体幹部の腹筋・背筋が先に疲労して運動の制限になってしまいがちである（体幹筋群がメインターゲットの場合は問題ない）。

一方、片脚種目は両脚種目に比べて使用重量が下がるため、腰背部に余裕をもたせた状態で片側ずつ股関節の伸展筋群・屈曲筋群に負荷を集中させることができる。さらに腰背部への負荷が減って障害リスクが小さくなるメリットもある。

片脚種目は単にバランス保持が難しいだけでなく、両脚種目とは力学的な特性そのものが異なっている。

体幹と股関節の動きを区別した鍛え分け（例）

●体幹バックエクステンション

背中（脊柱）を反らせる体幹の動きで脊柱起立筋を鍛える体幹バックエクステンション（→P.112）。スタートポジションでは股関節を屈曲せず固定したまま脊柱を丸める。

●股関節バックエクステンション

股関節から上体を起こす動きで大殿筋とハムストリングを鍛える股関節バックエクステンション（→P.114）。スタートポジションでは背すじを伸ばしたまま股関節を屈曲して上体を下げる。

股関節の伸展筋群・屈曲筋群に強い負荷をかけられる片脚種目

●ブルガリアンスクワット（→P.68）
メイン 大殿筋（全体）

●片脚デッドリフト（→P.70）
メイン 大殿筋（全体）

●片脚股関節シットアップ（→P.106）
メイン 腸腰筋

負荷強度と回数の設定

筋トレは、経験則と研究結果の両面から効果的とされる方法が確立されている。負荷強度や反復回数などトレーニング変数を適切に設定することが重要である。

1 8～10回の反復が限界となる高負荷に設定して行う

数々の研究結果をまとめたレビューによると、筋トレは、**8～10回が限界となる負荷（8-10RM※）**で行うと、最も効率良く筋肥大効果が表れるとされている。これは反復できる最大重量の約75～80％に相当する。このレベルの負荷で行うことが筋トレの基本。20回や30回反復できるような低負荷・高回数で行うと、筋肥大効果を得るには効率が悪くなる。逆に、8-10RMより高負荷・低回数で行う場合は、反復回数が減って運動のボリュームが小さくなるため、挙上重量は増えやすいものの長期的な筋肥大効果・筋力アップ効果は低くなる。

2 ひとつの種目をそれぞれ複数セット行う

筋トレは、ひとつの種目に対して、1セットだけでなく、複数セットで行うことが基本となる。複数セット行うことによって運動のボリュームが大きくなるため、筋肥大効果も高くなる。また、エネルギー消費量も増える。セット数は、**3セット**が基本的な目安となる。

3 反復できなくなる限界の回数まで行う

高い筋肥大効果を得るためには、限界の回数まで行うことが重要。筋トレを行う際、あらかじめ「～回まで」などと回数を決めて行うのは典型的な誤り。**「反復できなくなる回数」**が、その人にとっての「適正回数」となる。毎セット限界まで行うのがキツいという人は、最終セットで限界がくるように調整しても良い。筋トレは、重さや回数よりも、余力を残さず限界まで行うことが重要となる。

4 セット間のインターバルは短めに1～3分程度

セット間のインターバルは、短めの**1～3分程度**が最も効果的であり、筋肥大を誘発する無酸素性代謝物の蓄積が大きくなる。インターバル時間に対する成長ホルモン分泌を検証した実験でも、3分間のインターバルより、1分間のインターバルのほうがホルモンの分泌量は多いとの結果が出ている。ただし、インターバルが短すぎると、疲労の回復が追いつかず、以降のセットで反復できる回数が減ってしまうため注意が必要。

5 反動や他部位の力を使わず関節をフルレンジで動かす

筋肉は、長く伸びたストレッチポジションで収縮するほど、筋肥大を誘発する筋損傷が起こりやすい（Nosakaら，2000）。筋トレは、怪我をしている場合などを除けば、関節可動域を極力広く動かす**フルレンジ**が基本。フルレンジで行うことにより運動のボリュームも大きくなる。また、動作中に反動や他の部位の力を利用するチーティング※は使わず、ストリクト（厳格）に行うことが原則。

※RM：Repetition Maximumの略　※チーティングを最後に力を絞り出す目的で使う場合は有効

負荷強度（%1RM）と筋トレ効果の関係

負荷強度 （%1RM）	RM （数字は回数）	主な効果	特徴
100	1	筋力アップ （挙上重量のアップ） ※挙上技術など神経系の適応によるところが大きい	運動のボリュームが小さくなる低回数では挙上重量は増えやすいが長期的な筋肥大および筋力アップには適さない
95	2		
93	3		
90	4		
87	5	筋肥大および 筋力アップ	長期的な筋肥大効果・筋力アップ効果が効率良く得られる負荷設定レベル。**特に「8-10RM」が**筋肥大効果を得るうえで最も効率が良いとされる
85	6		
80	8		
77	9		
75	10–12		
70	12–15		
67	15–18		
65	18–20	筋持久力の向上	負荷強度が弱いため筋肥大効果を得るには効率があまり良くない
60	20–25		
50	30–		

出典：「FleckとKraemer, 1987」より改変

※「%1RM」とは、1回の反復が限界となる負荷に対し、何％の負荷強度にあたるかを表す単位

セットトレーニングの基本設定

8-10RM × 3セット

（セット間インターバル3分以内）

※3セット終わっても余力が残っている場合は設定重量（負荷）を上げて行う

筋トレ種目の種類

筋トレの種目は、使用する器具や負荷の種類などによって種別が分類される。各筋トレ種別で長所・短所が異なるため、それらを把握したうえで選択しよう。

フリーウエイトトレーニング

ダンベルやバーベルを使う「フリーウエイトトレーニング」は、慣れれば高重量を扱うことが可能で、マシン種目のように摩擦力が働いてエキセントリック収縮局面で負荷が低減することもない。さらに**フリーウエイトの多関節種目は動員される筋群が多く、運動のボリュームが大きくなりやすい**ため、体にかかる全身性ストレスも大きくなり、筋肥大を促すホルモン分泌の促進も期待できる。

短所としては、動作の軌道が自由であるためフォームの習得がやや難しく、フォームが崩れて効果が下がってしまう場合も少なくない。注意しないと怪我に繋がるリスクもあるため正しいフォームで実施する。

自重トレーニング

腕立て伏せや腹筋など自分の体重を負荷にして行う「自重トレーニング」は、器具を必要としないため、**自宅でも手軽に実施できる**のが長所。ダンベルやバーベルを落とすような心配もなく、筋トレ初心者でも安全に限界まで追い込める利点もある。

しかし、種目によって負荷が軽すぎたり、逆に重すぎて回数をこなせないような場合でも、器具やマシンを使ったトレーニングのように負荷の大きさを細かく増減できないという短所がある。筋力アップに合わせて負荷を徐々に上げていくことが難しいため、相対的な負荷の大きさを調整するための工夫が必要だ。

マシントレーニング

「マシントレーニング」は、フリーウエイトトレーニングと同等の高重量を扱うことが可能でありながら、**安全に限界まで追い込める**のが長所。またマシンの構造で動作の軌道が決まっているためフォームの習得難易度が低く、ターゲットの筋肉に効かせやすい。さらに、大半のマシンはピンを差し替えるだけで簡単に重量を変更できるウエイトスタック式を採用しているため、セットごとに重

量を変更する鍛え方も実施しやすい。

ただし、マシンの負荷を伝えるベルトの摩擦が生じる影響で、重りを下ろすエキセントリック収縮局面の負荷が低減する短所もある（マシンによって摩擦の影響は異なる）。

ケーブルトレーニング

ケーブルを引くマシンで行う「ケーブルトレーニング」は、マシントレーニングの一種。マシントレーニングと同様に重量の変更が簡単で安全に限界まで追い込めるのが長所。ただし、ケーブルマシンは他のマシンより動作の軌道が自由になるため、フォームの習得はやや難しくなる。

通常のケーブルマシンは、ケーブルの起点の位置を変えることで重力の作用方向にとらわれず、あらゆる方向の動きに負荷をかけて鍛えることが可能。そのため他のトレーニングでは鍛えにくい部位にも負荷をかけられる強みがある。また、ケーブル種目は力の作用方向を適切に設定できることから、**関節可動域の全域を通して負荷が抜けにくい**という長所もあるため、化学的ストレスによる筋肥大効果を得るのに適している。

摩擦による影響でエキセントリック収縮局面の負荷が低減してしまう短所はマシントレーニングと同様。

種別	主な長所	主な短所
フリーウエイトトレーニング ➡第1～3章 P.33～	●高重量で追い込める ●1種目で多くの筋群を鍛えられる ●運動ボリュームが大きい種目で全身性ストレスを与えられる	●フォームの習得がやや難しい ●注意しないと怪我につながる ●ジムに行かないと実施できない
自重トレーニング ➡第4章 P.91～	●自宅で手軽に実施できる ●安全に限界まで追い込める	●重量（負荷）の増減が難しい ●鍛えにくい筋肉・部位が多い
マシントレーニング ➡第5章 P.127～	●フォームの習得が簡単 ●高重量でも安全に限界まで追い込める	●エキセントリック収縮局面の負荷が低減する ●ジムに行かないと実施できない
ケーブルトレーニング ➡第5章 P.127～	●安全に限界まで追い込める ●負荷が抜けにくい ●多方向から負荷をかけられる	●フォームの習得がやや難しい ●エキセントリック収縮局面の負荷が低減する ●ジムに行かないと実施できない

本書の読み方

本書で紹介している筋トレ種目は、各種目の効果や特徴を詳細に理解できる専門データを掲載している。

メイン

メインターゲットとなる筋肉。最も強い負荷がかかる。メインの筋肉が複数の場合は赤字の筋肉のほうがより主要な位置づけ。「負荷範囲」「最大負荷*」は「*」のついた筋肉の可動域におけるデータ。

主要動作

負荷を動かすうえで主体となる関節動作。主要動作が複数の場合は赤字の関節動作のほうがより中心的な動作となる。（※バリエーション種目では関節動作の文字表記のみ）

● 最大負荷

メインの「*」がついた筋肉の「負荷範囲」グラフにおいて、最も強い負荷がかかる位置を「●」で図示。（※バリエーション種目では「短縮位」「伸張位」といった文字表記のみ）

メインの「*」がついた筋肉の全可動域（最大短縮～最大伸張）において、負荷がかかる局面の範囲をグラフで図示。（※バリエーション種目では「短縮位～伸張位」といった文字表記のみ）

サブ

メインの筋肉と一緒に働く筋肉。メインの筋肉よりかかる負荷は小さくなる。サブの筋肉が多い種目は運動のボリューム（仕事量）が大きくなりやすい。またサブの筋肉は関節の固定に働く場合もある。

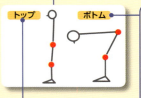

ボトム

メインの「*」がついた筋肉が、種目動作の中で最も長く伸張するポジション。ボトムで負荷が抜ける種目もある。

トップ

メインの「*」がついた筋肉が、種目動作の中で最も短く収縮するポジション。トップで負荷が抜けてしまう種目もあるため、負荷範囲の両端とは必ずしも一致しない。

第 1 章

BIG3種目の動き方・効かせ方

フリーウエイトトレーニングのスクワット、デッドリフト、ベンチプレスの3種目は「BIG3」と称され、筋肥大を目指すうえで有効な種目となる。本章では、BIG3のターゲットとなる筋肉や主要動作、負荷のかかる範囲、最大負荷の位置などを解説し、多彩なバリエーション種目も紹介する。

BIG3種目❶
バーベルスクワット

メイン

大腿四頭筋＊

大殿筋（下部）

主要動作

膝関節伸展

＋

股関節伸展

大内転筋
（内転筋群後ろ側）

2 背すじを伸ばしたまま、脚の付け根から上体を前方に倒すとともに膝を曲げてしゃがみ込む。お尻は太ももが水平になるまで下げるのが目安。このポジションがボトムの伸張位。

サブ 脊柱起立筋、ハムストリング

1 バーベルのバーをラックから外して肩で担ぎ、背すじを伸ばして立つ。そこから足幅を肩幅程度に開き、つま先を少し外側に向ける。バーは首より下の僧帽筋の上に乗せる。

下半身を総合的に鍛えられる多関節種目

膝を伸ばしながら、股関節を伸展させる動きでバーベルを持ち上げ、太もも前面の大腿四頭筋、内ももの内転筋群後ろ側、お尻の大殿筋を鍛える。さらに体幹の伸展にも負荷がかかるため脊柱起立筋も鍛えられる。

大筋群が総動員されるため運動のボリュームは最大級。伸張位の負荷も強い。ただし負荷範囲がやや狭く、トップで負荷が抜けやすいのが短所。

第1章 BIG3種目の動き方・効かせ方

負荷範囲 ● 最大負荷
大腿四頭筋（広筋群）の全可動域
最大短縮 — 中間 — やや伸張位 — 最大伸張
トップ　ボトム

POINT
お尻を後方に引いて膝を前に出し過ぎない

膝が前に出すぎると膝関節に過度な負担がかかるので注意。逆に膝が出なさすぎても上体の前傾が大きくなり、腰を痛めやすくなるので注意する。

3 膝を伸ばしながら上体を起こして立ち上がる。このとき膝を完全に伸ばしきらないようにすると負荷を抜くことなく反復できる。

35

▶▶ スクワットのバリエーション

※各スクワット種目の筋肉、動作、負荷のデータはすべて立ち上がる局面のデータ

| メイン | 大殿筋（下部）*、大内転筋（内転筋群後ろ側）、大腿四頭筋 | サブ | 脊柱起立筋、ハムストリング |

ローバースクワット

主要動作 股関節伸展＋膝関節伸展

負荷範囲*	中間位〜やや伸張位
最大負荷*	やや伸張位

大殿筋、内転筋群を追い込む

バーを低い位置で担ぐスクワット。上体のテコが短くなり挙上重量がアップする。上体の前傾が深くなって股関節の可動域が大きくなるため、大殿筋、内転筋群がメインターゲットになる。

両肩の三角筋後部と背中の僧帽筋中〜下部あたりにバーを乗せて担ぎ、両手でバーがズレ落ちないように支える。

1
バーベルのバーをラックから外して通常よりも少し低い位置で担ぐ。ラックのフックの位置を少し低めに設定しておく必要がある。

2
通常のスクワットよりお尻を後方に引き、上体を深めに前傾させてしゃがみ込む。お尻は太ももが水平になるまで下げるのが目安。このとき上体を過度に前傾させると腰を痛める場合もあるので注意する。ここから**1**に戻る。

| メイン | 大腿四頭筋* | サブ | 大殿筋（下部）、大内転筋（内転筋群後ろ側）、脊柱起立筋 |

フロントスクワット

主要動作 膝関節伸展＋股関節伸展

負荷範囲*	中間位〜やや伸張位
最大負荷*	やや伸張位

大腿四頭筋を狙って鍛える

バーを体の前面で担ぐスクワット。上体の前傾が浅くなって股関節の可動域が小さくなり、膝関節の可動域が大きくなるため、太もも前面の大腿四頭筋がメインターゲットになる。

胸の前で腕を交差し、バーを両肩の三角筋に乗せて上から押さえる。両手を交差せず順手のまま手首を返してバーを支える方法もある。

1
バーベルのバーをラックから外し、顔の前で肩に乗せて担ぐ。通常のスクワットよりも重心がやや前方になる。

2
背すじを伸ばしたまま、上体の前傾を抑えてしゃがみ込む。お尻は太ももが水平程度になるまで下げるのが目安。通常のスクワットより膝が少し前方に出る。ただし膝が前に出すぎると膝に過度な負担がかかるので注意する。ここから**1**に戻る。

メイン 大腿四頭筋*、大殿筋(下部)、大内転筋(内転筋群後ろ側)　**サブ** 脊柱起立筋、ハムストリング

ハーフスクワット

主要動作 膝関節伸展＋股関節伸展

負荷範囲*	やや短縮位～中間位
最大負荷*	中間位

可動域を狭めたスクワット

浅くしゃがんで可動域を狭めることで高重量を扱える。膝が強い力を発揮できる角度の90度付近がボトムとなるため大腿四頭筋の貢献度がやや高まる。

1
通常のスクワットと同様にバーベルのバーをラックから外して肩で担ぐ。

2
通常のスクワットと同様にしゃがみ込む。膝の角度が90度になる程度までしゃがむのが目安。ここから**1**に戻る。

メイン 大腿四頭筋*、大殿筋(下部)、大内転筋(内転筋群後ろ側)　**サブ** 脊柱起立筋、ハムストリング

フルスクワット

主要動作 膝関節伸展＋股関節伸展

負荷範囲*	中間位～伸張位
最大負荷*	やや伸張位

広い可動域で効果を高める

できるだけ深くしゃがみ可動域を広げる。ターゲットの筋群がより強く伸ばされるため筋損傷を得やすい。股関節筋群の貢献度がやや増える。

1
通常のスクワットと同様にバーベルのバーをラックから外して肩で担ぐ。

2
通常のスクワットと同様にしゃがみ込む。お尻は膝より低い位置まで深く下げる。ここから**1**に戻る。このスクワットは効果が高いので、膝や腰に不安がなければ積極的に行いたい。

メイン 大内転筋(内転筋群後ろ側)*、大殿筋(下部)、大腿四頭筋　**サブ** 脊柱起立筋、ハムストリング

ワイドスクワット

主要動作 股関節伸展(内転をともなう)＋膝関節伸展

負荷範囲*	中間位～やや伸張位
最大負荷*	やや伸張位

内転筋群を狙って鍛える

足幅を広げてガニ股でしゃがみ込むスクワット。股関節を内転して立ち上がる動きになるため、内転筋群後ろ側の大内転筋に負荷が集中する。

1
バーを担ぎ、肩幅の2倍程度に足を広げる。足先は45度程度に開いて外側に向ける。

2 上体は立て気味にしてガニ股でしゃがみ込む。お尻は太ももが水平になるまで下げる。ここから**1**に戻る。

第1章　BIG3種目の動き方・効かせ方

▶▶ スクワットのバリエーション

※各スクワット種目の筋肉、動作、負荷のデータはすべて立ち上がる局面のデータ

膝関節スクワット

メイン 大腿四頭筋＊　**サブ** 大殿筋（下部）、大内転筋（内転筋群後ろ側）

主要動作 膝関節伸展＋股関節伸展

負荷範囲	中間位〜やや伸張位
最大負荷＊	やや伸張位

大腿四頭筋への負荷を高める

通常のスクワットより、上体の前傾を抑えてしゃがむフォームで膝を伸ばす動き（膝関節伸展）を強調し、大腿四頭筋への負荷を高める方法。

1
通常のスクワットと同様にバーベルのバーをラックから外して肩で担ぐ。

2
背すじを伸ばしたまま、上体の前傾を抑えてしゃがみ込む。お尻は太ももが水平程度になるまで下げるのが目安。通常のスクワットより膝が少し前方に出る。ここから**1**に戻る。この種目は腰痛のリスクが小さい。

ダンベルスクワット

メイン 大腿四頭筋＊、大殿筋（下部）、大内転筋（内転筋群後ろ側）　**サブ** 脊柱起立筋、ハムストリング

主要動作 膝関節伸展＋股関節伸展

負荷範囲＊	中間位〜やや伸張位
最大負荷＊	やや伸張位

自宅でもできるスクワット

両手にダンベルを持つことで通常のスクワットより足を開かずにしゃがむ動きになるため、大腿四頭筋の中でも内側広筋の貢献度が高くなる。

1
両手にダンベルを持ち、足を腰幅程度に開いて背すじを伸ばす。

2
背すじを伸ばしたままでしゃがみ込む。通常のスクワットより両膝を閉じてしゃがむため、膝関節がやや外旋位の状態となり、内側広筋の貢献度が高くなる。ここから**1**に戻る。

スミスナロースクワット

メイン 大腿四頭筋＊、大殿筋（下部）、大内転筋（内転筋群後ろ側）　**サブ** 脊柱起立筋、ハムストリング

主要動作 膝関節伸展＋股関節伸展

負荷範囲＊	中間位〜やや伸張位
最大負荷＊	やや伸張位

安全に追い込める

スミスマシンで行うスクワット。高重量でも安全に限界まで追い込めるのがメリット。

1
スミスマシンのバーを肩で担ぎ、足のつく位置を体より少し手前にして腰幅程度に開く。

2
上体を立てたままお尻を深く下げる。ここから**1**に戻る。膝は前に出ないが膝関節と股関節の貢献比は通常のスクワットとほぼ同じ。

メイン 大腿四頭筋*、大殿筋（全体） **サブ** 大内転筋（内転筋群後ろ側）、ハムストリング

スケータースクワット

主要動作 膝関節伸展＋股関節伸展

負荷範囲	やや短縮位〜中間位
最大負荷*	中間位

片脚で行って負荷を高める
自重だと負荷が弱くなるため片脚で行う。バランスが不安定だと筋肉を追い込めないので片手をついて行う。

1 イスやテーブルに片手をつき、背すじを伸ばして片足立ちになる。このとき膝を軽く曲げ、上体はやや前傾させる。

2 上体を前傾させながら膝を曲げる。膝の角度が90度以下になるまで体を沈めていく。ここから**1**に戻る。

メイン 大腿四頭筋* **サブ** 大内転筋（内転筋群後ろ側）、大殿筋（下部）

ピストルスクワット

主要動作 膝関節伸展＋股関節伸展

負荷範囲	やや短縮位〜中間位
最大負荷*	中間位

大腿四頭筋を自重で追い込む
片脚で上体を立てたままお尻を上げ下げするため、膝を伸ばす動きが強調され大腿四頭筋に負荷が集まる。

1 イスやテーブルに片手をつき、背すじを伸ばして片足立ちになる。このとき浮かせた脚は体の前方に上げる。

2 上体を前傾させずに膝を曲げてお尻を沈める。お尻は太ももが水平になるまで下げるのが目安。ここから**1**に戻る。

メイン 大腿四頭筋（特に大腿直筋）*

シシースクワット

主要動作 膝関節伸展

負荷範囲	中間位〜やや伸張位
最大負荷*	やや伸張位

大腿四頭筋を強く伸ばせる
膝を前方に突き出す動きで大腿四頭筋を強く伸ばして追い込む。二関節筋である大腿直筋が特に刺激される。

1 片手で柱やポールベンチの背もたれなどにつかまり、背すじを伸ばして足を肩幅程度に開く。もう片方の手は腰に添える。

2 体を後ろにのけぞらせながら、膝を曲げて腰（骨盤）を前方に突き出す。膝は90度より深くまで曲げるのが目安。

第1章　BIG3種目の動き方・効かせ方

BIG3種目❷
ルーマニアンデッドリフト

メイン
ハムストリング＊　大殿筋（下部）

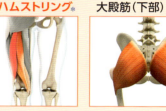

主要動作
股関節伸展　　　**体幹伸展**

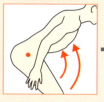 ＋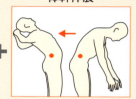

サブ
大内転筋（内転筋群後ろ側）、
脊柱起立筋、僧帽筋

1 足を肩幅程度に開き、膝を少し曲げる。そこから脚の付け根（股関節）を支点に上体を前傾し、足幅より広い手幅でバーベルを持つ。

POINT
**高重量を扱う場合は
オルタネートグリップ**

デッドリフト系の種目を実施するときは、左右の手を前後逆向きにしてバーを握るオルタネートグリップにすると、高重量でも保持しやすくなる。

40

太もも裏のハムストリングを狙って鍛える

膝を伸ばし気味の状態で固定して上体を起こすデッドリフト。二関節筋のハムストリングが強く伸ばされた状態で股関節を伸展するためハムストリングが主に鍛えられる。伸張位の負荷が強く筋損傷が起こりやすい。通常のデッドリフトは腰への負担が大きく、スクワットとターゲットが重複するため、スクワットと併用するならこの種目が推奨される。

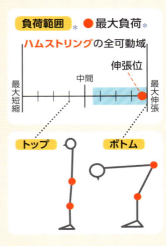

負荷範囲 * ● **最大負荷** *
ハムストリングの全可動域
伸張位
最大短縮 ― 中間 ― 最大伸張
トップ　ボトム

2

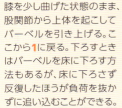

膝を少し曲げた状態のまま、股関節から上体を起こしてバーベルを引き上げる。ここから**1**に戻る。下ろすときはバーベルを床に下ろす方法もあるが、床に下ろさず反復したほうが負荷を抜かずに追い込むことができる。

POINT
体に擦りつけるようにバーを引き上げる

デッドリフト系の種目では、バーを体から離さず、スネ→膝→太ももへと擦りつけるようにして引き上げていくのが基本。

第1章 BIG3種目の動き方・効かせ方

▶▶ デッドリフトのバリエーション

| メイン | 大殿筋(下部)*、脊柱起立筋 | サブ | ハムストリング、大腿四頭筋、大内転筋(内転筋群後ろ側)、僧帽筋 |

デッドリフト

主要動作　股関節伸展＋体幹伸展

負荷範囲*	やや短縮位〜やや伸張位
最大負荷*	やや伸張位

体の後面を総合的に強化できる王道種目

バーベルを引き上げるシンプルな動きで大殿筋、脊柱起立筋、など体の後面にある大筋群が鍛えられる。ルーマニアンデッドリフトより高重量を扱える反面、腰を痛めやすいので注意。

1
足を肩幅程度に開いて膝を曲げる。そこから上体を45〜60度程度の角度まで前傾し、足幅より広い手幅でバーベルのバーを持つ。前傾しすぎると上体を起こせなくなるので注意。

2
膝を伸ばしながら上体を起こしてバーベルを引き上げる。背すじを伸ばしたまま立ち上がり最後に胸を張る。ここから**1**に戻る。下ろすときはバーベルを床に下ろさず反復したほうが負荷は抜けない。

| メイン | ハムストリング*、大殿筋(下部) | サブ | 大内転筋(内転筋群後ろ側)、脊柱起立筋、僧帽筋 |

スティッフレッグドデッドリフト

主要動作　股関節伸展＋体幹伸展

負荷範囲*	中間位〜伸張位
最大負荷*	伸張位

ハムストリングを強烈に伸ばす

膝を伸ばして行うデッドリフト。ハムストリングを強烈に伸ばした状態で追い込める。伸張位の負荷が極めて強く筋損傷を得やすい。背すじが丸まると腰を痛めるので注意。

ストラップやパワーグリップを使うと高重量でも保持しやすくなり、脚や背中の動きに集中できる。

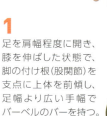

1
足を肩幅程度に開き、膝を伸ばした状態で、脚の付け根(股関節)を支点に上体を前傾し、足幅より広い手幅でバーベルのバーを持つ。

2
膝を伸ばしたまま、股関節から上体を起こしてバーベルを引き上げる。ここから**1**に戻る。下ろすときはバーベルを床に下ろさず反復したほうが、負荷を抜かずに追い込める。

メイン 大殿筋(下部)＊、脊柱起立筋　**サブ** ハムストリング、大腿四頭筋、大内転筋(内転筋群後ろ側)、僧帽筋

パーシャルデッドリフト

主要動作 股関節伸展＋体幹伸展

負荷範囲＊	やや短縮位～中間位
最大負荷＊	中間位

可動域を狭めたデッドリフト

浅くしゃがんで可動域を狭める方法。より高重量を扱える。比較的腰を痛めにくい。僧帽筋、脊柱起立筋といった背面筋群の貢献度が少し高まる。

1
ラックのセーフティバーを膝より少し低くセットし、そこに乗せたバーベルを持つ。

2
1の体勢から、膝を伸ばしながら上体を起こしてバーベルを引き上げる。ここから1に戻る。バーベルは膝の位置まで下ろして反復する。

メイン 大内転筋(内転筋群後ろ側)＊、大殿筋(下部)、脊柱起立筋　**サブ** ハムストリング、大腿四頭筋、僧帽筋

ワイドデッドリフト

主要動作 股関節内転＋膝関節伸展

負荷範囲＊	中間位～伸張位
最大負荷＊	伸張位

内転筋群の負荷を高める

足幅を広げ、股関節を内転する動きでバーベルを引き上げる。内転筋群後ろ側の大内転筋に負荷が集まる。

1
肩幅の2倍程度に足を広げ、上体の前傾を抑えながら膝を曲げてガニ股でバーベルのバーを持つ。

2
背すじを伸ばしたまま股関節を内転して立ち上がる。相撲デッドリフトともよばれる。

メイン ハムストリング＊、大殿筋(下部)　**サブ** 大内転筋(内転筋群後ろ側)、脊柱起立筋、僧帽筋

スミスルーマニアンデッドリフト

主要動作 股関節伸展＋体幹伸展

負荷範囲＊	中間位～伸張位
最大負荷＊	伸張位

安全に追い込める

スミスマシンで行うルーマニアンデッドリフト。バランスを取る必要がないため、安定した軌道で安全に限界まで追い込める。

1
ルーマニアンデッドリフトの体勢を作る。股関節が硬い人はバーを高めにセット。

2
背すじを伸ばしたままバーベルを引き上げ、最後に胸を張る。ここから1に戻る。

BIG3種目 ❸
ベンチプレス（ややワイド）

メイン
大胸筋*

サブ
三角筋（前部）、上腕三頭筋

主要動作
肩関節水平内転 ＋ 肘関節伸展

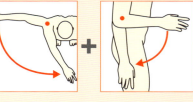

1 肩幅の1.5倍程度の手幅でバーを握り、肩甲骨を寄せて胸を張った状態でラックからバーを外して肩の上方でセットする。

POINT
乳頭かそのやや下にバーを下ろしていく

バーは真下（両肩の位置）に下ろすのではなく、乳頭かそのやや下ぐらいの位置に下ろすことによって、肩関節が自然な動きとなる。

2 胸を張ったまま、バーをゆっくりと体に触れるまで下ろして大胸筋を伸ばす。バーを勢いよく下ろして胸でバウンドさせるのはNG。

高重量で大胸筋を追い込める多関節種目

肩関節を水平面で前方に振りながら肘を伸ばす動きでバーベルを持ち上げ大胸筋を鍛える。肩の三角筋前部と上腕後面の上腕三頭筋も鍛えられる。最大負荷の位置が伸張位に近いのが長所。その反面、挙上したトップで負荷が抜けやすいのが短所。総合的な筋トレ効果を考えると、ややナローのグリップ（→P.46）にして広い可動域で行う方法がお薦め。

第1章 BIG3種目の動き方・効かせ方

POINT
肩甲骨を寄せて胸を張ったままバーを上げ下げする

肩甲骨を寄せて胸を張った状態をキープすることで大胸筋が動員されやすくなる。挙上する際に肩甲骨がつられて開きやすくなるので特に注意。

負荷範囲 ● 最大負荷
大胸筋の全可動域
最大短縮 — 中間 — やや伸張位 — 最大伸張
トップ　ボトム

3

肩甲骨を寄せて胸を張った状態をキープしたままバーを挙上する。お尻を浮かさずに挙げる。肘を伸ばしきると負荷が抜けてしまうため伸びきる寸前まで伸ばして反復する。

▶▶ ベンチプレスのバリエーション

※各ベンチプレス種目の筋肉、動作、負荷のデータはすべて挙上する局面のデータ

メイン 大胸筋*、三角筋（前部）　**サブ** 上腕三頭筋

ベンチプレス（ややナロー）

主要動作 肩関節水平内転＋肘関節伸展

負荷範囲*	やや短縮位～伸張位
最大負荷*	やや伸張位

狭めのグリップで可動域を拡大

肩幅より少し広い程度の手幅で握ることで、肩と肘の可動域がさらに広がって仕事量が増え、筋トレ効果もより高まる。国際的にはこのフォームがベンチプレスの主流。

81cmの溝が完全に見える位置でバーを握る。押す力の方向が内向きになるため大胸筋の動員は下がらない。

1 ややワイドグリップで行うベンチプレス（→P.44）よりも少し狭めの手幅でバーを握る。

2 肩甲骨を寄せて胸を張ったままの状態で、乳頭あたりの位置にバーを下ろす。ここから**1**に戻る。

メイン 大胸筋（上部）*　**サブ** 三角筋（前部）、上腕三頭筋

スミスインクラインベンチプレス

主要動作 肩関節水平内転（外転をともなう）＋肘関節伸展

負荷範囲*	やや短縮位～やや伸張位
最大負荷*	やや伸張位

スミスマシンで大胸筋の上部を狙って鍛える

背もたれを45度程度の角度にして行うスミスマシンのベンチプレス。上体を後傾させた体勢でバーを挙上すると肩関節の動きが外転をともなう水平内転となり、大胸筋の上部が動員される。

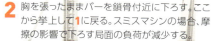

1 背もたれを45度程度にセットしたベンチに座る。肩幅の1.5倍程度の手幅でバーを握り、ラックからバーを外す。そこから肩甲骨を寄せて胸を張る。

2 胸を張ったままバーを鎖骨付近に下ろす。ここから挙上して**1**に戻る。スミスマシンの場合、摩擦の影響で下ろす局面の負荷が減少する。

メイン 上腕三頭筋* **サブ** 大胸筋、三角筋（前部）
ナローベンチプレス（肩幅）
主要動作 肘関節伸展+肩関節水平内転

負荷範囲*	やや短縮位〜伸張位
最大負荷*	やや伸張位

肩幅の手幅で上腕三頭筋の可動域を広げる
肩幅の手幅でバーを握る。肘関節の可動域が広がって大胸筋の貢献度が相対的に下がり、上腕三頭筋が主に鍛えられる。

1 肩幅程度の手幅でバーを握る。ラックからバーを外し、肘を伸ばして肩の上方でセットする。

2 肘を曲げながら後方に引いてバーを乳頭付近に下ろす。ここから肘を伸ばす動きで1に戻る。やや内向きに力を発揮して押す。

第1章 BIG3種目の動き方・効かせ方

メイン 上腕三頭筋* **サブ** 大胸筋、三角筋（前部）
ナローベンチプレス
主要動作 肘関節伸展+肩関節水平内転

負荷範囲*	やや短縮位〜伸張位
最大負荷*	やや伸張位

狭い手幅で上腕三頭筋をメインに鍛える
肩幅より狭い手幅でバーを握る。肩幅の手幅で行うよりもさらに大胸筋の関与が小さくなり、上腕三頭筋の貢献度が高まる。

1 肩幅よりも狭い手幅でバーを握り、ラックからバーを外して肩の上方でセットする。肩甲骨は寄せず、胸を張る必要もない。

2 脇を開きながら肘を曲げてバーを乳頭付近に下ろす。ここから肘を伸ばす動きでバーを挙げ1に戻る。

メイン 大胸筋* **サブ** 三角筋（前部）、上腕三頭筋
スミスベンチプレス
主要動作 肩関節水平内転+肘関節伸展

負荷範囲*	やや短縮位〜やや伸張位
最大負荷*	やや伸張位

高重量でも安全に追い込める
スミスマシンで行うと軌道が安定するため安全に追い込める。その反面、関与する筋群が減り、摩擦の影響で下ろす局面の負荷が減少する短所も。

1 通常のベンチプレスと同様にバーを握ったらラックからバーを外してセット。

2 肩甲骨を寄せて胸を張ったまま肘を曲げ、乳頭かそのやや下にバーを下ろす。ここから1に戻る。バーが下りる位置はベンチを動かして調節。

▶▶ ベンチプレスのバリエーション

※各ベンチプレス種目の筋肉、動作、負荷のデータはすべて挙上する局面のデータ

メイン 大胸筋＊ ／ サブ 三角筋（前部）、上腕三頭筋
足上げベンチプレス
主要動作 肩関節水平内転＋肘関節伸展

負荷範囲	やや短縮位〜伸張位
最大負荷＊	やや伸張位

大胸筋の可動域を大きくできる
ブリッジが低くなり可動域が広がる。動員される中心位置が少し大胸筋の上部側に。ややナローで行うとより可動域が広がる。

1 ベンチに寝たら太ももが垂直になるまで足を上げ、その体勢のまま、通常のベンチプレスと同様にラックからバーを外してセットする。

2 通常のベンチプレスと同様に動作する。過度にブリッジして可動域が狭くなってしまうフォームを防げる。

メイン 大胸筋（下部）＊ ／ サブ 三角筋（前部）、上腕三頭筋
デクラインベンチプレス
主要動作 肩関節水平内転（内転をともなう）＋肘関節伸展

負荷範囲＊	やや短縮位〜やや伸張位
最大負荷	中間位

大胸筋の下部を鍛えて胸板の輪郭を作る
お尻の位置を高くして行うベンチプレス。肩関節の動きが内転をともなう水平内転となり大胸筋の下部が強く動員される。

1 ベンチに足を乗せ、お尻を上げて肩から膝までを一直線に。そこから肩甲骨を寄せて胸を張り、ラックからバーを外して肩の上方でセット。

2 胸を張ったまま肘を曲げてバーをみぞおち付近に下ろす。ここから1に戻る。この種目専用のベンチを備えた施設もある。

メイン 三角筋（前部）＊ ／ サブ 大胸筋（上部）、上腕三頭筋、前鋸筋、僧帽筋（下部）
リバースベンチプレス
主要動作 肩関節屈曲＋肘関節伸展

負荷範囲＊	中間位〜伸張位
最大負荷	やや伸張位

三角筋の前部を高重量で追い込む
逆手でバーを握って行うベンチプレス。腕を前方に振る肩関節屈曲の動きで挙上するため、肩の三角筋前部がターゲットに。

1 脇を締めてリバースグリップでバーを握る。ラックからバーを外し、両肘を引いて体に触れるぐらいまでバーを下ろす。肩の前部が伸びる。

2 肩から腕を前方に振ってバーを真上に挙上する。肘が伸びきる手前まで挙げる。顔のほうに挙げるのは危険なのでNG。

第2章

フリーウエイト (多関節種目)の 動き方・効かせ方

BIG3種目のように複数の関節を連動させる種目を「多関節種目」とよぶ。多関節種目は動きに関与する筋肉が多いのが特徴。本章では、フリーウエイトトレーニングの主な多関節種目のターゲット、主要動作、負荷範囲、最大負荷の位置などを解説し、多彩なバリエーション種目も紹介する。

フリーウエイト（多関節種目）①

ダンベルプレス

大胸筋を強く伸ばして追い込む

肩関節を横から前方に振りながら肘を伸ばす動きで大胸筋を強化。ベンチプレスより肘を深く下ろせるため肩関節の可動域が広がり大胸筋を強く伸ばして追い込める。筋肥大の一要因である筋損傷が起こりやすい。

メイン
大胸筋*

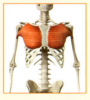

サブ
三角筋（前部）、上腕三頭筋

主要動作
肩関節水平内転 ＋ 肘関節伸展

1 両手にダンベルを持ってベンチに仰向けで寝る。そこから肩甲骨を寄せて胸を張り、肩の上方で左右のダンベルをセットする。

負荷範囲 * ● **最大負荷** *

大胸筋の全可動域
最大短縮 — 中間 — やや伸張位 — 最大伸張

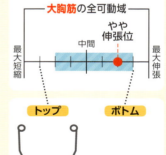

トップ　　ボトム

2 胸を張ったまま、脇を開きながら肘を曲げてダンベルを深く下ろす。大胸筋を強く伸ばす。このポジションがボトムの伸張位。ここから弧を描くようにダンベルを持ち上げて**1**に戻る。

▶▶ ダンベルプレスのバリエーション

※各ダンベルプレス系種目の筋肉、動作、負荷のデータはすべて上げる局面のデータ

メイン 大胸筋（上部）＊ **サブ** 三角筋（前部）、上腕三頭筋

インクラインダンベルプレス

主要動作 肩関節水平内転（外転をともなう）＋肘関節伸展

負荷範囲＊ やや短縮位～やや伸張位
最大負荷＊ 中間位

大胸筋の上部を狙って鍛える

背もたれを45度程度の角度にセットして行うダンベルプレス。肩関節の動きが外転をともなう水平内転となるため大胸筋の上部が主に鍛えられる。

1 背もたれを45度程度の角度にセットしたベンチに座って胸を張り、肩の上方で左右のダンベルをセットする。

2 肩甲骨を寄せて胸を張ったまま、脇を開きながら肘を曲げてダンベルを鎖骨付近に下ろす。このポジションがボトムの伸張位。ここから弧を描くようにダンベルを持ち上げて**1**に戻る。

メイン 大胸筋＊ **サブ** 三角筋（前部）、上腕二頭筋

ダンベルフライ

主要動作 肩関節水平内転

負荷範囲＊ 中間位～やや伸張位
最大負荷＊ やや伸張位

主に大胸筋の伸張位で負荷をかける

両腕を側方へ開く動きで大胸筋を強く伸ばす。最大伸張位の少し手前で大胸筋に大きな負荷をかけられるのが長所。その反面、両腕を内側に閉じた短縮位で負荷が抜けやすいのが短所。

1 ダンベルを持ってベンチに仰向けで寝る。そこから肩甲骨を寄せて胸を張り、肩の上方で左右のダンベルを縦に揃えてセット。左右のダンベルはくっつけない。

2 肩甲骨を寄せて胸を張ったまま、両腕を真横に開いて大胸筋を強く伸ばす。このとき肘は少し曲げてOK。これがボトムの伸張位。ここから弧を描くように両腕を閉じてダンベルを持ち上げ**1**に戻る。

▶▶ **ダンベルプレスのバリエーション**

※各ダンベルプレス系種目の筋肉、動作、負荷のデータはすべて上げる局面のデータ

| メイン | 大胸筋（下部）* | サブ | 三角筋（前部）、上腕三頭筋 |

デクラインダンベルプレス

| 主要動作 | 肩関節水平内転（内転をともなう）＋肘関節伸展 |

| 負荷範囲* | やや短縮位～やや伸張位 |
| 最大負荷* | 中間位 |

大胸筋の輪郭を作る下部に負荷を集める

お尻の位置を高くして行うダンベルプレス。肩関節の動きが内転をともなう水平内転となり大胸筋の主に下部が鍛えられる。

1 ベンチに足を乗せ、後頭部と両肩を浮かさずにブリッジする。そこから肩甲骨を寄せて胸を張り、ダンベルを肩の上方でセット。

2 胸を張ったまま、脇を開きながら肘を曲げて肘を深く下げる。ここから1に戻る。この種目専用のベンチ台もある。

| メイン | 大胸筋* | サブ | 三角筋（前部）、上腕二頭筋 |

ダンベルフライプレス

| 主要動作 | 肩関節水平内転＋肘関節伸展 |

| 負荷範囲* | やや短縮位～やや伸張位 |
| 最大負荷* | やや伸張位 |

フライ気味のダンベルプレス

ダンベルプレスとダンベルフライの中間的種目。ダンベルフライが挙がらなくなってからこの種目に移行してさらに追い込む組み合わせも有効。

1 ダンベルを持ってベンチに仰向けになり、肩の上方でダンベルを横に揃えてセット。

2 肩甲骨を寄せて胸を張ったまま、肘を曲げながら側方へ開いてダンベルを下ろす。ここから弧を描いて1に戻る。

| メイン | 大胸筋（上部）* | サブ | 三角筋（前部）、上腕二頭筋 |

インクラインダンベルフライ

| 主要動作 | 肩関節水平内転（外転をともなう） |

| 負荷範囲* | 中間位～やや伸張位 |
| 最大負荷* | やや伸張位 |

大胸筋の上部に負荷をかける

背もたれを45度程度にして行うダンベルフライ。肩関節の動きが純粋な水平外転でなく外転をともなうため、大胸筋の主に上部が鍛えられる。

1 背もたれを45度程度にしたベンチで胸を張り、肩の上方でダンベルを縦に揃えてセット。

2 胸を張ったまま腕を側方へ開く。肘は少し曲げてOK。ここから1に戻る。

メイン **大胸筋（上部）**、三角筋（前部）　サブ 前鋸筋、僧帽筋（下部）、上腕二頭筋

ダンベルフライ（45度外転位）

主要動作　**肩関節水平内転（屈曲をともなう）**

負荷範囲	中間位～やや伸張位
最大負荷	やや伸張位

脇を少し締めた状態で行うダンベルフライ

脇を体側から45度開いた位置で行うフライ。肩関節の動きが屈曲をともなう水平内転となり三角筋前部もターゲットに。

1 ダンベルを持ってベンチで仰向けになり、胸を張って肩の上方で左右のダンベルを「逆ハの字」にセット。

2 肩甲骨を寄せて胸を張ったまま、脇を45度に開いてダンベルを斜め下方向に下ろす。肘は少し曲げてOK。ここから**1**に戻る。

メイン **三角筋（前部）**　サブ 大胸筋（上部）、前鋸筋、僧帽筋（下部）

リバースダンベルプレス

主要動作　**肩関節屈曲＋肩甲骨後傾**

負荷範囲	中間位～伸張位
最大負荷	やや伸張位

脇を締めたプレスで三角筋前部を鍛える

逆手でダンベルを持ち上げる。腕を前方に振る肩関節屈曲の動きになり、三角筋前部がターゲットに。肩甲骨後傾の動きで前鋸筋と僧帽筋下部も働く。

1 脇を締めて逆手でダンベルを持つ。肘を曲げながら後方に引き下げダンベルを下ろす。

2 肩から腕を前方に振ってダンベルを持ち上げる。肩甲骨が前後に回転するため前鋸筋と僧帽筋下部も働く。

メイン **前鋸筋**、僧帽筋（下部）　サブ 三角筋（前部）、大胸筋（上部）、上腕二頭筋

肩甲骨リバースダンベルプレス

主要動作　**肩甲骨後傾＋肩関節屈曲**

負荷範囲	やや短縮位～やや伸張位
最大負荷	中間位

肩甲骨の動きで前鋸筋と僧帽筋の下部を鍛える

上背部を丸めて頭部を起こし、肩甲骨中心の動きで持ち上げるリバースダンベルプレス。肩甲骨の動きに働く前鋸筋と僧帽筋の下部がターゲット。

1 肩甲骨から先の上背部を丸め、逆手でダンベルを持つ。肘を曲げながら後方に引き下げる。このとき胸は張らない。

2 上背部を丸めたまま、肩を肩甲骨ごと回すイメージで腕を前方に振る。肘は少し曲げてOK。ここから**1**に戻る。

第2章　フリーウエイト（多関節種目）の動き方・効かせ方

フリーウエイト（多関節種目）❷
バーベルバックプレス

メイン
三角筋（前・中部）＊

主要動作
肩関節外転 ＋ **肘関節伸展** ＋ **肩甲骨上方回旋**

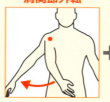 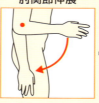

サブ
僧帽筋、前鋸筋、上腕三頭筋

1 背もたれを垂直手前の最大角度まで立てたベンチに座り、背中を背もたれにつける。バーベルを首の後ろで持ち、バーは耳の高さに合わせる。ラックを使うとセッティングしやすい。この種目は立って行う方法もあるが座って行うほうが上体は安定する。

POINT
立って行う場合は腰を反りすぎないように注意する

立って行う場合は、下半身の曲げ伸ばしでフォーストレップ（最後まで力を出し切るための補助）できるのが利点。ただし、腰が反りやすくなって腰痛のリスクが高まるので注意する。

頭上に持ち上げる動きで三角筋の前・中部を強化

　肩関節を外転しながら肘を伸ばす動きで三角筋の前・中部を鍛える。上腕三頭筋も一緒に鍛えられる。肩関節の土台である肩甲骨が連動して内向きに回る（上方回旋）ため僧帽筋、前鋸筋にも負荷がかかる。ボトムの位置で強い負荷がかかるが、肘を深く下ろせないため可動域に伸張位が含まれない。挙上したトップの位置で負荷が抜けやすいのが短所。

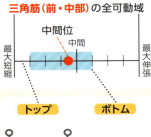

第2章 フリーウエイト（多関節種目）の動き方・効かせ方

2

肘を伸ばしながらバーベルを頭上へ挙上する。背もたれにつけた背中を反らさず、真っすぐ伸ばしたまま、肘が伸びきる寸前までバーベルを頭上に持ち上げていく。

POINT
背もたれから背中を離す方法

ベンチの背もたれにもたれず、上体を立てたまま行う方法もある。上体がより立った状態で挙上するため、三角筋中部の貢献度が少し高くなる。

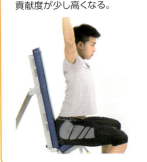

▶▶ ショルダープレスのバリエーション

メイン 三角筋（前部）*、前鋸筋　**サブ** 僧帽筋、上腕三頭筋

バーベルフロントプレス

主要動作 肩関節外転＋肩甲骨上方回旋＋肘関節伸展

負荷範囲*	短縮位〜中間位
最大負荷*	中間位

三角筋前部と前鋸筋を強化

首の前面からバーベルを挙上する。バックプレスよりも肘の位置が少し前方に出て肩甲骨の動きが大きくなるため、三角筋の前部とともに前鋸筋の貢献度が高くなる。

バックプレスよりバーを握る手幅は狭くする。肩幅の1.5倍程度の幅が目安。

1 背もたれを垂直手前の最大角度まで立てたベンチに座り、バーベルのバーを首の前で持つ。そこから背もたれにもたれて胸を張り、バーを鎖骨程度の高さに合わせる。

2 胸を張ったまま肘を伸ばしながらバーベルを頭上へ挙上する。肘が伸びきる寸前まで持ち上げていく。

メイン 三角筋（前・中部）*　**サブ** 大胸筋（上部）、前鋸筋、僧帽筋、上腕三頭筋

アーノルドプレス

主要動作 肩関節外転＆屈曲＋肩甲骨上方回旋＋肘関節伸展

負荷範囲*	短縮位〜中間位
最大負荷*	中間位

三角筋の前側部分を全体的に鍛える

肘を内側に閉じた状態からいったん肘を開いてダンベルを持ち上げる。動作の序盤で肩関節の屈曲動作にも負荷がかかるため、三角筋の前側が全体的に鍛えられる。立位で行っても良い。

1 体の前でダンベルを逆手で持ち、背すじを伸ばして脇を締める。肘は体側より少し前方に出す。

2 肘を開きながら前腕を内向きにひねってダンベルを持ち上げる。

3 背すじを伸ばしたままダンベルを頭上に持ち上げる。肘が伸びきる寸前まで上げる。最後は手の平が前を向く。

メイン 三角筋（前・中部）＊　**サブ** 僧帽筋、前鋸筋、上腕三頭筋
ダンベルショルダープレス
主要動作 肩関節外転＋肩甲骨上方回旋＋肘関節伸展

負荷範囲＊	短縮位～やや伸張位
最大負荷＊	中間位

広い可動域で三角筋を鍛える

肩関節を外転しながら肘を伸ばしてダンベルを持ち上げる。肘を深く下ろせるため、バーベルで行うより肩関節と肩甲骨の可動域が広がる。

1 背もたれを垂直手前まで立てて背中をつける。ダンベルはアゴぐらいの高さにセット。

2 背すじを伸ばしたまま弧を描いてダンベルを持ち上げる。肘が伸びきる寸前まで上げる。背もたれなしや立位で行っても良い。

メイン 三角筋（前部）＊　**サブ** 大胸筋（上部）、前鋸筋、僧帽筋（特に下部）
リバースフロントプレス
主要動作 肩関節屈曲＋肩甲骨上方回旋＋肩甲骨外転

負荷範囲＊	短縮位～中間位
最大負荷＊	中間位

三角筋の前部に負荷を集める

逆手でダンベルを持ち、腕を前方に振る肩関節屈曲の動きで持ち上げる。三角筋の前部がターゲット。大胸筋上部や前鋸筋、僧帽筋も鍛えられる。

1 逆手でダンベルを持ち、背すじを伸ばして脇を締める。ダンベルは首の高さが目安。

2 背すじを伸ばしたまま、肘を伸ばしながら肩から腕を前方に振ってダンベルを真上に持ち上げる。立位で行っても良い。

メイン 三角筋（前・中部）＊　**サブ** 前鋸筋、僧帽筋、上腕三頭筋
スミスフロントプレス
主要動作 肩関節外転＋肩甲骨上方回旋＋肘関節伸展

負荷範囲＊	短縮位～中間位
最大負荷＊	中間位

安定した軌道で行うフロントプレス

スミスマシンで行うフロントプレス。高重量でもセットしやすく安全に追い込める。バックプレスでも同じメリットがある。

1 背もたれを垂直手前まで立てたベンチに座って胸を張り、ラックからバーを外して鎖骨付近に下ろす。手幅は肩幅の2倍程度。

2 背もたれにもたれて胸を張ったままバーベルを挙上する。肘が伸びきる寸前まで持ち上げていく。

フリーウエイト（多関節種目）❸
ベントオーバーロー

メイン
広背筋*　　僧帽筋（中・下部）

 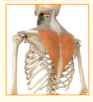

主要動作
肩関節伸展　　肩甲骨内転

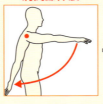 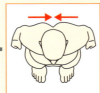

サブ
大円筋、肘関節屈曲筋群

POINT
肩甲骨を寄せながら肘を後方に引く

腕を後方に引く動きと連動して肩甲骨をしっかり寄せることによって広背筋がより短縮し、僧帽筋の中・下部も働く。

1

肩幅よりやや広めの手幅でバーベルを持ち、膝を軽く曲げて背すじを伸ばす。そこから上体を60〜90度の角度まで前傾させる。前傾角度が大きいほど肩関節の可動範囲は広くなる。

58

バーベルを引き寄せ広背筋と僧帽筋を鍛える

腕を後方に引く動き（肩関節伸展）と、肩甲骨を内転する動きでバーベルを引き寄せ、広背筋と僧帽筋を鍛える。肩甲骨を寄せることで僧帽筋の中・下部にも負荷がかかる。運動のボリュームが比較的大きく、慣れれば高重量も扱えるが、伸張位の負荷は弱め。スタートのボトムポジションで広背筋への負荷が抜けやすく、フォームがやや難しいのも短所。

NG 上体が立ちすぎて肘の動きが小さい
膝が曲がりすぎて上体が起き上がると、肘を引く肩関節の動きが小さくなり、広背筋が十分に鍛えられないので注意しよう。

2 胸を張って肩甲骨を寄せながら、肩関節の動きで肘を後方に引いてバーベルを下腹部のほうへ引き寄せる。腕の力で引かないようにする。

▶▶ ベントオーバーローのバリエーション

メイン 広背筋（主に上部）＊、僧帽筋（中部） **サブ** 大円筋、肘関節屈曲筋群

ワイドベントオーバーロー

主要動作 肩関節伸展＆水平外転＋肩甲骨内転

負荷範囲＊	短縮位〜中間位
最大負荷＊	短縮位

広背筋の上部を中心に鍛える

バーを握る手幅を広げたベントオーバーロー。脇が開いて肩関節を水平外転しながら伸展する動きとなり、広背筋の上部がメインターゲットに。

1 肩幅の2倍程度の手幅でバーベルを持ち、ベントオーバーローのスタート体勢に。

2 胸を張って肩甲骨を寄せながら、肩関節の動きで肘を後方に引いてバーを下腹部のほうへ引き寄せる。

メイン 広背筋＊、僧帽筋（中・下部） **サブ** 大円筋、肘関節屈曲筋群

リバースベントオーバーロー

主要動作 肩関節伸展＋肩甲骨内転

負荷範囲＊	短縮位〜中間位
最大負荷＊	短縮位

広背筋を全体的に強化

逆手でバーを握るベントオーバーロー。肘が体側に近づいて脇を締めた状態になるため、広背筋の下部の貢献度も高まり、広背筋が全体的に鍛えられる。

1 逆手でバーを握りベントオーバーローの体勢を作る。手幅は肩幅よりやや広め。

2 胸を張って肩甲骨を寄せながら、脇を締め気味のまま肘を後方に引いてバーを下腹部のほうへ引き寄せる。

メイン 広背筋＊、僧帽筋（中・下部） **サブ** 大円筋、肘関節屈曲筋群

ダンベルベントオーバーロー

主要動作 肩関節伸展＆水平外転＋肩甲骨内転

負荷範囲＊	短縮位〜中間位
最大負荷＊	短縮位

ダンベルで行うベントロー

バーベルで行うベントローよりもセッティングの手間が少ない。挙がらなくなってから重量を落として反復を重ねる方法も取り入れやすい。

1 両手にダンベルを持ち、膝を軽く曲げて背すじを伸ばす。そこから上体を前傾させる。

2 胸を張って肩甲骨を寄せながら、肩関節の動きで肘を後方に引いてダンベルを下腹部の方向に引き上げる。

| メイン | 広背筋*、僧帽筋（中部） | サブ | 肘関節屈曲筋群、内腹斜筋（同側）、外腹斜筋（反対側） |

ワンハンドロー

主要動作 肩関節伸展＋肩甲骨内転

| 負荷範囲* | 短縮位～中間位 |
| 最大負荷* | 短縮位 |

広背筋、僧帽筋の収縮を意識して追い込む

片手で行うダンベルロー。ベンチに手足をつくことで上体が固定され、腰に負担をかけず肩関節と肩甲骨の動きに集中できる。

1 片手にダンベルを持ち、もう片方の手と片膝をベンチにつく。上体は水平に近い角度まで前傾させて胸を張る。

2 胸を張って肩甲骨を寄せながら、肘を後方に引いてダンベルを引き上げる。肘を体側より大きく後ろまで引く必要はない。

| メイン | 広背筋*、僧帽筋（中部） | サブ | 大円筋、肘関節屈曲筋群 |

インクラインダンベルロー

主要動作 肩関節伸展＋肩甲骨内転

| 負荷範囲* | 短縮位～中間位 |
| 最大負荷* | 短縮位 |

腰への負担が小さいベントロー

ベンチに寝て行うベントロー。上体が固定されるため腰部への負担を減らせる。ベンチの形状次第ではバーベルでも実施可能。

1 ダンベルを持ち、背もたれを30度程度にセットしたベンチに腹ばいで寝る。肩甲骨を広げながらダンベルを下げる。

2 胸を張って肩甲骨を寄せながら、肩関節の動きで肘を後方に引いてダンベルを引き上げる。このとき胸の上部はベンチから少し浮いてOK。

| メイン | 広背筋*、僧帽筋（中部） | サブ | 大円筋、肘関節屈曲筋群 |

Tバーロー

主要動作 肩関節伸展＋肩甲骨内転

| 負荷範囲* | 短縮位～中間位 |
| 最大負荷* | 短縮位 |

自然な動きで広背筋を強化

T字のバーを引き寄せるベントロー。引く方向が斜めになるためスタートでも負荷が抜けず、体の構造に合った自然な動きで肩関節を伸展できる。

2 胸を張って肩甲骨を寄せながら、肘を後方に引いてT字バーを下腹部のほうへ引き寄せる。

1 上体を前傾して胸を張り、膝を軽く曲げて重りをセットしたT字バーを両手で持つ。

※片側だけプレートをつけたバーベルで行う代替方法もある

第2章 フリーウエイト（多関節種目）の動き方・効かせ方

フリーウエイト（多関節種目）④
バーベルアップライトロー

僧帽筋を広い可動域で鍛える

肩甲骨を内向きに回す動き（上方回旋）に挙上する動きがともなうため、僧帽筋を広い可動域で追い込める。さらに肘を側方に振り上げる動き（肩関節外転）もともなうため、三角筋の中部も一緒に鍛えられる。

メイン: 僧帽筋*、三角筋（中部）
主要動作: 肩甲骨上方回旋 + 肩甲骨挙上 + 肩関節外転
サブ: 前鋸筋、肩甲挙筋、肘関節屈曲筋群

1 肩幅より狭めの手幅でバーベルのバーを持ち、肩を下げる。肘は軽く曲げておく。負荷が抜けるのでバーは体につけない。

2 肘を曲げて側方へ振り上げながら、同時に肩をすくめてバーを引き上げる。肩の位置そのものを上下させる。

▶▶ アップライトローのバリエーション

ワイドバーベルアップライトロー

メイン 三角筋(中部)＊、僧帽筋　**サブ** 前鋸筋、肩甲挙筋、肘関節屈曲筋群

主要動作 肩関節外転＋肩甲骨挙上＆上方回旋

負荷範囲＊ 短縮位～中間位
最大負荷＊ 短縮位

三角筋の貢献度を高くする

広い手幅でバーを持つ方法。肩甲骨の動きより肩関節を外転する動きが主体となるため三角筋中部の貢献度が高くなる。

1 肩幅より広い手幅でバーベルのバーを持ち、背すじを伸ばす。肘は軽く曲げておく。負荷が抜けるのでバーは体につけない。

2 肘を曲げながら側方へ振り上げ、バーを引き上げる。脇を大きく開く動きで上げる。三角筋のみをメインで鍛える場合は肩をすくめずに行う。

ダンベルアップライトロー

メイン 僧帽筋＊、三角筋(中部)　**サブ** 前鋸筋、肩甲挙筋、肘関節屈曲筋群

主要動作 肩甲骨上方回旋＆挙上＋肩関節外転

負荷範囲＊ やや短縮位～伸張位
最大負荷＊ 中間位

広い可動域で僧帽筋を鍛える

ダンベルで行う方法。バーベルで行う場合と効果は変わらないが、手首が固定されないため肘を高く上げやすく、怪我のリスクも低い。

1 両手にダンベルを持って背すじを伸ばす。肘は軽く曲げておく。負荷が抜けるのでダンベルは体につけない。

2 肘を曲げて側方へ振り上げると同時に肩をすくめてダンベルを引き上げる。三角筋をメインで鍛える場合は肩をすくめずに引き上げていく。

外旋アップライトロー

メイン 棘下筋＊、棘上筋、小円筋、三角筋(中・後部)、僧帽筋　**サブ** 前鋸筋、肩甲挙筋

主要動作 肩関節外旋＆外転＋肩甲骨上方回旋

負荷範囲＊ やや短縮位～中間位
最大負荷＊ 中間位

肩関節深部の外旋筋群を鍛える

肘をやや伸ばし気味で上げるアップライトロー。外旋の可動域は広くないが外旋位を維持する負荷が強くかかり、外旋筋群が鍛えられる。

1 両手にダンベルを持って背すじを伸ばす。肘は軽く曲げておく。負荷が抜けるのでダンベルは体につけない。

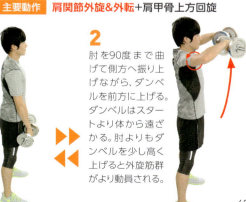

2 肘を90度まで曲げて側方へ振り上げながら、ダンベルを前方に上げる。ダンベルはスタートより体から遠ざかる。肘よりもダンベルを少し高く上げると外旋筋群がより動員される。

第2章　フリーウエイト(多関節種目)の動き方・効かせ方

フリーウエイト（多関節種目）⑤
バーベルランジ

メイン
大殿筋（全体） * 　中殿筋

主要動作
股関節伸展＆外転・外旋（※固定） ＋ **膝関節伸展**

 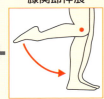

サブ
大腿四頭筋、内転筋群（後ろ側）、股関外旋筋群、ハムストリング

1 バーベルをラックから外して肩でバーを担ぎ、背すじを伸ばす。そこから片足を前方に大きく踏み出し、膝を曲げて前脚の太ももが水平程度になるまでお尻を沈める。このとき上体も少し前傾させる。

64

大殿筋の上部まで鍛えられる片脚種目

片足を大きく前方に踏み出してから立ち上がる動きで大殿筋全体を鍛える。大殿筋の上部はスクワットなどの両脚種目では刺激しにくく片脚種目でしか鍛えることができない。

両脚スクワットより重量を下げて腰の負担を下げつつ、片側の股関節に強い負荷を集められるのも利点。伸張位の負荷は強いが、立ち上がったときに負荷が抜けやすいのが短所。

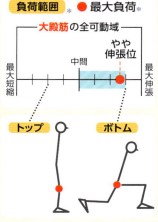

2
体重が乗った前足を踏み込んでお尻を持ち上げ、立ち上がって**1**に戻る。同じ足を連続で踏み出して反復する方法と、左右交互に足を替えて反復する方法があるが、筋肉をより追い込める前者がお薦め。

POINT
上体を少し前傾させる

足を踏み出しながら上体を適度に前傾させる。上体を倒すことでバランスが安定し、股関節の可動域も大きくなる。

▶▶ **バーベルランジのバリエーション**

※各ランジ系種目の筋肉、動作、負荷のデータはすべて立ち上がる局面のデータ

メイン 大殿筋(全体)*、中殿筋　**サブ** 大腿四頭筋、ハムストリング、内転筋群(主に後ろ側)

バーベルサイドランジ

主要動作 股関節伸展&外転・外旋(※固定)＋膝関節伸展

負荷範囲*	中間位〜やや伸張位
最大負荷*	やや伸張位

側方へ踏み出すランジ

側方へ片足を踏み出してから立ち上がるランジ。通常のランジに比べて外側に蹴り出すため股関節外転の負荷が増し、中殿筋の貢献度が高まる。

1 バーベルのバーをラックから外して肩で担ぎ、背すじを伸ばす。

2 片足を側方(やや斜め前方向)に踏み出しお尻を沈める。ここから1に戻る。

メイン 大殿筋(全体)*　**サブ** 中殿筋、大腿四頭筋、大内転筋(内転筋群後ろ側)、ハムストリング、腸腰筋(後ろ脚側)

ダンベルランジ

主要動作 股関節伸展&外転・外旋(※固定)＋膝関節伸展

負荷範囲*	中間位〜やや伸張位
最大負荷*	やや伸張位

安全に追い込めるダンベルランジ

ダンベルで負荷をかけるランジ。バーベルランジよりバランスが取りやすく、フォームも安定するため安全に限界まで追い込める。ダンベルがあれば自宅でも実施できる。

両手にダンベルを持ち背すじを伸ばす。そこから片足を前方に踏み出し、膝を曲げて前脚の太ももが水平程度になるまでお尻を沈める。このとき上体も少し前傾させる。そこから体重が乗った前足を踏み込んでお尻を持ち上げ、立ち上がる。

メイン 大殿筋(全体)*　**サブ** 中殿筋、大腿四頭筋、大内転筋(内転筋群後ろ側)、ハムストリング

ウォーキングランジ

主要動作 股関節伸展&外転・外旋(※固定)＋膝関節伸展

負荷範囲*	中間位〜やや伸張位
最大負荷*	やや伸張位

大股で前進するダンベルランジ

左右交互に足を踏み出して前進する。軸足の位置へ戻る通常のランジに比べて後ろ脚側の貢献が少し減り、前脚側メインの運動になる。

両手にダンベルを持って背すじを伸ばす。そこから片足を前方に踏み出し、太ももが水平程度になるまで体を沈める。さらにそこから後ろ脚を前方に振って踏み出し大股で前進していく。

メイン 大殿筋（全体）＊ **サブ** 大腿四頭筋、中殿筋、大内転筋（内転筋群後ろ側）、ハムストリング

バーベルバックランジ

主要動作 股関節伸展＆外転・外旋（※固定）＋膝関節伸展

負荷範囲＊	中間位～やや伸張位
最大負荷＊	やや伸張位

前脚側の股関節に負荷を集中させる

片足を後方へ引くバーベルランジ。通常のランジと違って前方へ立ち上がる動きになるため、股関節の貢献度が高まり、前脚側の大殿筋が主に鍛えられる。

バーベルを肩に担いで背すじを伸ばす。そこから片足を後方に引いて前脚の太ももが水平程度になるまでお尻を沈める。このとき上体も少し前傾させる。そこから引いた後ろ足を踏み込んでお尻を持ち上げ、立ち上がる。

メイン 大殿筋（全体）＊ **サブ** 大腿四頭筋、中殿筋、大内転筋（内転筋群後ろ側）、ハムストリング

ダンベルバックランジ

主要動作 股関節伸展＆外転・外旋（※固定）＋膝関節伸展

負荷範囲＊	中間位～やや伸張位
最大負荷＊	やや伸張位

安全に追い込めるバックランジ

ダンベルで負荷をかけるバックランジ。バーベルで行うよりバランスが取りやすく、フォームも安定するため安全に限界まで追い込める。フォームを習得しやすいランジ種目。

両手にダンベルを持って背すじを伸ばす。そこから片足を後方に引いて前脚の太ももが水平程度になるまでお尻を沈める。このとき上体を少し前傾させる。そこから引いた後ろ足を踏み込んで立ち上がる。

メイン 大殿筋（全体）＊ **サブ** 大腿四頭筋、中殿筋、大内転筋（内転筋群後ろ側）、ハムストリング

スミスバックランジ

主要動作 股関節伸展＆外転・外旋（※固定）＋膝関節伸展

負荷範囲＊	中間位～やや伸張位
最大負荷＊	やや伸張位

高重量を扱えるバックランジ

スミスマシンを使えば高重量を扱える。安全に限界まで追い込めるのも長所。ただし摩擦により下ろす局面の負荷は低減する。

1
ラックからバーを外して肩で担ぎ、背すじを伸ばす。そこから片足を浮かせて軸足に体重を乗せる。

2
片足を後方に引いて前脚の太ももが水平程度になるまでお尻を沈める。このとき上体も少し前傾する。そこから後ろ足を踏み込んで**1**に戻る。

第2章 フリーウエイト（多関節種目）の動き方・効かせ方

フリーウエイト（多関節種目）❻
ブルガリアンスクワット

股関節の伸展にスクワット以上の負荷をかける

通常のスクワットでは大殿筋を追い込む前に下背部の疲労が反復を妨げるが、この種目は使用重量を下げつつ片側の股関節に限界負荷をかけられる。バランスが安定して追い込みやすく負荷が抜けにくいのも長所。

メイン
大殿筋（全体）*

サブ
大腿四頭筋、中殿筋、大内転筋（内転筋群後ろ側）、ハムストリング、腸腰筋（後ろ脚側）

主要動作
股関節伸展＆外転・外旋（※固定）　＋　膝関節伸展

1 ベンチに背を向けてダンベルを持ち、片足を後方に引いて足先をベンチに乗せる。そこから背すじを伸ばし、主に前脚に体重を乗せる。

負荷範囲 * ● 最大負荷*
大殿筋の全可動域
最大短縮 ─ 中間 ─ やや伸張位 ─ 最大伸張

トップ　ボトム

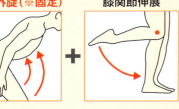

2 背すじを伸ばしたまま上体を軽く前傾して膝を曲げ、前脚の太ももが水平程度になるまでお尻を沈める。このポジションがボトムの伸張位。ここから1に戻る。

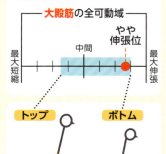

▶▶ ブルガリアンスクワットのバリエーション

※各ブルガリアンスクワット系種目の筋肉、動作、負荷のデータはすべて立ち上がる局面のデータ

メイン 中殿筋＊、大殿筋（上部） **サブ** ハムストリング、脊柱起立筋

片手片脚デッドリフト

主要動作 股関節伸展＆外転・外旋（※固定）＋膝関節伸展

負荷範囲＊ やや短縮位～やや伸張位
最大負荷＊ やや伸張位

股関節をひねって中殿筋を強化

上体をひねりながら股関節の伸展および外転の動きでお尻側部の中殿筋を鍛える。両脚種目では刺激しにくい大殿筋上部も鍛えられる。脚の付け根を支点に対角線方向へ起き上がるイメージ。

接地している軸脚側の股関節を支点にして上体を倒す。上体を起こすときも同様。

第2章 フリーウエイト（多関節種目）の動き方・効かせ方

1 片手にダンベルを持ち、もう片方の手はベンチの背もたれにつく。そこからダンベルを持つ手と反対側の足で片足立ちとなり背すじを伸ばす。

2 脚の付け根（股関節）を支点に上体を少しひねりながら前方に倒していく。このとき背すじは伸ばしたまま。ここから上体を反対方向にひねりながら股関節を伸展して上体を起こし、**1**に戻る。

メイン 大殿筋（上部）＊、中殿筋 **サブ** 大内転筋（内転筋群後ろ側）、ハムストリング、腸腰筋（後ろ脚側）

片手ブルガリアンスクワット

主要動作 股関節伸展＆外転・外旋（※固定）＋膝関節伸展

負荷範囲＊ やや短縮位～やや伸張位
最大負荷＊ やや伸張位

中殿筋への負荷を高める

片手にダンベルを持って行うブルガリアンスクワット。骨盤を水平に保つ股関節外転の力も発揮されるため大殿筋上部から中殿筋がターゲットに。

1 ベンチに背を向けて片手にダンベルを持ち、片足を後方に引いて足先をベンチに乗せる。

2 背すじを伸ばしたまま上体を軽く前傾して膝を曲げ、お尻を沈める。ここから**1**に戻る。動作中に骨盤を水平に保つことで中殿筋が働く。

▶▶ ブルガリアンスクワットのバリエーション

※各ブルガリアンスクワット系種目の筋肉、動作、負荷のデータはすべて立ち上がる局面のデータ

メイン 大殿筋（全体）＊、ハムストリング　**サブ** 中殿筋、大内転筋（内転筋群後ろ側）、脊柱起立筋、腸腰筋（後ろ脚側）

片脚デッドリフト

主要動作 股関節伸展＆外転・外旋（※固定）＋膝関節伸展

負荷範囲＊ やや短縮位〜やや伸張位
最大負荷＊ やや伸張位

大殿筋をハードに追い込める片脚種目

ベンチに片足を乗せて行うデッドリフト。ブルガリアンスクワットより膝関節の関与が減り、前脚側の大殿筋に負荷が集中する。太もも裏のハムストリングも一緒に鍛えられる。

1 ベンチに背を向けて両手にダンベルを持ち、片足を後方に引いて足先をベンチに乗せる。そこから背すじを伸ばし、前脚の膝を軽く曲げる。

2 背すじを伸ばしたまま脚の付け根（股関節）を支点に上体を前方に倒していく。上体はできるだけ深く倒す。ここから股関節を伸展して上体を起こし、**1**に戻る。上体を起こせなくなったら片方のダンベルをおいて負荷を下げ、反復を続けるとより追い込める。

メイン 大殿筋（全体）＊　**サブ** 大腿四頭筋、中殿筋、大内転筋（内転筋群後ろ側）、ハムストリング

スプリットスクワット

主要動作 膝関節伸展＆外転・外旋（※固定）＋股関節伸展

負荷範囲＊ 中間位〜やや伸張位
最大負荷＊ やや伸張位

初心者向けの片脚種目

両足を前後に開いた体勢でお尻を上げ下げするスクワット。前脚に体重が乗る割合は低減するものの、フォームが簡単で追い込みやすい。

1 バーベルのバーを肩に担いで背すじを伸ばし、大股の間隔で足を前後に開く。

2 背すじを伸ばしたまま上体を適度に前傾して膝を曲げ、前脚の太ももが水平程度になるまでお尻を深く沈める。ここから**1**に戻る。

第3章

フリーウエイト（単関節種目）の動き方・効かせ方

ひとつの関節だけ動かす種目を「単関節種目」とよぶ。単関節種目は関与する筋肉が絞られるため狙った筋肉に効かせやすいのが特徴。本章では、フリーウエイトトレーニングの主な単関節種目のターゲット、主要動作、負荷範囲、最大負荷の位置などを解説し、バリエーション種目も紹介する。

フリーウエイト（単関節種目）❶
バーベルカール

メイン
上腕二頭筋※

サブ
上腕筋、腕橈骨筋

主要動作
肘関節屈曲
（回外位）

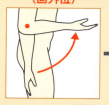

＋

肩関節屈曲
（※固定）

POINT
体の側面の位置で肘を動かさずに固定

バーベルを下ろす際に肘を後方に引かないことで上腕二頭筋がしっかり鍛えられる。むしろ下ろしながら肘を前方に出すぐらいの意識でもOK。

1 肩幅程度の手幅でバーベルのバーを持ち、肘の位置を体の側面に合わせる。そこから肘を軽く曲げて上腕二頭筋に負荷をかける。毎回バーベルを下ろす際に肘の位置を後方に引いてしまわないように注意する。

肘を曲げる動きで上腕二頭筋を強化する

　肘を曲げる動きでバーベルを持ち上げ、上腕二頭筋を鍛える。肘を曲げる動作中に、肩関節を屈曲する力を発揮して肘の位置を固定する必要があるため、肩関節屈曲にも働く二関節筋である上腕二頭筋の貢献度が高くなる。

　手の平を上に向けたポジション（前腕の回外位）で肘を曲げることで上腕筋、腕橈骨筋（わんとうこつきん）に対し、上腕二頭筋の関与がより大きくなる。

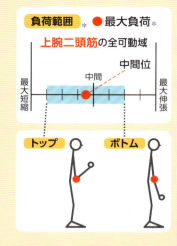

2
肘の位置を体の側面で固定したまま、肘先だけを動かしてバーベルを巻き上げる。肘は前腕部が45度程度の角度になるまで曲げる。それ以上曲げるのは負荷が抜けるのでNG。

NG　肘が後方に動いて可動域が狭くなる
バーベルを上げるときに肘が後方に下がると、肘関節の可動域が小さくなるのでNG。

第3章　フリーウエイト（単関節種目）の動き方・効かせ方

▶▶ バーベルカールのバリエーション

メイン 上腕二頭筋＊　**サブ** 上腕筋、腕橈骨筋

ダンベルカール（オルタネート）

主要動作 肘関節屈曲（回外位）＋肩関節屈曲（※固定）

負荷範囲＊ 短縮位～やや伸張位
最大負荷＊ やや短縮位

片側ずつ筋肉の動きを意識できる

バーベルカールと効果はほぼ同じであるが、片側ずつ行うことで筋肉の伸縮を意識しやすい。ダンベルを左右交互に持ち上げる際、下ろしている時間が長くなると追い込みにくいため、片方を下げながらもう片方を上げ、両腕を終始動かし続けて反復する。

左右の肘を一緒に曲げる方法もある。バーベルカールにより近い動きになる。

1 ダンベルを持って肘の位置を体の側面に合わせ、片方の肘を曲げていく。小指から持ち上げると上腕二頭筋に効く。

2 持ち上げたダンベルを肘が伸びきる手前まで下ろしながら、もう片方の肘を曲げる。動作中は肘の位置を固定する。

メイン 上腕二頭筋＊、上腕筋、腕橈骨筋

EZバーカール

主要動作 肘関節屈曲（やや回外位）＋肩関節屈曲（※固定）

負荷範囲＊ やや短縮位～やや伸張位
最大負荷＊ 中間位

肘関節屈曲筋群を全体的に強化

EZバーカールのグリップはストレートバーで行うより手首が少し内向きに回った状態（やや回外位）。このポジションで肘を曲げると、上腕前面の肘関節屈曲筋群が均等に働く。

両手が「逆ハの字」になるようにバーを握る。効果はあまり変わらないが、もうひとつ内側を握って行う方法もある。

1 肩幅の手幅でEZバーを握り、肘の位置を体の側面に合わせる。そこから肘を軽く曲げて上腕二頭筋に負荷をかける。

2 肘の位置を固定したまま肘先だけを動かしてバーを持ち上げる。肘は前腕部が45度程度の角度になるまで曲げる。

| メイン | 上腕二頭筋* | サブ | 上腕筋、腕橈骨筋 |

インクラインカール

主要動作 肘関節屈曲（肩関節伸展位）
＋肩関節屈曲（※固定）

| 負荷範囲* | 中間位〜伸張位 |
| 最大負荷* | やや伸張位 |

上腕二頭筋を強く伸ばした状態で追い込む

腕を後方に引いて二関節筋である上腕二頭筋を強烈に伸ばした状態で肘を曲げるため、上腕二頭筋が動員されやすくなる。カール種目の中では最も上腕二頭筋の伸張位側で負荷がかかる。

1 ダンベルを持って背もたれを45度程度にセットしたベンチに座る。そこから腕を下ろすと肩関節が伸展して二関節筋の上腕二頭筋が伸ばされる。肘は軽く曲げて上腕二頭筋に負荷をかける。

2 肘の位置を固定したまま、肘先だけを動かしてダンベルを巻き上げる。肘を曲げて巻き上げる動きの最後で肘の位置が少し前に出るのはOK。

| メイン | 上腕筋*、腕橈骨筋 | サブ | 上腕二頭筋 |

プリーチャーカール

主要動作 肘関節屈曲（肩関節屈曲位）

| 負荷範囲* | やや短縮位〜伸張位 |
| 最大負荷* | やや伸張位 |

上腕二頭筋を緩めて上腕筋、腕橈骨筋を狙う

腕を前方に振った状態で肘を曲げる。肩関節屈曲の力で肘を固定する必要がなく、二関節筋の上腕二頭筋が緩んで動員されにくくなるため、単関節筋の上腕筋、腕橈骨筋の貢献が増す。

1 EZバーの中心を「逆ハの字」で握り、プリーチャーカール専用台に座る。腕が前方に振られた状態（肩関節屈曲位）になり上腕二頭筋が短く緩む。さらに肘がパッドに支えられるため、肘の位置を固定する肩関節屈曲の力が不要になる。

2 肘を曲げてバーを持ち上げる。肘は前腕部が45度程度の角度になるまで曲げる。上腕二頭筋が動員されない分、上腕筋、腕橈骨筋の貢献度が高まる。施設に専用台がない場合は、ベンチの背もたれを同じ角度に立てて片腕ずつ行う方法もある。

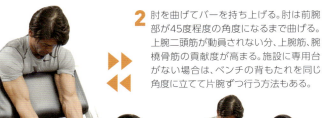

第3章 フリーウエイト（単関節種目）の動き方・効かせ方

▶▶ バーベルカールのバリエーション

メイン 上腕筋＊、腕橈骨筋、上腕二頭筋(主に短頭)
コンセントレーションカール
主要動作 肘関節屈曲（肩関節屈曲位）

負荷範囲＊	短縮位～中間位
最大負荷＊	やや短縮位

負荷を抜かずに追い込める

腕を前方に振った状態で肘を曲げるため、二関節筋の上腕二頭筋は緩んで関与が小さくなる。肘を曲げても負荷が抜けないのが長所。

1
片手にダンベルを持ってベンチに座り、太もも内側に腕を当てて肘を固定する。

2 肘先だけを動かしてダンベルを巻き上げる。肘は前腕部が45度程度になるまで曲げる。

メイン 上腕二頭筋(特に短頭)＊　サブ 上腕筋、腕橈骨筋
スピネートカール
主要動作 肘関節屈曲＋肩関節屈曲（※固定）

負荷範囲＊	短縮位～やや伸張位
最大負荷＊	やや短縮位

上腕二頭筋の短頭を狙う

肘を曲げながら手首を外向きにひねって（前腕の回外）ダンベルを持ち上げる。回外動作を加えることで上腕二頭筋の短頭が動員されやすくなる。

1
ダンベルを持って肘を体の側面の位置に合わせ、親指を少し内側に向ける。

2 片方の肘を曲げながら手首をひねりダンベルを上げる。小指から前腕をひねると上腕二頭筋が動員される。

メイン 腕橈骨筋＊、上腕筋　サブ 上腕二頭筋
ハンマーカール
主要動作 肘関節屈曲（回内と回外の中間位）

負荷範囲＊	やや短縮位～やや伸張位
最大負荷＊	中間位

腕橈骨筋と上腕筋を鍛える

親指を上に向けた前腕の中間位で肘を曲げる。やや回内位になることで上腕二頭筋の関与が下がり、腕橈骨筋と上腕筋の貢献度が高まる。

1 親指を上に向けてダンベルを持ち、肘を体の側面の位置に合わせる。肘は軽く曲げて上腕筋、腕橈骨筋に負荷をかける。

2 肘の位置を固定したまま肘先だけを動かしダンベルを持ち上げる。肘は前腕部が45度程度の角度になるまで曲げる。

メイン 腕橈骨筋＊　**サブ** 上腕筋、上腕二頭筋

バーベルリバースカール

主要動作 肘関節屈曲（回内位）

負荷範囲＊ やや短縮位〜やや伸張位
最大負荷＊ やや短縮位

腕橈骨筋を狙って追い込む

手の甲を上に向けた前腕の回内位でバーを握るカール種目。上腕二頭筋と上腕筋の関与が小さくなり、相対的に腕橈骨筋の貢献度が高まる。

1 手の甲を上に向けて肩幅程度の手幅でバーを握り、肘の位置を体の側面に合わせる。

2 肘の位置を固定したまま肘先だけを動かしてバーを持ち上げる。肘は前腕部が45度程度の角度になるまで曲げていく。

メイン 浅指屈筋＊、深指屈筋　**サブ** 尺側手根屈筋、橈側手根屈筋など

ダンベルリストカール

主要動作 手関節掌屈＋手指屈曲

負荷範囲＊ 短縮位〜伸張位
最大負荷＊ やや短縮位

前腕前面の屈曲筋群をまとめて鍛える
手の指を握りながら手首を曲げる動き（手関節掌屈）でダンベルを持ち上げ、前腕前面の屈曲筋群を全体的に鍛える。

1 ダンベルを浅く握ってベンチに前腕部をおき、ダンベルの重さで手首を返しながら指も伸ばす。指も動かすことで多関節筋を含む前腕屈筋群全体を鍛えられる。

2 ベンチで前腕部を固定したまま手首と指を曲げる。指先から手首を丸め込むようにダンベルを持ち上げる。

メイン 総指伸筋＊　**サブ** 長橈側手根伸筋、短橈側手根伸筋など

ダンベルリバースリストカール

主要動作 手関節背屈

負荷範囲＊ 中間位〜伸張位
最大負荷＊ やや伸張位

前腕後面の伸展筋群をまとめて鍛える
手首を反らせる動き（手関節背屈）でダンベルを持ち上げ、前腕後面の伸展筋群を鍛える。EZバーで行う方法もある。

1 ダンベルを持ってベンチに前腕部をおく。ダンベルの重さで手首を折り曲げ、前腕後面の伸展筋群を伸ばす。

2 ベンチで前腕部を固定したまま手首を反らせる。負荷が抜けないためできるだけダンベルを高く持ち上げる。

第3章　フリーウエイト（単関節種目）の動き方・効かせ方

フリーウエイト（単関節種目）❷
トライセプスエクステンション

メイン
上腕三頭筋＊

主要動作
肘関節伸展
（肩関節屈曲位）
＋
肩関節屈曲
（※固定）

POINT
EZバーのここを握る

1 EZバーの中心部分を「ハの字」で握り、ベンチに仰向けで寝る。バーを持ち上げ、伸ばした腕を頭のほうへ少し倒す。

2 肘の位置を固定したまま、肘を曲げてバーを下ろす。前腕部が水平より低くなるまで下ろすのが目安。このポジションがボトムになる。下ろしたバーが頭に当たらないように注意する。

上腕三頭筋全体をバランス良く鍛える

肘を伸ばす動きでEZバーを持ち上げ、上腕後面の上腕三頭筋を鍛える。肩関節を90度強まで屈曲した状態で行うため二関節筋である長頭がある程度伸びた状態で動員される。さらに肘の位置を固定するため肩関節伸展の力も発揮され、長頭がより動員される。上腕三頭筋の三頭をバランス良く鍛えられる種目。肘に不安がある場合は可動域を狭めて行う。

NG 腕の角度が垂直になる
伸ばした腕が垂直になると上腕三頭筋への負荷が抜けてしまうので頭のほうへ少し倒したポジションで肘の位置を固定する。

肘の位置を固定したまま、肘を伸ばして1に戻る。肘先だけを動かしてバーを持ち上げることを意識する。

▶▶ トライセプスエクステンションのバリエーション

※各トライセプスエクステンション系種目の筋肉、動作、負荷のデータはすべて持ち上げる局面のデータ

メイン 上腕三頭筋（主に長頭）＊　　**サブ** 広背筋、大円筋

トライセプスエクステンション（肩可動）

主要動作 肘関節伸展＋肩関節伸展

負荷範囲＊	やや短縮位〜伸張位
最大負荷＊	やや伸張位

上腕三頭筋の長頭の貢献度を高める

肘関節とともに肩関節も動かすバリエーション。腕を上から下に振る動き（肩関節伸展）に働く二関節筋である上腕三頭筋の長頭の貢献度が高まる。

1. EZバーの中心部分を「ハの字」で握り、ベンチに仰向けで寝る。バーを持ち上げ、腕を頭のほうへ少し倒す。

2. 腕を頭上へ振りながら、肘を曲げてバーを下ろす。頭部より低い位置まで下ろすのが目安。ここから**1**に戻る。

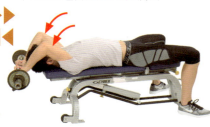

メイン 上腕三頭筋（主に外側頭）＊

リバーストライセプスエクステンション

主要動作 肘関節伸展（回外位）

負荷範囲＊	やや短縮位〜伸張位
最大負荷＊	やや伸張位

上腕三頭筋の主に外側頭を刺激する

EZバーを逆手で握って行う方法。手首（前腕）のポジションが回外することにより上腕三頭筋の中でも主に外側頭が使われやすい状態になる。

1. 逆手でEZバーの中心部分を「逆ハの字」で握り、ベンチに寝る。バーを持ち上げ、腕を頭のほうへ少し倒す。

2. 肘の位置を固定したまま肘を曲げてバーを下ろす。前腕部が水平より低くなるまで下ろす。ここから**1**に戻る。

メイン 上腕三頭筋（内側頭・外側頭）＊　　**サブ** 上腕三頭筋（長頭）

キックバック

主要動作 肘関節伸展（肩関節伸展位）

負荷範囲＊	短縮位〜やや短縮位
最大負荷＊	短縮位

単関節筋の内側頭・外側頭を狙って鍛える

肘を後方に引いた状態（肩関節伸展位）で肘を伸ばす。二関節筋の長頭が緩み、単関節筋の内側頭・外側頭に負荷が集まる。

1. 片手でダンベルを持ち、もう片方の手と片膝をベンチにつく。上体を水平近くまで前傾し、肘を水平以上の高さにする。

2. 肘を伸ばしてダンベルを引き上げる。肘を水平以上の位置で固定したまま肘先だけを動かす。

フレンチプレス

メイン 上腕三頭筋（長頭）＊　**サブ** 上腕三頭筋（外側頭・内側頭）

主要動作 肘関節伸展（肩関節屈曲位）

負荷範囲＊	中間位〜伸張位
最大負荷＊	伸張位

長頭を強く伸ばして追い込む

腕を上げた状態（肩関節屈曲位）で肘を伸ばす。二関節筋の長頭が伸ばされて強く動員される。伸張位で負荷がかかるため筋損傷が起こりやすい。

1 ベンチに座ってダンベルのプレートの裏側を両手で持ち、肘を伸ばして頭上に上げる。

2 肘を高い位置で固定したまま曲げていってダンベルを頭の後方に下ろす。ここから肘を伸ばして**1**に戻る。

片手フレンチプレス

メイン 上腕三頭筋（長頭）＊　**サブ** 上腕三頭筋（外側頭・内側頭）

主要動作 肘関節伸展（肩関節屈曲位）

負荷範囲＊	中間位〜伸張位
最大負荷＊	伸張位

肘を深く曲げて長頭を伸ばす

片手で行うフレンチプレス。両手で行うよりも肘を深く曲げやすく、長頭をより強く伸ばして追い込める。追い込む際にもう片方の手で補助もできる。

1 片手でダンベルを持ち、肘を伸ばして頭上にダンベルを上げる。立位でも行える。

2 肘を高い位置で固定したまま、肘を深く曲げていってダンベルを頭の後方に下ろす。ここから肘を伸ばして**1**に戻る。

プラス1　ダンベルプルオーバー

メイン 大胸筋＊、小胸筋、上腕三頭筋（長頭）　**サブ** 広背筋、大円筋

主要動作 肩関節伸展＋肩甲骨前傾

縦方向の動きで大胸筋を鍛える

腕を頭上へ振り上げた状態（肩関節の深い屈曲位）から腕を前方に振る動き（肩関節伸展）でダンベルを持ち上げる。小胸筋、上腕三頭筋の長頭も一緒に鍛えられる。

1 ベンチに対して垂直で仰向けになり、両手でダンベルプレートの裏側を持って顔の上方へ上げる。

2 胸を張って肘を伸ばしたまま腕を頭上へ振り上げてダンベルを下ろす。ここから**1**に戻る。

第3章　フリーウエイト（単関節種目）の動き方・効かせ方

フリーウエイト（単関節種目）❸
ダンベルシュラッグ

メイン
僧帽筋（上部）*

サブ
肩甲挙筋

主要動作
肩甲骨挙上

POINT
できるだけ高く肩甲骨を持ち上げる

肩をできるだけ高く上げることによって、肩関節の土台である肩甲骨が挙上し、僧帽筋の上部に負荷がかかる。

1

ダンベルを持って腕を下ろし、背すじを伸ばして体の側方でダンベルを支える。このときダンベルの重さを利用して肩をしっかり下げることによって肩甲骨の可動域が大きくなる。

肩甲骨を持ち上げて僧帽筋の上部を鍛える

肩甲骨を持ち上げる動き（挙上）で僧帽筋の上部をピンポイントで鍛える。肩甲挙筋も一緒に鍛えられる。ダンベルの重さを利用して肩甲骨をしっかり下げる（下制）ことにより、ボトムで僧帽筋を十分に伸ばせる。

限界まで追い込む際は、下半身の力によるあおりを使っても良い。

2 肩をすくめながら上げる動きでダンベルを引き上げる。肩をできるだけ高く上げる。このとき肘が多少曲がっても良い。

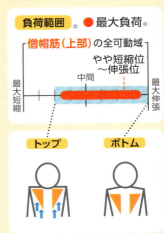

負荷範囲　●最大負荷
僧帽筋（上部）の全可動域
やや短縮位〜伸張位
最大短縮　中間　最大伸張
トップ　ボトム

第3章 フリーウエイト（単関節種目）の動き方・効かせ方

POINT
少し上を向いて僧帽筋を収縮させる

僧帽筋の上端は後頭部の骨に付着（起始部）しているため、肩を上げたときに少し上を向いて頭部を後ろに倒すと、首の後面を通る僧帽筋の上部をより広い可動域で動員できる。

▶▶ ダンベルシュラッグのバリエーション

バーベルシュラッグ

メイン 僧帽筋(上部)　**サブ** 僧帽筋(中部)、肩甲挙筋

主要動作 肩甲骨挙上

負荷範囲	やや短縮位〜伸張位
最大負荷	やや短縮位〜伸張位

高重量で僧帽筋の上部を強化

ダンベルシュラッグより腕を少し前方に振った状態になるため、少し後方へ引く動きとなり、わずかに僧帽筋の中部側が動員されやすくなる。

1 肩幅程度の手幅でバーベルを持つ。背すじを伸ばして腕を下ろし、肩甲骨も下げる。

2 肩をすくめながら上げる動きでバーベルを引き上げる。肩をできるだけ高く上げ肩甲骨を挙上する。

肘曲げダンベルシュラッグ

メイン 僧帽筋(上部)　**サブ** 僧帽筋(中・下部)、肩甲挙筋

主要動作 肩甲骨挙上(上方回旋をともなう)＋肩関節外転

負荷範囲	短縮位〜伸張位
最大負荷	短縮位〜伸張位

僧帽筋を広い可動域で鍛える

肩をすくめながら肘を曲げる方法。肩甲骨が上方回旋をともなって挙上するため、僧帽筋の可動域が大きくなり、中・下部にも負荷がかかる。

1 ダンベルを持って背すじを伸ばす。ダンベルの重みで腕を下ろし、肩甲骨も下げる。

2 肘を曲げながら肩をすくめてダンベルを引き上げる。ダンベルを限界まで高く上げる意識で行うと自然に肘が曲がる。

スミスシュラッグ

メイン 僧帽筋(上部)　**サブ** 僧帽筋(中・下部)、肩甲挙筋

主要動作 肩甲骨挙上(上方回旋をともなう)＋肩関節外転

負荷範囲	短縮位〜伸張位
最大負荷	短縮位〜伸張位

高重量でも安全に限界まで追い込める

スミスマシンで行うバーベルシュラッグ。バーを高い位置に設定できるため高重量でもスタートポジションが作りやすく、安全に追い込める。

1 肩幅程度の手幅でバーベルを持ち、ラックからバーを外す。

2 肘を曲げながら肩をすくめてバーを引き上げる。肘を曲げたほうが僧帽筋をより広い可動域で追い込める。

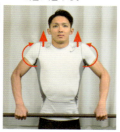

バーベルバックシュラッグ

メイン 僧帽筋（上・中部）＊ **サブ** 肩甲挙筋

主要動作 肩甲骨挙上（内転をともなう）

負荷範囲＊	やや短縮位～伸張位
最大負荷	やや短縮位～伸張位

僧帽筋の上・中部を鍛える

バーを背中側で持つ。腕を少し後方に振った状態となるため肩甲骨を寄せながら（内転）挙上する動きとなり、僧帽筋の中部もターゲットに。

1 背中側で肩幅程度の手幅でバーを持つ。背すじを伸ばし、腕を下ろして肩甲骨も下げる。

2 肩をすくめながら上げる動きでバーベルを引き上げる。肩甲骨を寄せながら挙上する。高重量を扱うならスミスマシンで。

インクラインシュラッグ

メイン 僧帽筋（中部）＊ **サブ** 僧帽筋（上部）、肩甲挙筋

主要動作 肩甲骨内転（挙上をともなう）

負荷範囲＊	やや短縮位～伸張位
最大負荷	やや短縮位～伸張位

僧帽筋の中部を鍛えるシュラッグ

上体を前傾させた状態で行うシュラッグ。肩甲骨を寄せる動き（内転）でダンベルを引き上げるため、僧帽筋の中部がメインターゲットとなる。

1 背もたれを45度程度の角度にしたベンチに腹ばいで寝てダンベルを持ち、肩甲骨を広げて腕を下ろす。

2 肩をすくめながら肩甲骨を寄せる動きでダンベルを引き上げる。上げるときに肘は少し曲げても良い。

プラス1 サイドベンド

メイン 内腹斜筋＊、外腹斜筋、腰方形筋

主要動作 体幹側屈

側屈してダンベルを引き上げ脇腹の腹斜筋群を鍛える

脊柱を横に丸める動き（体幹側屈）に負荷をかけて外腹斜筋、内腹斜筋を鍛える。深部の腰方形筋も強化できる。負荷が抜けにくいのが長所。

1 片手にダンベルを持って背すじを伸ばす。ダンベルを下ろしながら上体を横に丸める。ダンベルの重さを使ってしっかり側屈する。

2 上体を反対側に曲げて側屈する。脊柱を横に曲げる動きでダンベルを引き上げる。骨盤が傾かないように固定し、みぞおち付近を中心に丸める。

第3章 フリーウェイト（単関節種目）の動き方・効かせ方

フリーウエイト（単関節種目）❹
サイドレイズ

三角筋の中部を狙って鍛える基本種目

腕を側方に上げる動き（肩関節外転）で三角筋の中部を鍛える。肩甲骨も連動し、僧帽筋と前鋸筋にも負荷がかかる。肘をやや曲げた状態を固定するため肩関節の外旋筋群も働く。伸張位で負荷が抜けるのが短所。

メイン
三角筋（中部）*

サブ
僧帽筋、
前鋸筋（下部）、
棘上筋、
棘下筋

主要動作

肩関節外転

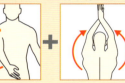
肩甲骨上方回旋

肩関節外旋（※固定）
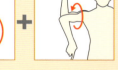

1 ダンベルを持って背すじを伸ばす。体の側面に腕を下ろして手の甲を外側に向ける。負荷が抜けるのでダンベルは体につけない。

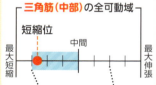
負荷範囲 * ● **最大負荷** *
三角筋（中部）の全可動域
短縮位　中間
最大短縮　　　　　最大伸張

トップ　ボトム

2 腕を側方に振り上げてダンベルを顔の高さまで持ち上げる。小指から上げることで三角筋の中部に効かせられる。肘を曲げると負荷が減るので注意。ただし限界まで追い込む際に肘を曲げる場合は可。

▶▶ レイズのバリエーション

メイン 三角筋(中部)＊ サブ 僧帽筋(下部)、前鋸筋(下部)、棘上筋、棘下筋
ライイングサイドレイズ

主要動作 **肩関節外転**＋肩甲骨上方回旋＋肩関節外旋(※固定)

負荷範囲＊	やや短縮位～やや伸張位
最大負荷＊	やや伸張位

主に伸張位で負荷をかける方法

横向きに寝て行うサイドレイズ。主に伸張域で負荷をかけ、腕を下ろした伸張位で最大負荷となる。ただし腕を上げた短縮域では負荷が抜けやすい。

1 片手にダンベルを持ってベンチに横向きで寝る。脇を締めて腕を下ろす。

2 脇を開いて腕を側方に振り上げ、ダンベルを持ち上げる。腕の角度が60度程度になるまで上げる。

メイン 三角筋(中・後部)＊ サブ 僧帽筋(下部)、前鋸筋(下部)、棘上筋、棘下筋
ライイングサイドレイズ(45度)

主要動作 **肩関節外転&水平外転**＋肩甲骨上方回旋＋肩関節外旋(※固定)

負荷範囲＊	やや短縮位～やや伸張位
最大負荷＊	やや伸張位

サイドレイズとリアレイズの中間種目

腕を前方に45度振ったポジションでダンベルを持ち上げ、三角筋の中部から後部に負荷をかけるライイングサイドレイズ。寝て行うメリットは同じ。

1 ベンチに横向きで寝て、肩関節を45度屈曲したポジションでダンベルを下ろす。

2 脇を開いて腕を振り上げダンベルを持ち上げる。腕の角度が60度程度になるまで上げていく。

メイン 三角筋(中部)＊ サブ 僧帽筋(下部)、前鋸筋(下部)、棘上筋、棘下筋
インクラインサイドレイズ

主要動作 **肩関節外転**＋肩甲骨上方回旋＋肩関節外旋(※固定)

負荷範囲＊	短縮位～やや伸張位
最大負荷＊	中間位

全域で負荷が抜けないサイドレイズ

斜めに寝て行うサイドレイズ。立位とライイングの中間種目。三角筋の可動域が伸張位にややシフトし、動作を通して負荷が抜けなくなる。

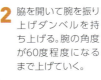

1 片手にダンベルを持ち、背もたれを45度程度にしたベンチに横向きで寝て腕を下ろす。

2 脇を開いて腕を振り上げダンベルを持ち上げる。腕の角度が60度程度になるまで上げていく。

第3章 フリーウエイト(単関節種目)の動き方・効かせ方

▶▶ レイズのバリエーション

フロントレイズ（手甲上）
メイン 三角筋（前部）＊、僧帽筋（下部）　**サブ** 三角筋（中部）、前鋸筋（下部）、棘上筋、棘下筋

主要動作 肩関節屈曲＋肩甲骨後傾＋肩関節外旋（※固定）

負荷範囲＊	やや短縮位～中間位
最大負荷＊	やや短縮位

三角筋の前部を鍛えるレイズ
腕を前方に上げる動きで三角筋の前部を鍛える。僧帽筋の下部も強化できる。サイドレイズと同様にスタートの伸張位で負荷が抜けるのが短所。

1 ダンベルを持って背すじを伸ばし、腰幅程度の手幅で手の甲を前方に向けて腕を下ろす。

2 腕を伸ばしたまま前方に振り上げてダンベルを持ち上げる。腕の角度が水平より少し高くなるまで上げるのが目安。

フロントレイズ（親指上）
メイン 三角筋（前部）＊、僧帽筋（下部）　**サブ** 三角筋（中部）、前鋸筋（下部）

主要動作 肩関節屈曲＋肩甲骨後傾

負荷範囲＊	やや短縮位～やや伸張位
最大負荷＊	やや短縮位

ボトムで負荷が抜けにくくなる
親指を上に向けて行うフロントレイズ。肘をわずかに曲げることでボトムでの負荷が抜けにくくなり、負荷のかかる中心域がやや伸張位側にシフトする。

1 ダンベルを持ち、腰幅程度の手幅で親指を前方に向けて腕を下ろす。肘はわずかに曲げる。

2 肘の角度を固定したまま、腕を親指から前方に振り上げてダンベルを持ち上げる。ダンベルを顔の高さまで上げるのが目安となる。

ライイングフロントレイズ
メイン 三角筋（前部）＊、僧帽筋（下部）　**サブ** 三角筋（中部）、前鋸筋（下部）

主要動作 肩関節屈曲＋肩甲骨後傾

負荷範囲＊	中間位～伸張位
最大負荷＊	やや伸張位

三角筋前部と僧帽筋下部を伸張位で鍛える
寝て行うフロントレイズ。可動域が伸張位側にシフトし、ボトムで負荷が抜けにくくなる。さらに僧帽筋下部も強く刺激できる。

1 ベンチに寝て親指を上に向けて肘をわずかに曲げ、体の側面で腕を後方に引いて下ろす。

2 肘をわずかに曲げたまま固定し、親指から腕を前方に振り上げてダンベルを持ち上げる。腕が60度程度の角度になるまで上げるのが目安。

メイン 三角筋（前部）*、僧帽筋（下部）　**サブ** 三角筋（中部）、前鋸筋（下部）
バーベルリバースフロントレイズ
主要動作 肩関節屈曲＋肩甲骨後傾

負荷範囲*	やや短縮位〜やや伸張位
最大負荷*	やや短縮位

立位でも負荷が抜けにくい
EZバーを使って行う方法。肘をわずかに曲げることでボトムで負荷が抜けにくくなる。肩甲骨後傾の動きをともなうため僧帽筋の下部も働く。

1
EZバーを「逆ハの字」で握ってバーを下ろす。体を後傾するとボトムの負荷がより抜けない。

2
肘をわずかに曲げた状態で固定したままバーを前方に持ち上げる。バーが頭の高さになるまで上げるのが目安。

メイン 三角筋（後部）*　**サブ** 僧帽筋、大菱形筋、小菱形筋
ベントオーバーリアレイズ
主要動作 肩関節水平外転＋肩甲骨内転

負荷範囲*	短縮位〜中間位
最大負荷*	短縮位

三角筋の後部を鍛えるレイズ系種目
腕を下ろした状態から後方に開く動きで三角筋後部を鍛える。ダンベルを下ろしたボトムで負荷が抜けてしまうのが欠点。

1
ダンベルを持って上体を水平近くまで前傾させる。手の甲を外側に向けて腕を下ろす。スタートでは負荷が抜けやすい。

2
腕を伸ばしたまま後方へ開いてダンベルを引き上げる。肩甲骨を開いたまま肩の動きで開くと僧帽筋・菱形筋の貢献を抑えて三角筋の後部を動員させやすい。

メイン 三角筋（後部）*　**サブ** 僧帽筋、大菱形筋、小菱形筋
ライイングリアレイズ
主要動作 肩関節水平外転＋肩甲骨内転

負荷範囲*	やや短縮位〜伸張位
最大負荷*	やや伸張位

1 ベンチに横向きで寝る。肩の前方に腕を伸ばし、ダンベルを深く下ろす。

2 腕を伸ばしたまま後方に開きダンベルを引き上げる。腕の角度が60度程度になるまで上げるのが目安。

腕を下ろしたボトムで負荷が抜けなくなる
横向きに寝て行うリアレイズ。立位で行う場合と鍛えられる筋肉は変わらないが、寝て行うことにより腕を下ろしたボトムで負荷が抜けなくなる。

第3章 フリーウエイト（単関節種目）の動き方・効かせ方

▶▶レイズのバリエーション

メイン 三角筋(後部)＊　**サブ** 僧帽筋、大菱形筋、小菱形筋

ライイングデルトロー

主要動作 肩関節水平外転＋肩甲骨内転

負荷範囲＊	やや短縮位〜伸張位
最大負荷＊	やや伸張位

可動域が伸張位側にあり全域で負荷が抜けない

横向きに寝てダンベルを引き上げる動きで三角筋後部を鍛える。この種目では可動域が伸張位側にシフトする。レイズ系種目より可動域全域を通して負荷が抜けにくいという利点もある。

1 片手にダンベルを持ってベンチに横向きで寝る。そこから胸の前でダンベルを真下に下ろし、三角筋後部を伸ばす。胸の向きを上向きに起こすフォームで行うと三角筋後部がより伸びる。

2 体に対して腕が90度の状態で、かつ肘先を垂直にしたまま肘を引き上げる。トップで負荷が抜けないためできるだけ高く引き上げていく。

メイン 三角筋(中・後部)＊　**サブ** 僧帽筋

ライイングデルトロー(45度)

主要動作 肩関節外転(水平外転をともなう)＋肩甲骨上方回旋

負荷範囲＊	やや短縮位〜伸張位
最大負荷＊	やや伸張位

三角筋の中・後部を鍛えるデルトロー

肩関節45度屈曲位でダンベルを引き上げるデルトロー種目。三角筋の中・後部が主に伸張位側で動員される。レイズ系より可動域全域で負荷が抜けにくい利点は通常のデルトローと同じ。

1 片手にダンベルを持ってベンチに横向きで寝る。そこから腕を腹部の上部に近づけた状態でダンベルを真下に下ろし、三角筋の中・後部を伸ばす。肘の位置がみぞおち付近にくる。

2 肘から先を垂直にしたまま、肘を垂直に引き上げる。トップで負荷が抜けないためできるだけ高く引き上げていく。

第 4 章

自重種目の動き方・効かせ方

自分の体重を負荷にして鍛える筋トレ方法を「自重トレーニング」とよぶ。自重種目には手軽に実施できる種目もあれば器具を必要とする種目もある。本章では、主な自重種目のターゲットとなる筋肉、主要動作、負荷範囲、最大負荷の位置などを解説し、多彩なバリエーション種目も紹介する。

自重種目 ❶
プルアップ

メイン

広背筋＊

大円筋

サブ
僧帽筋（中・下部）、三角筋（後部）、肘関節屈曲筋群

主要動作

肩関節内転

＋

肩甲骨内転

＋

肩甲骨下方回旋
（下制をともなう）

＋

肘関節屈曲

1
頭上のバーを肩幅より広めの手幅で握りぶら下がる。そこから肘を軽く曲げる。体が後傾しやすくなるように膝は曲げておく。

上背部の外側の筋群を鍛える多関節種目

腕を内側に振る動き（肩関節内転）で体を引き上げ、主に広背筋と大円筋を鍛える。肩甲骨を寄せる動き（内転）や肘を曲げる動きもともなうため、僧帽筋の中・下部や肘関節屈曲筋群にも負荷がかかる。

運動のボリュームが大きく、伸張位の負荷も強い。ただし、スタートのボトムポジションで肘を伸ばすと負荷が抜けてしまうので注意する。

2 上体を少し後傾して胸を張りながら体を引き上げる。顔をバーの高さまで上げるのが目安。ただし、無理に高く上げようとするとフォームが崩れやすいためトップの高さはあまりこだわらなくて良い。

NG　背中が丸まっている
体を引き上げる際は胸を張りながら上体を後傾させる。背中が丸まってしまうのはNG。

▶▶ プルアップのバリエーション

ワイドプルアップ

メイン 広背筋*、大円筋　**サブ** 僧帽筋（中・下部）、三角筋（後部）、肘関節屈曲筋群

主要動作 肩関節内転＋肩甲骨内転＋肩甲骨下方回旋（下制をともなう）＋肘関節屈曲

負荷範囲*	やや伸張位〜やや短縮位
最大負荷*	中間位

広背筋の側部を中心に鍛える

広い手幅で行うプルアップ。肘関節屈曲筋群の関与が減り、広背筋、大円筋の貢献度が増す。可動域は通常のプルアップより少し小さくなる。

1
頭上のバーを肩幅の1.5倍以上の手幅で握ってぶら下がり、肘を軽く曲げる。

2
上体を少し後傾して胸を張りながら体を引き上げる。顔をバーの高さまで上げるのが目安だが、フォームが崩れやすいので高さはあまり気にしなくて良い。

ナロープルアップ

メイン 広背筋*、大円筋　**サブ** 僧帽筋（中・下部）、三角筋（後部）、肘関節屈曲筋群

主要動作 肩関節伸展＋肩甲骨内転＋肩甲骨下方回旋（下制をともなう）＋肘関節屈曲

負荷範囲*	やや伸張位〜やや短縮位
最大負荷*	中間位

肩関節伸展動作で広背筋強化

肩幅程度の手幅でバー握る方法。腕を後方に引く動き（肩関節伸展）で広背筋、大円筋を鍛える。上腕前面の屈曲筋群への負荷も少し高まる。

1
肩幅程度の手幅（写真はパラレルグリップ）でバーを握ってぶら下がり、肘を軽く曲げる。

2
通常のプルアップと同様に、上体を少し後傾して胸を張りながら体を引き上げる。トップで背中が丸まらないよう注意。パラレルグリップでは前腕が回内と回外の中間位となる。

スターナムプルアップ

メイン 広背筋*、大円筋　**サブ** 僧帽筋（中・下部）、三角筋（後部）、肘関節屈曲筋群

主要動作 肩関節伸展＋肩甲骨内転＋肩甲骨下方回旋（下制をともなう）＋肘関節屈曲

負荷範囲*	やや伸張位〜短縮位
最大負荷*	やや短縮位

高負荷＆フルレンジで強化

上体を大きく後傾させるプルアップ。体の前から引く動きになり、ロー系種目に近くなる。可動域が広く、自重でも高負荷をかけて追い込める。

1
狭めの手幅（写真はパラレルグリップ）でバーを握ってぶら下がり、肘を軽く曲げる。

2
上体を大きく後傾し、のけぞらせて体を引き上げる。胸ではなくお腹をバーに近づけていく。上からではなく体の前から引くイメージ。

メイン 広背筋*、大円筋　**サブ** 肘関節屈曲筋群、僧帽筋(中・下部)、三角筋(後部)

チンアップ

主要動作 肩関節伸展＋肩甲骨内転
＋肩甲骨下方回旋(下制をともなう)
＋肘関節屈曲

負荷範囲*	やや伸張位〜やや短縮位
最大負荷*	中間位

純粋な肩関節伸展動作で強化

逆手でバーを握る懸垂をチンアップとよぶ。逆手では脇が締まるため、純粋な肩関節伸展の動きに近づく。肘関節屈曲筋群の貢献度が少し高まる。

1
頭上のバーを逆手で握ってぶら下がる。手幅は腰幅程度。肘は軽く曲げる。

2
上体を少し後傾し、背中を反らせながら体を引き上げる。手先が顔に近づくと上腕二頭筋ばかり動員されるため、手先は胸に近づけていく。

メイン 肘関節屈曲筋群*　**サブ** 広背筋、大円筋、三角筋(後部)

チンアップ(肘屈曲メイン)

主要動作 肘関節屈曲＋肩関節伸展
※肩甲骨下方回旋(下制をともなう)

負荷範囲*	やや伸張位〜やや短縮位
最大負荷*	やや短縮位

肘関節屈曲筋群を中心に強化

肘を曲げる筋群をメインで鍛えるチンアップ。背中を丸めながら、手先を顔に近づけるように体を引き上げると肘を曲げる動きが主体になる。

1
頭上のバーを逆手で握ってぶら下がる。手幅は腰幅程度。肘は軽く曲げる。

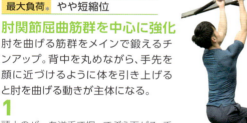

2
背中を丸めながら肘を曲げて体を引き上げる。肘を前方に突き出しバーを顔に近づけるように引き上げる。

第4章 自重種目の動き方・効かせ方

メイン 僧帽筋(中・下部)*　**サブ** 広背筋、大円筋、三角筋(後部)、肘関節屈曲筋群

ビハインドネックプルアップ

主要動作 肩関節伸展
＋肩甲骨下方回旋(下制をともなう)
＋肩関節内転＋肘関節屈曲

負荷範囲*	中間位〜やや短縮位
最大負荷*	やや短縮位

僧帽筋の中・下部を鍛える

バーが首の後ろにくるように引き上げる方法。背中が丸まり、さらに肩甲骨が寄るため肩甲骨の動きが主体となり、僧帽筋の貢献度が高まる。

1
バーを肩幅の1.5倍程度の手幅で握ってぶら下がり、肘を軽く曲げる。

2
バーを首の後ろ側にして体を引き上げる。背中は反らさない。トップで肩甲骨を強く寄せるように意識する。

自重種目❷
プッシュアップ

メイン
大胸筋＊

主要動作
肩関節水平内転（屈曲をともなう） + **肩甲骨外転** + **肘関節伸展**

サブ
三角筋（前部）、
前鋸筋、
上腕三頭筋

1 肩幅よりやや広い手幅で手をつき腕立て伏せの体勢を作る。このとき全身を一直線にする。（※本書ではプッシュアップバーを使用）

2 胸を張って肩甲骨を寄せながら肘を曲げて上体を沈める。このポジションがボトムの伸張位。前腕部の延長線上でバーを持ち、バーに力を真っすぐ伝えられるようにする。

自重で胸、肩、腕の大筋群を追い込む

腕を水平面で前方に振る動き（肩関節水平内転）で大胸筋を鍛える。三角筋の前部も一緒に鍛えられる。肩甲骨を開く動き（外転）をともなうため、前鋸筋も一緒に鍛えられるのがベンチプレスにはない利点。

伸張位の負荷は強いが肘を伸ばしたトップポジションで負荷が抜けやすいのが短所。プッシュアップバーを使うと可動域を広げて追い込める。

POINT
肩甲骨を寄せて大胸筋を伸ばす

体を沈めながら肩甲骨を寄せることで大胸筋と前鋸筋が伸びる。体を持ち上げるときに肩甲骨を開くことで前鋸筋が働く。

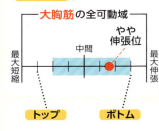

3 体を持ち上げて1に戻る。動作中は全身を一直線にしたままキープする。トップで負荷が抜けないように肘が伸びきる寸前まで体を持ち上げる。

第4章 自重種目の動き方・効かせ方

▶▶ プッシュアップのバリエーション

※各プッシュアップ種目の筋肉、動作、負荷のデータ
はすべて上体を持ち上げる局面のデータ

メイン 大胸筋* **サブ** 三角筋（前部）、前鋸筋、上腕三頭筋

ワイドプッシュアップ

主要動作 肩関節水平内転＋肩甲骨外転＋肘関節伸展

負荷範囲*	伸張位～やや短縮位
最大負荷*	やや伸張位

広い手幅で大胸筋の貢献度を高める

広い手幅で行う方法。上腕三頭筋の関与が減り、大胸筋の貢献度が高まる。可動域はやや狭まるがトップで負荷が抜けにくい。

1 肩幅の1.5倍以上の手幅で手をつき腕立て伏せの体勢を作る。全身を一直線にして動作中もそのままキープする。

2 肩甲骨を寄せながら肘を曲げて上体を沈める。ここから肘を伸ばして体を持ち上げ**1**に戻る。

メイン 大胸筋（やや上部）* **サブ** 三角筋（前部）、前鋸筋、上腕三頭筋

デクラインプッシュアップ

主要動作 肩関節水平内転（やや外転をともなう）＋肩甲骨外転＋肘関節伸展

負荷範囲*	伸張位～やや短縮位
最大負荷*	やや伸張位

自重でも負荷が大きくなるプッシュアップ

足を台に乗せて行う方法。同じ自重でも負荷が少し高くなる。肩関節の動作方向が変わり、主に大胸筋のやや上部側が働く。

1 台やイスに足を乗せ、肩幅よりやや広い手幅で手をついて腕立て伏せの体勢を作る。

2 肩甲骨を寄せながら肘を曲げて上体を沈める。ここから**1**に戻る。動作中は全身を一直線に。

メイン 僧帽筋（下部）*、前鋸筋（下部）、三角筋（前部） **サブ** 大胸筋（上部）

プランシェプッシュアップ

主要動作 肩甲骨後傾（上方回旋をともなう）＋肩関節屈曲

負荷範囲*	やや伸張位～やや短縮位
最大負荷*	やや伸張位

僧帽筋と前鋸筋の下部を狙って鍛える

手のつく位置を足のほうへ下げて行う方法。肩甲骨が後傾しながら上方回旋するため、僧帽筋下部と前鋸筋下部が鍛えられる。

1 肩幅程度の手幅で手をつく。足先の位置をできるだけ前方に出し、手をつく位置は腰に近づける。

2 腰をさらに手先の位置に近づけながら上体を沈める。下げながら上背部を丸めるイメージで。ここから**1**に戻る。

メイン 三角筋(前部)＊、僧帽筋(下部)、前鋸筋(下部)、上腕三頭筋　**サブ** 大胸筋(上部)

ナロープッシュアップ

主要動作 肩関節屈曲
＋肩甲骨後傾(上方回旋をともなう)
＋肘関節伸展

負荷範囲＊	伸張位～中間位
最大負荷＊	やや伸張位

狭い手幅で肩、背中、腕、大胸筋を総合的に鍛える

手幅を狭めて行うプッシュアップ。腕を前方に振る動き(肩関節屈曲)が主体となり、肩＆肩甲骨まわりの大筋群を幅広く鍛えることができる。

1 肩幅程度の手幅で手をつき腕立て伏せの体勢を作る。全身を一直線にする。

脇を締めたまま、肩甲骨を寄せずに肘を曲げて上体を下ろしていく。

2 脇を締めたまま、肘を深く曲げて上体を沈める。肩と手先を近づけていく。ここから**1**に戻る。

メイン 上腕三頭筋＊　**サブ** 三角筋(前部)、大胸筋、前鋸筋

脇開きナロープッシュアップ

主要動作 肘関節伸展＋肩関節内転(屈曲をともなう)＋肩甲骨外転

負荷範囲＊	やや伸張位～やや短縮位
最大負荷＊	やや伸張位

上腕三頭筋をメインで強化

脇を開いた状態から体を持ち上げるナロープッシュアップ。肘を伸ばす動きの可動域が広がり、上腕後面の上腕三頭筋がメインターゲットとなる。

肘を伸ばすときは真下に押すのではなく、内側方向に力を加え、床に対して内側に摩擦力を発揮するように押すとスムーズに上がる。

1 肩幅よりやや狭い手幅で、両手を直線に近い「ハの字」にしてつく。腕立て伏せの体勢を作り全身を一直線にする。

2 脇を開きながら上体を沈めて肘を深く曲げる。ここから全身を一直線にしたまま、肘を伸ばす動きで**1**に戻る。

第4章 自重種目の動き方・効かせ方

自重種目 ③ ディップス

メイン
大胸筋（下部）＊　三角筋（前部）

主要動作
肩関節内転（屈曲をともなう）　＋　肩甲骨後傾　＋　肘関節伸展

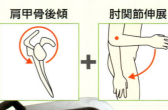

サブ
上腕三頭筋、僧帽筋（下部）、前鋸筋（下部）

1

両手でバーにつかまり体を浮かせる。そこから肘を少し曲げて胸を張り、膝を曲げて上体を前傾させる。大胸筋の強化を目的としたディップスでは両手の間隔を肩幅より広めにとる。

2

上体を前傾させたまま肘を曲げて体を沈める。肘が90度より深く曲がり、上腕部が水平の角度を超える程度まで下ろしていく。このポジションがボトムの伸張位。

大胸筋下部と三角筋前部を自重で追い込む

２本の平行なバーにつかまり体を持ち上げる。肩関節が屈曲をともないながら内転する動きとなり、大胸筋の下部と三角筋の前部が鍛えられる。肩甲骨と肘関節も同時に動かすため僧帽筋（下部）、前鋸筋（下部）、上腕三頭筋も動員される。

「上半身のスクワット」ともいわれる多関節種目で運動のボリュームが大きく、伸張位の負荷も強い。

3 肘を伸ばして体を持ち上げ**1**に戻る。肘が伸びると負荷が抜けてしまうので、肘が伸びきる寸前まで上げる。

負荷範囲 * ● **最大負荷** *

大胸筋（下部）の全可動域

最大短縮 ─ 中間 ─ 伸張位 ─ 最大伸張

トップ　　ボトム

POINT
上体の前傾をキープする

膝を曲げて上体の前傾をキープしたまま体を沈めることにより、大胸筋の下部が強く伸ばされ動員されやすくなる。

第4章 自重種目の動き方・効かせ方

▶▶ ディップスのバリエーション

※各ディップス種目の筋肉、動作、負荷のデータは
すべて上体を持ち上げる局面のデータ

メイン 上腕三頭筋* **サブ** 大胸筋(上部)、三角筋(前部)、僧帽筋(下部)、前鋸筋(下部)

ナローディップス

主要動作 肘関節伸展＋肩関節屈曲(内転をともなう)
＋肩甲骨後傾(上方回旋をともなう)

負荷範囲*	中間位〜やや短縮位
最大負荷*	中間位

上腕三頭筋を自重で追い込む

両手の手幅を狭くして上体を立てて行うディップス。脇が締まって肘を伸ばす動き(肘関節伸展)が主体となるため、大胸筋の貢献度が下がり、上腕後面の上腕三頭筋がメインターゲットに。

1 狭い幅のバーを両手で持ち体を浮かせる。脇が締まった状態になる。奥の幅が狭いタイプは奥のバーを持つ。

2 肘を曲げて体を沈める。上腕部が水平になるまで下ろしていく。上体の前傾は抑える。ここから肘を伸ばして1に戻る。

メイン 僧帽筋(下部)* **サブ** 小胸筋、広背筋

肩甲骨ディップス

主要動作 肩甲骨下制

負荷範囲*	やや伸張位〜やや短縮位
最大負荷*	やや伸張位〜やや短縮位

肩甲骨を下げる動きで僧帽筋の下部を鍛える

肩甲骨を下げる動き(下制)で体を持ち上げるディップス。鍛えにくい肩甲骨下制の動きにフォーカスできる貴重な種目。負荷局面のほぼ全域にわたり最大負荷がかかる。

1 狭い幅のバーを両手で持って体を浮かせる。上体は立てて背すじを伸ばす。そこから肩をすくめて肩甲骨を挙上しながら体全体を下げる。

2 肘を伸ばしたまま肩を下げる動き(肩甲骨下制)で体をできるだけ高く持ち上げる。

※「肩甲骨プッシュアップ」はプッシュアップのバリエーション種目であるが、肩甲骨動作に
負荷をかける種目として、本書では「肩甲骨ディップス（→P.102）」と同じ分類で掲載

| メイン | 上腕三頭筋（主に外側頭・内側頭）＊ | サブ | 三角筋（前部）、僧帽筋（下部）、前鋸筋（下部） |

リバースプッシュアップ

主要動作　肘関節伸展＋肩関節屈曲＋肩甲骨後傾

| 負荷範囲＊ | 中間位〜やや短縮位 |
| 最大負荷＊ | 中間位 |

上腕三頭筋の外側頭・内側頭がターゲット

腕を後方に振り、二関節筋である上腕三頭筋の長頭を緩めた状態で肘を伸ばすため、単関節筋の外側頭と内側頭が主に鍛えられる。イスでも行える。

1 ベンチに背中を向けて縁をつかみ、足を前方に伸ばしてお尻を浮かす。そこから背すじを伸ばして脇を締める。

2 背すじを伸ばしたまま、肘を90度程度になるまで曲げて上体を沈める。このポジションがボトムの伸張位。ここから肘を伸ばして1に戻る。

| メイン | 大胸筋（下部）＊ | サブ | 広背筋、小胸筋、上腕三頭筋、前鋸筋（下部） |

サイドプッシュアップ

主要動作　肩関節内転＋肩甲骨下方回旋＋肘関節伸展

| 負荷範囲＊ | やや伸張位〜やや短縮位 |
| 最大負荷＊ | やや伸張位 |

大胸筋の下部を自重で鍛える方法

腕を内側に振りながら肘を伸ばす動きで大胸筋の下部を鍛える。広背筋や小胸筋、上腕三頭筋にも負荷がかかる。イスが2つあれば自宅でもできる。

1 左右においたベンチに手をつき、足を前方に伸ばしてお尻を浮かす。そこから胸を張る。

2 胸を張ったまま、肘を90度程度になるまで曲げて上体を沈める。ここから肘を伸ばして1に戻る。

第4章　自重種目の動き方・効かせ方

| メイン | 前鋸筋＊ | サブ | 小胸筋、大胸筋 |

肩甲骨プッシュアップ

主要動作　肩甲骨外転

| 負荷範囲＊ | やや伸張位〜やや短縮位 |
| 最大負荷＊ | やや伸張位〜やや短縮位 |

肩甲骨を開く動きで前鋸筋を鍛える

肩甲骨を開く動き（外転）で上体を持ち上げる。肩甲骨の動きに意識を集中できる。可動域の全域で負荷がかかる。

1 肩幅よりやや広い手幅で腕立て伏せの体勢を作り、左右の肩甲骨を寄せながら上体を下げていく。

2 肘を伸ばしたまま、寄せた肩甲骨を大きく開く動きで床を押し込みながら上体を持ち上げる。

103

自重種目 ④
シットアップ

メイン
腹直筋 ＊ 　大腰筋（腸腰筋）

主要動作
体幹屈曲 ＋ 股関節屈曲

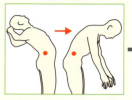

腸骨筋（腸腰筋）

サブ 　大腿直筋、内転筋群（前側）

NG
背すじを伸ばして起き上がる

起き上がるときに背すじが伸びていると腸腰筋の貢献度は増すが、腹直筋には効かなくなる。腰を痛めるリスクも増えるので注意。

1 仰向けになって膝を曲げ、手を耳の後ろ付近に添える。そこから背中を軽く丸めて体幹上部を持ち上げ、腹直筋の上部に負荷をかける。

体幹の腹直筋と股関節の腸腰筋を鍛える

脊柱を丸める動き（体幹屈曲）と、脚の付け根から上体を起こす動き（股関節屈曲）を連動させて、腹部前面の腹直筋と、股関節深部（前側）の腸腰筋を鍛える腹筋種目。足先を固定しないで行うと腸腰筋の貢献度が小さくなる。ボトムで完全に寝てしまったり、トップで上体を起こし過ぎたりすると負荷が抜けるため、その少し手前までで反復する。

バリエーション
両手を前方に伸ばし負荷を下げる
起き上がりながら、両手を太ももから膝へと滑らせて前方へ伸ばしていくと少し負荷が下がり、起き上がりやすくなる。

2　みぞおち付近を中心に背中を丸め込み、股関節を連動させて上体を起こす。起き上がりきる寸前まで上体を起こし、負荷を抜かずに反復する。

▶▶ シットアップのバリエーション

メイン 腸腰筋*、腹直筋　**サブ** 大腿直筋、内転筋群（前側）
シットアップ（足固定）
主要動作 股関節屈曲＋体幹屈曲

負荷範囲*	やや伸張位～やや短縮位
最大負荷*	やや伸張位

腸腰筋の貢献度を大きくする

股関節伸展位で足先を固定して行うシットアップ。脚の付け根から上体を起こす動き（股関節屈曲）が主体となるため、主に腸腰筋が鍛えられる。

シットアップ台で代用できる場合も

1 バーベルプレートを後頭部で抱えベンチに寝る。足先をベンチの脚など低い位置に引っかけてセット。

2 股関節の動きを中心に上体を起こす。最初はプレートを持たずに行っても良い。

メイン 腸腰筋*　**サブ** 腹直筋、大腿直筋、内転筋群（前側）
片脚股関節シットアップ
主要動作 股関節屈曲＋体幹屈曲

負荷範囲*	やや伸張位～やや短縮位
最大負荷*	やや伸張位

腸腰筋を片脚ずつ高負荷で追い込む

股関節の関与をより大きくする方法。抱えるプレートの重量が軽くなるため腹直筋の疲労が反復の制限とならず、片方の腸腰筋に負荷を集中できる。

1 バーベルプレートを後頭部で抱えベンチに寝る。足先をベンチの脚に引っかけ腸腰筋に負荷をかける。

2 脚の付け根を支点に股関節の動きだけで起き上がる。

メイン 腸腰筋*、腹直筋　**サブ** 大腿直筋、内転筋群（前側）
デクラインシットアップ
主要動作 股関節屈曲＋体幹屈曲

負荷範囲*	やや伸張位～短縮位
最大負荷*	中間位

負荷範囲を長くして運動ボリュームを高める

シットアップベンチに傾斜をつけ、可動域全域で負荷をかけることで運動のボリュームを高める方法。上体を起こしたトップで負荷が抜けにくい。

1 角度をつけたベンチに足をかけ、体幹上部を軽く起こして腸腰筋、腹直筋に負荷をかける。

2 背中を丸めて起き上がる。トップで負荷は抜けにくい。ボトムで完全に脱力しないように注意。

メイン 腹直筋（主に上部）*

クランチ

主要動作 体幹（主に上部）屈曲

負荷範囲*	中間位〜短縮位
最大負荷*	やや短縮位〜短縮位

体幹の動きだけで腹直筋を鍛える

寝た状態で股関節を固定したまま、上体（脊柱）を丸める動きで腹直筋の上部を狙って鍛える。伸張位の負荷は弱いが体幹の動きに集中しやすい。

1. 仰向けになって膝を曲げ、手を耳の後ろ付近に添える。体幹上部を軽く起こして腹直筋上部に負荷をかける。

2. みぞおち付近を中心に背中を丸める。肩甲骨が床から離れるまで丸めていく。頭部を床につけず反復する。

メイン 腹直筋*、腸腰筋　**サブ** 大腿直筋

Vシット

主要動作 体幹屈曲＋股関節屈曲

負荷範囲*	中間位〜やや短縮位
最大負荷*	中間位

腹直筋と腸腰筋を同時に鍛える

脚を振り上げながら上体を起こす動きで腹直筋と腸腰筋を同時に鍛える。伸張位の負荷が弱く、負荷範囲も短いが体幹前面を効率的に鍛えられる。

1. 仰向けに寝て体幹上部と脚を床から浮かせる。腕は頭上へ伸ばす。脚は揃えて伸ばす。

2. 上体と脚を持ち上げてつま先をタッチする。勢いをつけずなるべくゆっくり反復する。

メイン 外腹斜筋（側部）*、内腹斜筋（側部）　**サブ** 腰方形筋

サイドシットアップ

主要動作 体幹側屈

負荷範囲*	やや伸張位〜やや短縮位
最大負荷*	やや伸張位

脊柱を横に丸めて腹斜筋群の側部を強化

体幹を側屈する動きで腹斜筋群の側部を鍛える。ベンチを使うことで可動域が広がり、動作を通して負荷が抜けにくくなる。

1. 両脚で挟むようにベンチに足をかける。体を横に向けて上半身をベンチの外に倒し、みぞおちを中心に上体を横に丸める。

2. みぞおちを中心に上体を横に丸めて持ち上げる。骨盤をベンチに固定して脊柱だけを動かす。

バックエクステンション台で行う方法もある

第4章　自重種目の動き方・効かせ方

自重種目 ⑤
ツイストクランチ

メイン	主要動作		
外腹斜筋（※同側）*	体幹側屈	体幹回旋	体幹屈曲

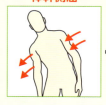 + +

サブ
内腹斜筋（※反対側）、
腹直筋

1 仰向けに寝た状態で、足を上げて膝を曲げる。手は耳の後ろ付近に添える。背中を軽く丸めて体幹上部を床から持ち上げ、腹直筋に負荷をかける。

2 体幹をひねりながら背中を丸めて上体を起こす。肘先と反対側の太ももが触れるぐらいまで大きくひねる。

体幹をひねって腹斜筋群を手軽に鍛える

　脊柱を左右にひねる動き（体幹回旋）で主に脇腹の外腹斜筋（同側）を鍛える。腹直筋にも負荷がかかる。内腹斜筋はあまり鍛えられない。体幹回旋の動きは生じるが回旋動作に直接負荷をかける運動ではなく「回旋位での側屈」に近い。そのため可動域が狭く、外腹斜筋への負荷もそれほど高くない。ただし器具を用いず自重で鍛えられる利点はある。

POINT
ひねった状態で1秒間静止する
この種目は動きが小さいため、トップの体勢で1秒間静止し、負荷がかかる時間を長くすると良い。

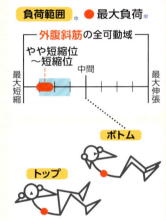

負荷範囲 ● 最大負荷
外腹斜筋の全可動域
やや短縮位～短縮位
最大短縮　中間　最大伸張
ボトム
トップ

3 反対方向へもひねりながら上体を起こしていく。左右交互にひねるのではなく、同じ方向に連続でひねるやり方もある。

第4章　自重種目の動き方・効かせ方

109

▶▶ ツイスト系種目のバリエーション

サイドクランチ
メイン 外腹斜筋（側部）*、内腹斜筋（側部）　**サブ** 腰方形筋

主要動作 体幹側屈

負荷範囲*	やや短縮位〜短縮位
最大負荷*	やや短縮位

純粋な側屈動作で腹斜筋の側部を強化

回旋の動きがなく純粋な側屈の動きになるため、腹斜筋群の特に側部（胴の真横）が動員される。可動域が小さいため高回数で追い込むと良い。

1 横向きに寝て膝を曲げ、上側の手を後頭部に添える。そこから背すじを伸ばして下側の手を脇腹に乗せる。

2 上体を横に丸めて体幹上部を持ち上げる。動きが小さいため、持ち上げたトップで1秒間静止すると良い。

トランクツイスト
メイン 内腹斜筋（※同側）*　**サブ** 外腹斜筋（※反対側）、腹直筋

主要動作 体幹回旋＋体幹屈曲＆側屈（※固定）

負荷範囲*	中間位〜やや伸張位
最大負荷*	やや伸張位

体幹回旋に直接負荷をかけて内腹斜筋を強化

体幹をひねる動きに直接負荷をかける。回旋動作と体幹を固定する力の方向が一致する内腹斜筋（同側）が主に鍛えられる。伸張位の負荷は強めだが、両サイド以外は負荷が抜けているため実質の可動域は見た目よりも小さく、負荷が抜けやすい。

ターゲットの内腹斜筋（※同側）はこちら側

1 両手でバーベルプレートを持ち、ベンチに座り足先をかける。上体を45度程度まで後傾し、腕を伸ばしたまま上体を大きくひねる。

2 ベンチにかけた足で下半身を固定したまま、反対方向へも腕を振って上体をひねっていく。

サイドシットアップトランクツイスト
メイン 内腹斜筋（※同側）*　**サブ** 外腹斜筋（※反対側）、内転筋群＆大腿筋膜張筋（※固定）

主要動作 体幹回旋＋体幹側屈（※固定）

負荷範囲*	やや短縮位〜伸張位
最大負荷*	やや伸張位

負荷が抜けにくいトランクツイスト

横向きで片側ずつ行う方法。トランクツイストと同様の理由で主に内腹斜筋が鍛えられる。動作を通して負荷が抜けにくく、実質の可動域も広くなる。

1 ベンチに両足を横向きに引っかけ、体幹を大きくひねってプレートを持った両手を下に向ける。

2 足で下半身を固定し、腕を伸ばしたまま上体をひねる動きでプレートを上方へ振り上げる。

| メイン | 内腹斜筋（同側）* | サブ | 外腹斜筋（※反対側）、腹直筋＆腸腰筋＆大腿直筋＆内転筋群（※固定） |

デクライントランクツイスト

| 主要動作 | 体幹回旋＋体幹屈曲＆側屈（※固定）＋股関節屈曲（※固定） |

| 負荷範囲* | 中間位〜伸張位 |
| 最大負荷* | 伸張位 |

負荷範囲が少し広くなる

足の位置を高くしたシットアップベンチで行うトランクツイスト。水平のベンチで行うトランクツイストと比べ、負荷のかかる範囲が少し広くなる。

1 傾斜をつけたベンチに足をかけ、上半身をベンチから浮かせる。腕を伸ばしたまま振って上体を大きくひねる。

2 反対方向へも腕を振って上体をひねっていく。上体を固定するために腹直筋や腸腰筋も働く。

| メイン | 外腹斜筋（※反対側） | サブ | 内腹斜筋（※同側）、腸腰筋、腹直筋、大腿直筋＆内転筋群（※固定） |

デクラインツイストシットアップ

| 主要動作 | 体幹側屈＆回旋＆屈曲＋股関節屈曲 |

| 負荷範囲* | やや短縮位〜中間位 |
| 最大負荷* | やや短縮位 |

上体をひねりながらシットアップを行う

ひねりながら行うシットアップ。ツイストクランチと同様に負荷のかかり方が通常のシットアップに近く、腹斜筋群だけでなく腹直筋の貢献度も高め。

1 傾斜をつけたシットアップベンチに足をかけ、体幹上部をシートから浮かせる。

2 上体をひねりながら背中を丸めて起き上がる。ひねってから起き上がるイメージで行う。

第4章 自重種目の動き方・効かせ方

| メイン | 内腹斜筋（※同側）*、外腹斜筋（※反対側） |

シャフトスイング

| 主要動作 | 体幹回旋 |

| 負荷範囲* | やや伸張位〜中間位 |
| 最大負荷* | やや伸張位 |

立位で腹斜筋群を鍛える

上体をひねってシャフトを振り回し、腹斜筋群を鍛える。全身の筋肉が幅広く動員され有酸素運動的な性質も。

1 シャフトの片端をプレートの穴や壁際の角などにはめて固定する。シャフトの反対側にプレートをつけて先端部分を両手で持つ。

2 腕を伸ばしたまま上体をひねって弧を描くようにシャフトを側方へ振る。そこから反対側へ振る。体幹からひねる動き主体で振る。

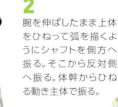

111

自重種目⑥ 体幹バックエクステンション

メイン
脊柱起立筋*

サブ
大殿筋、ハムストリング

主要動作
体幹伸展 ＋ 股関節伸展

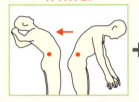
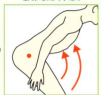

POINT
骨盤の位置にパッドを当てる

骨盤が当たる位置にパッドを合わせることで、骨盤がしっかり固定され、脊柱の動きに集中することができる。

1 両手でバーベルプレートを持ち、45度の傾斜のローマンチェア（バックエクステンション台）に両足をかけ、パッドに骨盤を当てる。そこから背中を丸めて脊柱起立筋を伸ばす。最初はバーベルプレートの負荷なしで行っても良い。

上体を反らせる動きで脊柱起立筋を鍛える

脊柱を反らせる動き（体幹伸展）で脊柱起立筋を鍛える。脊柱起立筋は頭部から骨盤まで連なる脊柱に付着する細長い筋群の総称。体幹（脊柱）の動きと股関節の動きを区別して、股関節を固定したまま体幹のみを動かすことにより脊柱起立筋がメインターゲットとなる。デッドリフト系の種目に比べて腰を痛めにくいことと、可動域が広いことが長所。

NG　体幹の動きではなく股関節の動きになる

上体を下げるときに股関節が屈曲すると、股関節で起き上がる動きになり、脊柱起立筋が十分に鍛えられない。

負荷範囲　**● 最大負荷**

脊柱起立筋の全可動域

最大短縮 ─ 中間 ─ やや伸張位 ─ 最大伸張

トップ　ボトム

2

背中を反らせる動きで起き上がる。腰に負担がかかるため背中は無理に反らせなくてOK。脊柱の動きではなく、股関節の動きで起き上がらないように注意する。水平のバックエクステンション台で行う方法もある。

第4章　自重種目の動き方・効かせ方

113

▶▶ **バックエクステンションのバリエーション**

メイン ハムストリング*、大殿筋
股関節バックエクステンション
主要動作 股関節伸展

負荷範囲	中間位～伸張位
最大負荷*	やや伸張位

ハムストリング、大殿筋を強化
脚の付け根から骨盤ごと上体を持ち上げる動き（股関節伸展）でハムストリングと大殿筋を強化。デッドリフト系より腰を痛めにくいのが長所。

太ももの位置にパッドを当てることで骨盤を自由に動かすことができる。骨盤をパッドに当ててしまうと股関節の動きが制限されてしまうので注意。

1 バーベルプレートを持ち、45度のローマンチェアに足をかける。パッドを骨盤より下の位置に当てる。そこから背すじを伸ばし、脚の付け根から骨盤ごと上体を下ろす。

2 背すじを伸ばしたまま股関節を伸展して上体を持ち上げる。体が一直線になるまで起き上がる。最初はプレートなしでも良い。

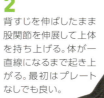

背すじを伸ばしたまま上体を下ろす

メイン ハムストリング*
グルートハムレイズ
主要動作 膝関節屈曲＋股関節伸展

負荷範囲	やや短縮位～伸張位
最大負荷*	やや伸張位

ハムストリングを両端の関節から鍛える
二関節筋のハムストリングを膝関節と股関節の両側から強化。日本ではなぜかマイナーだが海外ではメジャーな優良種目。

足をつま先立ちにして膝を曲げることで、太もも裏のハムストリングによりしっかり効かせることができる。

1 45度のローマンチェアに足をかけ、パッドを骨盤より下の位置に当てる。背すじを伸ばし、膝を伸ばしながら股関節を支点に上体を下ろして太もも裏を伸ばす。

2 膝を曲げながら、同時に股関節を伸展して上体を持ち上げる。トップでは太ももの上部がパッドから浮く。

背すじを伸ばしたまま上体を下ろす

パッドに当たる部分が痛い場合はタオルなどを挟む。

メイン ハムストリング*、大殿筋
片脚股関節バックエクステンション
主要動作 股関節伸展

負荷範囲*	中間位〜伸張位
最大負荷*	やや伸張位

ハムストリング、大殿筋を高負荷で鍛える
片脚で行うバリエーション。片脚ずつ行うことで自重でもかなり高負荷をかけられる。腰への負担が極めて小さいことも利点。

1 45度のローマンチェアに片足をかけ、パッドを骨盤より下の位置に当てる。背すじを伸ばし、股関節から上体を下ろす。

2 背すじを伸ばしたまま股関節を伸展し、体が一直線になるまで上体を持ち上げる。

メイン ハムストリング*、大殿筋
股関節バックエクステンション（水平）
主要動作 股関節伸展

負荷範囲*	中間位〜やや伸張位
最大負荷*	やや短縮位

やや短縮位側で負荷をかけられる
水平タイプのローマンチェアで行う。最大負荷の位置がやや短縮位側にシフトし、トップでも負荷が抜けにくい。ボトム付近では負荷が抜けやすい。

1 水平のローマンチェアに足をかけ、パッドを骨盤より下の位置に当てる。背すじを伸ばし、股関節から上体を下ろす。

2 背すじを伸ばしたまま股関節を伸展し、上体を水平以上の高さまで持ち上げる。

メイン ハムストリング*
グルートハムレイズ（水平）
主要動作 膝関節屈曲＋股関節伸展

負荷範囲*	やや短縮位〜やや伸張位
最大負荷*	中間位

ハムストリングの短縮位側で負荷をかける
水平タイプのローマンチェアで行う。45度タイプの台で行うより負荷のかかる位置が短縮位側にシフトする。パッドがかまぼこ型の専用台もある。

1 水平のローマンチェアに足をかけ、パッドを骨盤より下に当てる。背すじを伸ばし、膝を伸ばしながら股関節から上体を下ろし太もも裏を伸ばす。

2 膝を曲げながら股関節を伸展して上体を持ち上げる。膝から上が水平以上の高さになるまで起き上がる。

第4章 自重種目の動き方・効かせ方

自重種目 ❼
フロントブリッジ

腹直筋と腸腰筋の静的トレーニング

プランク（Plank：厚板）ともよばれる種目。脊柱を丸める動き（体幹屈曲）と、お尻が落ちないように支える動き（股関節屈曲）を連動させて体を持ち上げ、静的に固定しながら腹直筋と腸腰筋を鍛える。

メイン
腹直筋* ／ 大腰筋（腸腰筋）

主要動作
体幹屈曲（※固定） ＋ 股関節屈曲（※固定）

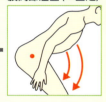

腸骨筋（腸腰筋）

サブ
大腿直筋

肘先と足先をついて体を持ち上げ、全身を一直線にしたままキープ。肘先を前に出すと負荷が高まる。この種目がスポーツパフォーマンスに特別な効果があるかは不明確。

負荷範囲 ● 最大負荷*

腹直筋の全可動域

最大短縮 ── 中間／中間位 ── 最大伸張

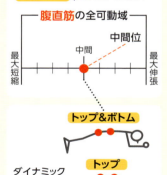

トップ＆ボトム

トップ

ダイナミックフロントブリッジのトップ

バリエーション
ダイナミックフロントブリッジ

全身を一直線にした状態から体幹と股関節を屈曲してお尻を持ち上げ反復するバリエーション。

▶▶ フロントブリッジのバリエーション

アブローラー
メイン 腹直筋* **サブ** 腸腰筋、大腿直筋、広背筋
主要動作 体幹屈曲＋股関節屈曲＋肩関節伸展

負荷範囲*	やや短縮位〜やや伸張位
最大負荷*	やや伸張位

フロントブリッジを動的に行う方法
フロントブリッジとターゲットはほぼ同じだが、筋トレとしてはこちらのほうが有効。自信がある人は膝をつかないで行う。

1 膝をついてローラーを肩の真下の位置におく。そこから背中を丸めて腹直筋に負荷をかける。

2 腹直筋に力を入れたまま、ローラーを前方に転がして上体を伸ばす。腰が反りすぎないように注意。ここからローラーを引いて**1**に戻る。

サイドブリッジ
メイン 外腹斜筋（側部）*、内腹斜筋（側部） **サブ** 中殿筋
主要動作 体幹側屈＋股関節外転（※固定）

負荷範囲*	中間位
最大負荷*	中間位

腹斜筋群を強化する静的トレーニング
サイドプランクともよばれる種目。脊柱を横に曲げる力（体幹側屈）で全身を一直線にしたまま固定して脇腹の腹斜筋群を鍛える。骨盤が落ちないように支える（股関節外転）ために中殿筋も働く。

体を横に向け、肩の真下で肘先をついて上体を持ち上げる。全身を一直線にしたままキープする。

ダイナミック片脚フロントブリッジ
メイン 腸腰筋*、大腿直筋 **サブ** 腹直筋、内転筋群（前側）
主要動作 股関節屈曲＋体幹屈曲

負荷範囲*	やや短縮位〜伸張位
最大負荷*	やや伸張位

伸張位側で負荷をかけて腸腰筋を追い込む
脚を前方に振る動き（股関節屈曲）で腸腰筋を強化。主に伸張位側で負荷がかかる。片脚ずつ行うことで自重でも追い込める。

1 腹ばいで手をつき、片方の足先をベンチに乗せる。お尻を下げて股関節を伸展する。

2 脚の付け根から股関節を屈曲してお尻を持ち上げる。背中が丸まると腹直筋の貢献度が高まるため、背中を真っすぐにしたまま上げていく。

自重種目 ⑧
片脚ヒップリフト

大殿筋を短縮位で片側ずつ鍛える

仰向けでお尻を持ち上げる動き（股関節伸展）で大殿筋を鍛える。膝を曲げて行うため二関節筋のハムストリングは緩んで動員されにくくなる。片脚ずつ行うことで、自重だけでも強めの負荷をかけられる。

メイン 大殿筋*
主要動作 股関節伸展
サブ ハムストリング、脊柱起立筋

負荷範囲 ● 最大負荷*
大殿筋の全可動域
短縮位／中間
最大短縮／最大伸張
トップ／ボトム

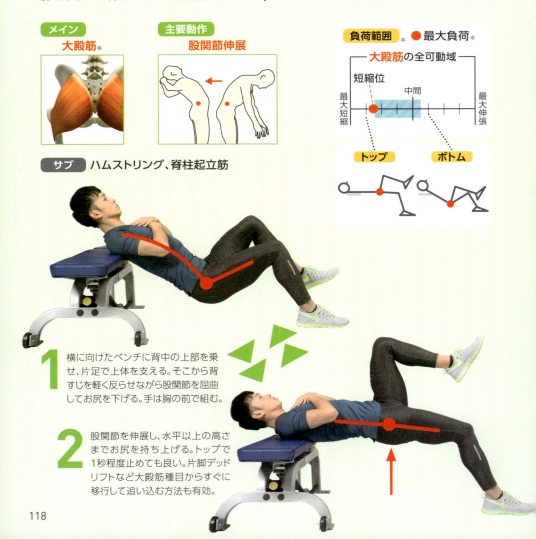

1 横に向けたベンチに背中の上部を乗せ、片足で上体を支える。そこから背すじを軽く反らせながら股関節を屈曲してお尻を下げる。手は胸の前で組む。

2 股関節を伸展し、水平以上の高さまでお尻を持ち上げる。トップで1秒程度止めても良い。片脚デッドリフトなど大殿筋種目からすぐに移行して追い込む方法も有効。

▶▶ ヒップリフトのバリエーション

メイン ハムストリング* サブ 大殿筋
片脚デクラインヒップリフト

主要動作 股関節伸展 ＋膝関節屈曲（※ほぼ固定）

負荷範囲*	中間位〜やや短縮位
最大負荷*	やや短縮位

ハムストリングを自重で鍛える方法
膝関節の可動域は小さいが、膝を曲げる方向に固定する力を発揮しながら股関節を伸展するため、二関節筋のハムストリングが強く動員される。

1 仰向けになり膝の角度が90度以上になる位置で片足をベンチに乗せ、お尻を浮かせる。

2 膝を曲げながら、膝から上が一直線になるまでお尻を持ち上げる。片脚でキツければ両脚で行っても良い。

メイン 中殿筋* サブ 大殿筋（上部）、大腿筋膜張筋
サイドヒップリフト

主要動作 股関節外転

負荷範囲*	やや伸張位〜やや短縮位
最大負荷*	中間位

お尻を横に持ち上げ中殿筋を鍛える
脚を外側に開く動き（股関節外転）でお尻を横に持ち上げ、お尻側部の中殿筋を鍛える。可動域は狭いが、自重で中殿筋を鍛えられる貴重な種目。

1 体を横に向け、肩の真下に肘先をついてお尻を床から少し浮かせる。下側の脚の股関節が内側に振られて中殿筋が伸びる。

2 下側の脚を開く動きでお尻をできるだけ高く持ち上げる。トップで1秒間静止して追い込んでも良い。

第4章　自重種目の動き方・効かせ方

メイン 大殿筋* サブ 脊柱起立筋
バーベルヒップスラスト

主要動作 股関節伸展

負荷範囲*	中間位〜短縮位
最大負荷*	短縮位

バーベルで高負荷をかけるヒップリフト
お尻を持ち上げる動きに負荷をかけるフリーウエイト種目。スクワットやデッドリフトに比べ、大殿筋が主に短縮位側で動員される。

1 ベンチに背中の上部を乗せ、お尻を下げて脚の付け根にバーベルのバーを乗せる。

2 バーが傾かないように手で押さえながら、お尻をできるだけ高く持ち上げる。バーにはパッドを巻いて行う。

自重種目⑨

レッグレイズ

脚の重みで腸腰筋を鍛える自重種目

脚の付け根から両脚を持ち上げる動き（股関節屈曲）で股関節深部の前側にある腸腰筋を鍛える。床でも実施できるが、ベンチに寝て行うと脚を深く下ろせるため可動域が広がる。腹直筋の下部も鍛えられる。

メイン
大腰筋（腸腰筋）＊　腸骨筋（腸腰筋）＊
腹直筋（下部）
サブ
大腿直筋

主要動作
股関節屈曲 ＋ 体幹屈曲

負荷範囲 ＊　● **最大負荷** ＊
腸腰筋の全可動域
最大短縮 ─ 中間 ─ やや伸張位 ─ 最大伸張
トップ　　ボトム

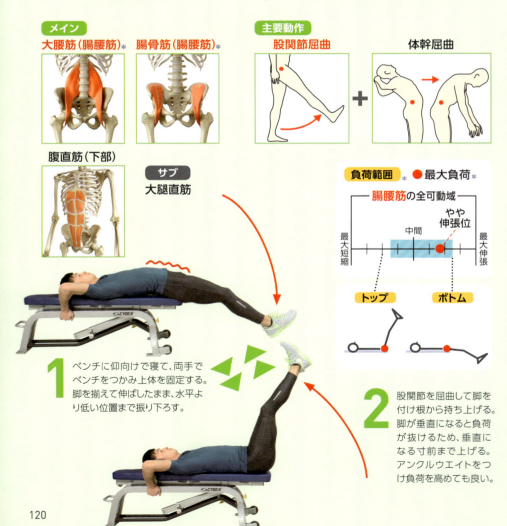

1 ベンチに仰向けで寝て、両手でベンチをつかみ上体を固定する。脚を揃えて伸ばしたまま、水平より低い位置まで振り下ろす。

2 股関節を屈曲して脚を付け根から持ち上げる。脚が垂直になると負荷が抜けるため、垂直になる寸前まで上げる。アンクルウエイトをつけ負荷を高めても良い。

▶▶ レッグレイズのバリエーション

メイン 中殿筋* サブ 大殿筋（上部）、大腿筋膜張筋
サイドレッグレイズ
主要動作 股関節外転

負荷範囲*	中間位～短縮位
最大負荷*	中間位

脚の重みを負荷にして中殿筋を鍛える

脚を側方に開く動き（股関節外転）でお尻側部の中殿筋に負荷をかける。自重で手軽に鍛えられるが、可動域が狭く伸張位では負荷がかからない。

1 横向きに寝て、脚を揃えて伸ばす。上側の脚を少し持ち上げ、中殿筋に負荷をかける。負荷が小さいためアンクルウエイトをつけても良い。

2 股関節を側方に開いて上側の脚を持ち上げる。脚の角度が60度程度になるまで上げていく。

メイン 大殿筋* サブ ハムストリング
プローンレッグレイズ
主要動作 股関節伸展

負荷範囲*	中間位～短縮位
最大負荷*	短縮位

脚を後方に振り上げて大殿筋を鍛える

脚を後方に振る動き（股関節伸展）でお尻の大殿筋に負荷をかける。負荷のかかる局面が狭く、伸張位の負荷も弱いが、手軽に大殿筋を刺激できる。

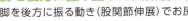

1 四つん這いになり、片脚だけ膝を曲げながら少し前方に振って床から浮かす。

2 浮かせた脚を伸ばしながら後方に振って持ち上げる。できるだけ高く振り上げ、大殿筋を強く収縮させる。

第4章 自重種目の動き方・効かせ方

メイン 外腹斜筋（※反対側）*、内腹斜筋（※同側）
ライイングウィンドシールドワイパー
主要動作 体幹回旋

負荷範囲*	やや伸張位～中間位
最大負荷*	やや伸張位

下半身から脊柱をひねって腹斜筋群を強化

脊柱をひねる動き（体幹回旋）で脇腹の腹斜筋群を鍛える。肩を床から浮かさず骨盤から先を大きくひねる。脚を右に倒したとき、右の内腹斜筋と左の外腹斜筋に負荷がかかる。

1 仰向けで脚を垂直に伸ばし、肩を床につけて固定したまま骨盤ごと真横に倒して上体をひねる。足は床につけない。

2 反対側へも脚を倒していく。骨盤ごと下半身をひねることで脊柱が回旋する。広げた手で上体が倒れないように固定する。

▶▶ レッグレイズのバリエーション

メイン 腸腰筋※、腹直筋　サブ 大腿直筋
ハンギングレッグレイズ

主要動作 股関節屈曲＋体幹屈曲

負荷範囲※	中間位〜短縮位
最大負荷※	短縮位

トップでも負荷が抜けない
ぶら下がって行う方法。寝て行う場合と負荷範囲が異なり、トップで負荷が抜けにくい。逆に脚を下ろしたボトムでは負荷が抜け、伸張位の負荷も弱い。

1
バーにぶら下がって脚を伸ばす。ボトムのこの体勢では負荷がほとんどかからない。

2
脚を揃えて伸ばしたまま、股関節を屈曲して持ち上げる。脚が水平以上の高さになるまで持ち上げていく。

メイン 腹直筋※、腸腰筋　サブ 大腿直筋
体幹屈曲ハンギングレッグレイズ

主要動作 体幹屈曲＋股関節屈曲

負荷範囲※	中間位〜短縮位
最大負荷※	やや短縮位

腹直筋メインのレッグレイズ
脚を持ち上げながら背中を丸める動き（体幹屈曲）で腹直筋をメインに鍛える。腹直筋の下部を鍛えたい場合は背中の下部を中心に丸める動きで行う。

1
バーにぶら下がって脚を伸ばす。そこから背中を反って腹直筋をできるだけ伸ばす。

2
脚を前方に持ち上げながら、みぞおち付近を中心に上体を丸める。アンクルウエイトをつけて行っても良い。

メイン 外腹斜筋（※反対側）、内腹斜筋（※同側）　サブ 腹直筋、広背筋
ハンギングウィンドシールドワイパー

主要動作 体幹回旋＋体幹屈曲（※固定）
＆体幹側屈（※固定）

負荷範囲※	伸張位〜中間位
最大負荷※	伸張位

腹斜筋群を伸張位で追い込む
ぶら下がった状態で下半身を左右に振って腹斜筋群を鍛える。伸張位で負荷がかかるが、可動域の両端でしか負荷がかからず負荷範囲は狭め。

1
逆手でバーを握ってぶら下がり、脚を揃えて垂直に上げる。上体は水平に近くなる。

2
脚を伸ばしたまま骨盤ごと真横に倒して上体をひねる。そこから逆向きにひねり脚を反対側へ倒す。上側の外腹斜筋をメインで鍛える。

メイン 腹直筋＊、腸腰筋　**サブ** 内腹斜筋、外腹斜筋
旋回ハンギングレッグレイズ

主要動作 体幹屈曲＋股関節屈曲

負荷範囲＊	中間位〜短縮位
最大負荷＊	やや短縮位

腹筋群と腸腰筋を総合的に鍛える

ぶら下がった状態で脚を前方に伸ばし、足先で大きく円を描く。曲線的な動きを通して腹直筋、腸腰筋、腹斜筋群に幅広く負荷をかけられる。

1 バーにぶら下がり、脚を持ち上げて前方に揃えて伸ばす。この体勢の維持にも負荷がかかる。

2 脚を揃えたまま動かし、足先でできるだけ大きな円を描く。逆回転でも円を描く。

メイン 腹直筋＊　**サブ** 腸腰筋、大腿直筋
ドラゴンフラッグ

主要動作 体幹屈曲＋股関節屈曲

負荷範囲＊	やや伸張位〜やや短縮位
最大負荷＊	やや伸張位

下肢＆体幹全体が負荷の高強度自重種目

腰から下がすべて負荷になるため自重でも高強度。伸張位の負荷も強め。挙上では膝を曲げ、脚を下ろすエキセントリック局面中心で鍛えても良い。

1 ベンチで仰向けになり、両手でベンチをつかむ。上体を丸めながら脚を振り上げ、肩甲骨から下の部分を高く上げる。

2 肩甲骨から下の部分をベンチから離したまま、脚をゆっくり下ろす。そこから上体を丸める動きを主体に**1**へと戻る。

メイン 外腹斜筋＊、内腹斜筋　**サブ** 腹直筋
ツイストドラゴンフラッグ

主要動作 体幹側屈＋体幹屈曲（回旋位）

負荷範囲＊	やや伸張位〜やや短縮位
最大負荷＊	やや伸張位

腹斜筋群を高強度で鍛える

上体をひねった体勢（体幹回旋位）で脊柱を側屈＆屈曲させるドラゴンフラッグ。主に上を向いている側の外腹斜筋が動員される。

1 ベンチで仰向けになり、両手でベンチをつかむ。上体を丸めながら脚を高く振り上げ、肩甲骨から下の部分を持ち上げる。

2 肩甲骨から下の部分をベンチから離したまま、骨盤ごと下半身をひねった状態でゆっくり脚を下ろす。そこから**1**に戻る。

第4章　自重種目の動き方・効かせ方

自重種目⑩
ネックエクステンション

手で引く力で頸部伸展筋群を追い込む

手でタオルを引く力に抵抗しながら、頭部を後方に振る動き（頸部伸展）で、首後面の頸部伸展筋群（板状筋群、半棘筋群など）を鍛える。頭部を下ろすエキセントリック局面でも負荷を抜かないことが重要。

メイン
頸部伸展筋群
（板状筋群、半棘筋群など）*

主要動作
頸部伸展

負荷範囲 * ● **最大負荷** *
頸部伸展筋群の全可動域

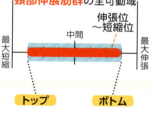

伸張位～短縮位
最大短縮　中間　最大伸張

トップ　**ボトム**

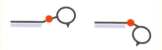

1

ベンチで腹ばいになり、首から先をベンチから出して頭部を下げる。後頭部にかけたタオルを手で引く力に抵抗して頭部を持ち上げ、首後面の筋群に負荷をかける。自力だけで追い込めない場合は一緒にプレートを持って行う。

2

手でタオルを下方へ引く力に抵抗しながら頭部を後方に振る。1に戻る局面でも同様にタオルを引く力に抵抗しながら、負荷を抜かずに頭部を下ろしていく。

バリエーション
立位で行う方法

立位で行うネックエクステンション。寝て行う場合より頭の重みによる負荷は小さくなるが、手で引く力を強くすることで十分に追い込める。

▶▶ ネックエクステンションのバリエーション

ネックフレクション
メイン 頸部屈曲筋群（斜角筋群など）*
主要動作 頸部屈曲

負荷範囲* やや伸張位～やや短縮位
最大負荷* 中間位

頭部＋プレートで頸部屈曲筋群を鍛える
頭部の重みとバーベルプレートで頭部を前方に振る動きに負荷をかけ、首前面の頸部屈曲筋群を鍛える。手でプレートを押し引きすることで負荷を増減することもできる。

1 ベンチで仰向けになり、肩から先を出して頭部を下げる。額にプレートを乗せ手で押さえる。

2 頭部を前方に振ってプレートを持ち上げる。プレートはタオルなどを挟んで額に乗せる。

ネックフレクション（立位）
メイン 頸部屈曲筋群（斜角筋群など）*
主要動作 頸部屈曲

負荷範囲* 伸張位～短縮位
最大負荷* 伸張位～短縮位

頸部屈曲筋群を自力で鍛える
手でアゴを押す力に抵抗しながら頭部を前方に振り頸部屈曲筋群を強化。動作を通して負荷をかけ続けられる。

1 頭部を後方に倒し、左右の親指の腹をアゴの先端に当てる。そこから手でアゴを押し上げ、その力に抵抗して頭部を前方に振る。

2 親指でアゴを押し上げる力に抵抗しながら頭部を前方に振る。同様にアゴを押す力に抵抗しながら**1**に戻る。

サイドネックフレクション
メイン 頸部側屈筋群（胸鎖乳突筋、斜角筋群など）*
主要動作 頸部側屈

負荷範囲* やや伸張位～やや短縮位
最大負荷* 中間位

頭部＋プレートで頸部側屈筋群を強化
頭部の重みとバーベルプレートで頭部を横に倒す動きに負荷をかけ、頸部側屈筋群を鍛える。立位で側頭部を手で横に押したり引いたりして鍛える方法もある。

1 ベンチで横向きに寝て頭部を下げる。側頭部にプレートを乗せ、ズレないように押さえる。

2 頭部を真横に振ってプレートを持ち上げる。プレートはタオルなどを挟み側頭部に乗せる。

第4章 自重種目の動き方・効かせ方

▶▶ ネックエクステンションのバリエーション

メイン 頸部屈曲筋群（斜角筋群など）＊
ネックブリッジ（前）

主要動作 頸部屈曲

負荷範囲＊ 伸張位～中間位
最大負荷＊ 伸張位

頸部屈曲筋群を自重で鍛える

頭部を前方に振る動き（頸部屈曲）で体重を支え、頸部屈曲筋群を鍛える。大きな負荷がかかり、伸張位の負荷も強い。できる人は体勢を維持するだけでなく、ここから頭部を前方に振って体を持ち上げてみよう。

ベンチにタオルを敷いて額を乗せ、額と両足で3点ブリッジの体勢を作る。頭頂部を乗せてブリッジしても頸部屈曲筋群に負荷がかからない。額の眉毛付近を乗せると良い。ブリッジした体勢を20～30秒間キープする。

メイン 頸部伸展筋群（板状筋群、半棘筋群など）＊
ネックブリッジ（後）

主要動作 頸部伸展

負荷範囲＊ やや伸張位～やや短縮位
最大負荷＊ 中間位

自重＋プレートで頸部伸展筋群を鍛える

頭部を後方に振る動き（頸部伸展）で体を持ち上げ、頸部伸展筋群を鍛える。バーベルプレートを抱えて負荷をより高める。

1 ベンチにタオルを敷いて後頭部を乗せ、頭と両足で3点ブリッジを作る。頭部を前方に振ってアゴを引き、首後面を伸ばす。

2 頭部を後方に振って体を持ち上げる。最初はプレートを持たずに行っても良い。

メイン 頸部側屈筋群（胸鎖乳突筋、斜角筋群など）＊、頸部屈曲筋群
ネックブリッジ（回旋）

主要動作 頸部回旋＆屈曲（※固定）＆側屈（※固定）

負荷範囲＊ やや伸張位～やや短縮位
最大負荷＊ 中間位

頸部の前面～側面を広い範囲で鍛える

通常のネックブリッジ（前）の体勢から、頸部を回旋して頭部をベンチ上で転がすように往復させる。頸部の前面から側面にかけての筋群を幅広く鍛えることができる種目。

1 ベンチにタオルを敷いて額を乗せネックブリッジ（前）の体勢を作る。そこから頸部を回旋し、ゆっくり顔を横に向けていく。

2 頭部をベンチ上で転がし、顔を横に向ける。そこから反対方向に頸部を回旋し、顔も反対側に向ける。左右往復する。

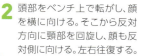

第5章

マシン種目の動き方・効かせ方

トレーニングマシンを使って鍛える方法を「マシントレーニング」とよぶ。マシン種目はマシンの構造により動きの軌道がある程度決まっているため、フォームが崩れにくく、ターゲットの筋肉や部位に効かせやすいのが特徴。本章では、主なマシン種目のターゲット、主要動作、負荷範囲、最大負荷の位置などを解説し、動きをアレンジしたバリエーション方法も紹介する。

マシン種目 ①
ラットプルダウン

メイン

広背筋 *

大円筋

サブ
僧帽筋（中・下部）、三角筋（後部）、肘関節屈曲筋群

主要動作

肩関節内転

＋

肩甲骨内転

＋

肩甲骨下方回旋
（下制をともなう）

＋

肘関節屈曲

1 パッドで太ももがシートから浮かないように固定する。頭上のバーをつかんで肘を軽く曲げ、わずかに上体を後傾させる。手幅は肩幅の1.5倍程度。

懸垂と同じ動きで広背筋を鍛える

腕を内側に振る動き（肩関節内転）でバーを引き下げ、広背筋を強化するプルダウン種目。大円筋も鍛えられる。肩甲骨内転や肘関節屈曲の動きもともなうため僧帽筋や肘関節屈曲筋群にも負荷がかかる。

ボトムで負荷がやや抜けやすいものの、運動のボリュームが大きく、伸張位の負荷も強い。高重量でも安全に限界まで追い込めるのも長所。

2 胸を張って肩甲骨を寄せながら、肘を曲げてバーを引き下げる。このとき背中を反らせながら上体を少し後傾させる。大きく後傾させるのはNG。

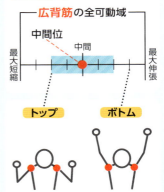

POINT
上体を後傾しながら背中を反らせて引く

胸を張って背中を反らせながらバーを鎖骨付近に下ろしていく。同時に上体を適度に後傾させる。背中を丸めて引くのはNG。

▶▶ ラットプルダウンのバリエーション

ワイドプルダウン
メイン 広背筋＊、大円筋　**サブ** 僧帽筋（中・下部）、三角筋（後部）、肘関節屈曲筋群

主要動作 肩関節水平外転＋肩甲骨内転＋肩甲骨下方回旋（下制をともなう）＋肘関節屈曲

負荷範囲＊ やや伸張位〜やや短縮位
最大負荷＊ 中間位

広背筋の貢献度を高める
手幅を広げることにより肘関節屈曲筋の関与を下げ、相対的に広背筋の貢献度を高めるラットプルダウン。

1 パッドで太ももを固定し、頭上のバーの両端部分をつかむ。肘は軽く曲げて広背筋に負荷をかける。手幅は肩幅の2倍程度。

2 胸を張って肩甲骨を寄せながらバーを鎖骨付近に引き下ろす。背中を反らせながら上体を少し後傾させる。

ナロープルダウン
メイン 広背筋＊、大円筋　**サブ** 三角筋（後部）、僧帽筋（中・下部）、肘関節屈曲筋群

主要動作 肩関節伸展＋肩甲骨内転＋下方回旋（下制をともなう）＋肘関節屈曲

負荷範囲＊ 伸張位〜やや短縮位
最大負荷＊ 中間位

肩を伸展して広背筋を鍛える
狭い手幅で引く方法。パラレルバーを体の前で引き下ろすため、主に肩関節伸展の動きで広背筋、大円筋を鍛える。ストレートバーでも実施可。

1 パッドで太ももを固定し、セットした頭上のプーリーをつかんで肘を軽く曲げる。

2 脇を締めたまま、腕を下方に振りながらバーを引き下げる。背中を反らせて、上体をわずかに後傾しながら引いていく。

ビハインドネックプルダウン
メイン 僧帽筋（中・下部）＊　**サブ** 広背筋、大円筋、菱形筋群、肘関節屈曲筋群

主要動作 肩甲骨内転＋肩甲骨下方回旋（不制をともなう）＋肩関節伸展＋肘関節屈曲

負荷範囲＊ 伸張位〜やや短縮位
最大負荷＊ やや短縮位

僧帽筋メインのプルダウン
バーを背中側へ引き下げるプルダウン。僧帽筋がメインターゲット。左右の肩甲骨が強く中央に寄るため僧帽筋の中・下部の貢献度が高くなる。

1 パッドで太ももを固定し、バーをつかんで肘を軽く曲げる。手幅は肩幅の1.5倍程度。

2 肩甲骨を寄せながらバーを背中側へ引き下げる。シートの前側に座り、頭部を倒さずにバーを下げる。

メイン 広背筋*、肘関節屈曲筋群　**サブ** 大円筋、三角筋(後部)

リバースナロープルダウン

主要動作　**肩関節伸展**+肩甲骨内転&肩甲骨下方回旋(下制をともなう)+肘関節屈曲

負荷範囲*	伸張位〜やや短縮位
最大負荷*	中間位

肘屈曲筋群の貢献度を高める

逆手でバーを握る方法。腕を下方に引く動きでバーを引き下げる。顔のほうへ引くと広背筋の貢献度が減り、肘関節屈曲筋群への負荷が高まる。

1
太ももを固定し、頭上のバーを逆手で握って肘を軽く曲げる。手幅は肩幅より狭め。

2
脇を締めたまま、上体を少し後傾しながら腕を下方に引いてバーを引き下げる。肘屈曲筋群を狙うなら上体は後傾させない。

メイン 広背筋(主に下部)*、大円筋　**サブ** 僧帽筋(中・下部)、三角筋(後部)、肘関節屈曲筋群

リバーススターナムプルダウン

主要動作　**肩関節伸展**+肩甲骨内転+肩甲骨下方回旋(下制をともなう)+肘関節屈曲

負荷範囲*	伸張位〜短縮位
最大負荷*	やや短縮位

広背筋の下部を中心に鍛える

上体を大きく後傾させながらバーをお腹のほうへ引き寄せるリバースプルダウン。広背筋の可動域が広くなり、特に広背筋の下部が刺激される。

1
太ももを固定し、頭上のバーを逆手で握って肘を軽く曲げる。手幅は肩幅より狭め。

2
上体を反りながら大きくのけぞらせて、バーをお腹のほうへ引き寄せる。体の前方から引くイメージ。

メイン 広背筋(主に下部)*、大円筋　**サブ** 僧帽筋(中・下部)、三角筋(後部)、肘関節屈曲筋群

スターナムプルダウン

主要動作　**肩関節伸展**&内旋+肩甲骨内転+肩甲骨下方回旋(下制をともなう)+肘関節屈曲

負荷範囲*	伸張位〜短縮位
最大負荷*	やや短縮位

ボトムで肩内旋の負荷を＋

狭い手幅で行うスターナムプルダウン。可動域が広い利点は同じ。トップで肩関節内旋をともなうため内旋作用をもつ広背筋を強く収縮させやすい。

1
パッドで太ももを固定し、頭上にセットしたパラレルバーをつかんで肘を軽く曲げる。

2
上体を反りながら大きくのけぞらせて、バーをお腹のほうへ引き寄せる。体の前方から引くイメージ。

第5章　マシン種目の動き方・効かせ方

マシン種目 ②
シーテッドロー

メイン	主要動作		
広背筋*	肩関節伸展	肩関節内旋	肩甲骨内転

 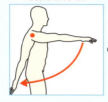 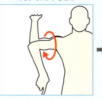 

サブ
僧帽筋(中・下部)、大円筋、三角筋(後部)、肘関節屈曲筋群

POINT
肩甲骨を開いて可動域を広げる
スタートのトップポジションでは肩甲骨をしっかり開くことにより肩甲骨が外転し、広背筋と僧帽筋の可動域が広くなる。

1 膝を軽く曲げてパラレルバーをつかむ。このとき股関節から上体を前傾することによって肩関節および広背筋の可動域が大きくなり、かつ負荷が抜けにくくなる。

132

手前に引き寄せる動きで上背部を鍛える

腕を後方に振る動き（肩関節伸展）でパラレルバーを引き寄せ、主に広背筋と僧帽筋といった背中の中央付近を強化するローイング種目。大円筋や三角筋後部、上腕前面の肘関節屈曲筋群も一緒に鍛えられる。

腕を伸ばしたスタートのトップポジションで上体を前傾させることにより伸張位側の可動域が広くなり、かつ負荷が抜けにくくなる。

POINT
ボトムの体勢で上体を前傾する

バーを前方へ戻しながら上体を前傾させることで、腕が体側から前方に大きく振られて可動域が大きくなる。

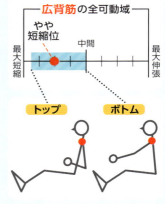

2 肩甲骨を寄せながら、肘を後方に引いてバーをお腹に引き寄せる。背中を反らせながら上体を適度に後傾させる。大きく後傾するのはNG。ボトムで肩関節内旋動作をともなうため内旋作用をもつ広背筋を強く収縮させやすい。

第5章 マシン種目の動き方・効かせ方

133

▶▶ **シーテッドローのバリエーション**

シーテッドロー（上体前傾）

| メイン | 広背筋*、僧帽筋（中・下部） | サブ | 大円筋、三角筋（後部）、肘関節屈曲筋群 |

主要動作 肩関節伸展&内旋＋肩甲骨内転（下制をともなう）

| 負荷範囲* | やや伸張位～短縮位 |
| 最大負荷* | 中間位 |

可動域が伸張位側でより広くなる

上体の前傾をキープしたままバーを引くシーテッドロー。可動域が伸張位側にシフトし、全域で負荷が抜けなくなる。僧帽筋下部の貢献も大きくなる。

1 パラレルバーをつかんで背すじを伸ばし、上体を前傾。腕と胴体で二等辺三角形を作る。

2 上体の前傾角度をキープしたまま背中を反らせ、肩甲骨をしっかり寄せながらバーを引き寄せる。

アンダーグリップロー

| メイン | 広背筋* | サブ | 大円筋、僧帽筋（中・下部）、三角筋（後部）、肘関節屈曲筋群 |

主要動作 肩関節伸展＋肩甲骨内転＋肘関節屈曲

| 負荷範囲* | 中間位～短縮位 |
| 最大負荷* | やや短縮位 |

純粋な肩関節伸展で広背筋を鍛える

逆手でストレートバーを握るシーテッドロー。脇が締まり、腕を真っすぐ後方に引く純粋な肩関節伸展に近くなるため、自然な動きでバーを引ける。

1 肩幅程度の手幅でバーを握り上体を前傾させる。肘は軽く曲げて広背筋に負荷をかける。

2 肩甲骨を寄せながら肘を後方に引いてバーをお腹に引き寄せる。上体は適度に後傾させる。

ワイドシーテッドロー

| メイン | 広背筋（上部）*、僧帽筋（中・下部） | サブ | 大円筋、三角筋（後部）、肘関節屈曲筋群 |

主要動作 肩関節水平外転＋肩甲骨内転＋肘関節伸展

| 負荷範囲* | やや伸張位～やや短縮位 |
| 最大負荷* | 中間位 |

広背筋の上部を中心に強化する

ストレートバーを広い手幅で握るシーテッドロー。脇を開いて腕を横から引く動き（肩関節水平外転）になるため、主に広背筋の上部が動員される。

1 肩幅の1.5倍程度の手幅でバーを握り、上体を前傾させる。肘は軽く曲げる。

2 肩甲骨を寄せながら肘を後方に引いてバーをお腹に引き寄せる。上体は適度に後傾させる。

メイン 広背筋 * **サブ** 僧帽筋（中・下部）、大円筋、三角筋（後部）、肘関節屈曲筋群、内腹斜筋（※同側）

片手シーテッドロー

主要動作 肩関節伸展＋肩甲骨内転＋体幹回旋

負荷範囲	中間位〜短縮位
最大負荷*	やや短縮位

上背部の筋群に加え 内腹斜筋も鍛える

片手でグリップを引くシーテッドロー。片側ずつ意識を集中できる。上体をひねる（体幹回旋）方向にも自然と負荷がかかり内腹斜筋も刺激される。

1 片手でグリップを持ち、上体を前傾して肩甲骨を開く。肘は軽く曲げ負荷をかける。

2 肩甲骨を寄せながら肘を後方に引き、グリップをお腹に引き寄せる。上体は自然とひねられる。

メイン 大殿筋 * **サブ** ハムストリング、脊柱起立筋（※固定）

ケーブルバックエクステンション

主要動作 股関節伸展＋体幹伸展（※固定）

負荷範囲*	やや短縮位〜やや伸張位
最大負荷*	やや伸張位

ケーブルマシン版のデッドリフト

デッドリフトと同じ動きでストレートバーを引くケーブル種目。膝を伸ばし気味で引くとハムストリングがメインの種目になる。

1 肩幅程度の手幅でバーを握り、背すじを伸ばして上体を前傾。

2 背すじを伸ばしたまま、股関節から上体を後傾させてバーを引っぱる。腕を伸ばして引く。

メイン 広背筋 * **サブ** 大円筋、僧帽筋（中・下部）、三角筋（後部）、肘関節屈曲筋群

マシンローイング

主要動作 肩関節伸展＋肩甲骨内転

負荷範囲*	中間位〜短縮位
最大負荷*	やや短縮位

安定した軌道で 上背部を追い込む

ケーブルを介さずレバーを引くので腕の軌道が安定し、初心者でも広背筋に効かせやすい。上体を前傾できず可動域が狭くなりがちなのが欠点。

1 上体が垂直になる位置で体にパッドを当てる。腕を伸ばし、肩甲骨を開いてレバーを握る。

2 胸を張って肩甲骨を寄せながら、肘を後方に引いてレバーを引く。上体は後傾させない。

第5章 マシン種目の動き方・効かせ方

マシン種目❸
チェストプレス

メイン
大胸筋*

サブ
三角筋（前部）、上腕三頭筋

主要動作
肩関節水平内転 ＋ 肘関節伸展

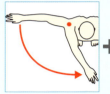

> **POINT**
> **バーが乳頭の位置にくる高さにシートをセット**
>
> バーを引いたときに、バーが乳頭の高さにくるようにシートをセットすると、自然な肩関節水平内転の動きになる。

1

バーを握り、胸を張って肩甲骨を寄せる。シートの高さは、引いたときにバーが乳頭あたりの高さにくる位置にセット。

安定した軌道で大胸筋を鍛える

腕を水平面で前方に振る動き（肩関節水平内転）でバーを押し出して大胸筋を鍛える。肩の三角筋前部と上腕後面の上腕三頭筋も鍛えられる。動作はベンチプレスとほぼ同じであるが、ベンチプレスより腕の軌道が安定するためフォームの習得が容易。高重量でも安全に限界まで追い込めるのも長所。摩擦の影響で下げる局面の負荷が下がるのが短所。

2 胸を張って肩甲骨を寄せたままバーを前方に押し出す。お尻が前に移動して上体が後傾しないように注意する。

負荷範囲 　●最大負荷

大胸筋の全可動域

最大短縮 — 中間 — やや伸張位 — 最大伸張

トップ　　ボトム

POINT
前腕の延長線上でバーを押し出す

バーは前腕の延長線上となる位置で押すと、手首をひねる余計な力が働かず、手首を痛めるリスクも低くなる。

第5章 マシン種目の動き方・効かせ方

▶▶ チェストプレスのバリエーション

メイン 大胸筋* サブ 三角筋（前部）、上腕三頭筋
ワイドチェストプレス

主要動作 肩関節水平内転＋肘関節伸展

負荷範囲* 中間位～やや伸張位
最大負荷* やや伸張位

バーを握る手幅を広げて大胸筋の貢献度を高める

バーの外側を握って広い手幅で行う方法。肘関節伸展筋群の貢献度が小さくなり、大胸筋の貢献度がより高くなる。可動域は少し小さくなる。

バーの外端を握り手幅を広げる。肩関節水平内転の貢献が大きくなり、上腕三頭筋より大胸筋の貢献度が高まる。

1 バーの外端を握り、胸を張って肩甲骨を寄せる。シートなどのセッティングは通常のチェストプレスと同じ。

2 胸を張って肩甲骨を寄せたままバーを押し出す。押している際に肩甲骨が開かないように注意。

メイン 大胸筋* サブ 三角筋（前部）、上腕三頭筋
ナローチェストプレス

主要動作 肩関節水平内転＋肘関節伸展

負荷範囲* やや短縮位～伸張位
最大負荷* やや伸張位

フルレンジの広い可動域で大胸筋を追い込む

狭い手幅で行う方法。手幅を狭めることで肘をより深く引けるようになるため肩関節の可動域が広くなり、大胸筋をフルレンジで鍛えられる。

バーの内端を握る。手幅は狭くなるがマシンの軌道が内向きであり、押す力の方向もさらに内向きとなるため、上腕三頭筋の関与はそれほど増えない。

1 バーの内端を握り、胸を張って肩甲骨を寄せる。シートなどのセッティングは通常のチェストプレスと同じ。

2 バーを押し出す。正面の方向に押すのではなく、内側に向けて力を発揮する。トップ付近でも負荷が抜けにくい。

メイン 大胸筋（下部）＊　**サブ** 三角筋（前部）、上腕三頭筋

デクラインチェストプレス

主要動作 肩関節水平内転（内転をともなう）＋肘関節伸展

負荷範囲＊	やや短縮位～やや伸張位
最大負荷＊	やや伸張位

シートに浅く座って大胸筋下部を鍛える

シートに浅く座り、上体を後傾させた体勢で行うチェストプレス。腕の軌道が内転をともなう水平内転となり、大胸筋の下部が主に鍛えられる。

1 シートに浅く座ってバーを握り、胸を張って肩甲骨を寄せる。

2 胸を張って肩甲骨を寄せたままバーを押し出す。腕の軌道がやや斜め下方向になる。

※通常のチェストプレスで浅く座るのはNG

メイン 三角筋（前部）＊　**サブ** 大胸筋（上部）、上腕三頭筋、前鋸筋、僧帽筋（下部）

リバースチェストプレス

主要動作 肩関節屈曲＋肘関節伸展

負荷範囲＊	やや短縮位～やや伸張位
最大負荷＊	中間位～やや伸張位

三角筋の前部がターゲット

バーを逆手で握るチェストプレス。腕を前方に振る動きでバーを押し出すため三角筋前部が主に鍛えられる。可動域の全域で負荷が抜けない。

1 背もたれにお尻だけつけて寄りかかり、脇を締めてバーを逆手で握る。

2 腕を前方に振ってバーを押し上げる。ボトムからトップまで負荷が抜けにくい。

メイン 大胸筋（主に下部）＊　**サブ** 三角筋（前部）、上腕三頭筋

チェストプレス（正面軌道）

主要動作 肩関節水平内転＋肘関節伸展

負荷範囲＊	中間位～やや伸張位
最大負荷＊	やや伸張位

正面に押し出す軌道のチェストプレス

バーを押し出しても手幅が狭くならない構造のタイプもある。効果は近いが押す力の方向が内向きになりにくいためトップ付近で負荷が抜けやすい。

1 バーを握り、胸を張って肩甲骨を寄せる。セッティングはこのタイプでも同じ。

2 胸を張って肩甲骨を寄せたまま腕を前方に振ってバーを前方に押し出す。トップで負荷が多少抜けやすい。

第5章 マシン種目の動き方・効かせ方

マシン種目 ④

チェストフライ

全域で負荷を抜かずに大胸筋を追い込める

肩関節水平内転の軌道で大胸筋を鍛える。フリーウエイトのプレス系やフライ系とは異なりトップ位置で負荷が抜けにくい。可動域の全域で負荷がかかるため、筋発達の一因子である化学的ストレスを得やすい。

メイン
大胸筋*

サブ
三角筋（前部）、肘関節屈曲筋群

主要動作
肩関節水平内転 ＋ 肘関節屈曲（※固定）

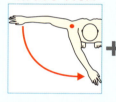

1 バーを握り、胸を張って肩甲骨を寄せながら両腕を開いて大胸筋を伸ばす。バーが肩より低くなる位置にシートを合わせる。伸張域をより広げるためバーはできるだけ後方にセット。

負荷範囲 * ● 最大負荷 *

大胸筋の全可動域
やや短縮位～伸張位　中間
最大短縮　最大伸張

トップ　ボトム

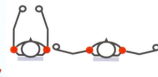

2 胸を張って肩甲骨を寄せたまま左右のバーを内側へ振る。肘は少し曲げてもOK。曲げすぎると肩関節の可動域が狭くなるので注意。

140

▶▶ チェストフライのバリエーション

メイン 大胸筋* サブ 三角筋（前部）
肘曲げチェストフライ

主要動作 肩関節水平内転

負荷範囲*	やや短縮位〜伸張位
最大負荷*	やや短縮位〜伸張位

可動域がわずかに伸張位側に

肘を曲げながら腕を閉じるバリエーション。肘がより引かれたポジションで反復するため、大胸筋の可動域がわずかに伸張位側にシフトする。

1 腕を開いてバーを握り、肘を少し曲げる。そこから胸を張って肩甲骨を寄せる。

2 肘を曲げたまま左右のバーを内側に閉じる。このフォームは肘を伸ばして行う通常の方法からの追い込みに用いても良い。

メイン 大胸筋（下部）* サブ 三角筋（前部）、肘関節屈曲筋群
デクラインチェストフライ

主要動作 肩関節水平内転（内転をともなう）、肘関節屈曲（※固定）

負荷範囲*	短縮位〜やや伸張位
最大負荷*	短縮位〜やや伸張位

大胸筋の下部を狙う

シートに浅く座り、上体を後傾させて行うチェストフライ。腕を閉じる軌道が内転をともなう水平内転となり、大胸筋の下部が主に鍛えられる。

1 シートに浅く座る。上体を後傾させてバーを握り、胸を張って肩甲骨を寄せる。

2 胸を張って肩甲骨を寄せたまま左右のバーを閉じる。肘は少し曲げてもOK。

メイン 大胸筋* サブ 三角筋（前部）
ペックデックフライ

主要動作 肩関節水平内転（外旋位）

負荷範囲*	やや短縮位〜伸張位
最大負荷*	やや短縮位〜伸張位

肩関節の外旋位で大胸筋を追い込む

このマシンでは肩関節を外向きにひねった状態（外旋位）で腕を閉じるため大胸筋の可動域が少し伸張位側にシフトする。

1 腕を開いてバーを握り、肘の内側にパッドを当てる。胸を張って肩甲骨を寄せる。

2 胸を張って肩甲骨を寄せたまま、手と肘でパッドを押して腕を閉じる。外旋位で閉じるためトップでの大胸筋の短縮は少し弱くなる。

第5章 マシン種目の動き方・効かせ方

マシン種目⑤
リアデルトフライ

伸張位で負荷を抜かずに三角筋後部を強化

腕を開く動き（肩関節水平外転）に負荷をかけて三角筋後部を鍛える。負荷が抜けにくく、伸張域を含む可動域の全域で負荷をかけられる。ひとつのマシンでチェストフライと切り替え式になっている場合が多い。

メイン
三角筋（後部）＊

主要動作
肩関節水平外転
（肩関節内旋位・肩甲骨外転位）

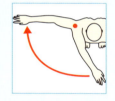

負荷範囲　＊　● **最大負荷**＊

三角筋（後部）の全可動域
やや伸張位〜短縮位
最大短縮／中間／最大伸張
トップ　ボトム

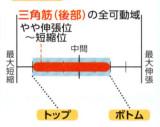

サブ
僧帽筋（中・下部）、広背筋、大円筋

1 内側のバーが肩の高さにくるようにシートをセットする。腕を伸ばし、手の平を上に向けてバーを握る。

2 肩甲骨を寄せずに腕を大きく開いてバーを後方に振る。肩甲骨の動きを抑えることで、三角筋後部が強く動員される。

▶▶ リアデルトフライのバリエーション

肘曲げリアデルトフライ

メイン 三角筋(後部)＊　**サブ** 僧帽筋(中・下部)、広背筋、大円筋

主要動作 肩関節水平外転（肩関節内旋位・肩甲骨外転位）

負荷範囲＊	短縮位〜中間位
最大負荷＊	短縮位〜中間位

可動域がやや短縮位側に移る

肘を曲げた状態で腕を開く方法。三角筋後部の可動域がやや短縮位側にシフトする。負荷が抜けにくい利点は肘を伸ばして行う場合と同じ。

1 肩の高さで内側のバーを握り、背すじを伸ばす。肘は90度程度に曲げる。

2 肘を90度の角度にキープしたまま、バーを後方に振る。肩甲骨を寄せずに肘を深く引く。

肩甲骨リアデルトフライ

メイン 僧帽筋(中・下部)＊　**サブ** 広背筋、大円筋、三角筋(後部)

主要動作 肩甲骨内転＋肩関節水平外転（肩関節内旋位）

負荷範囲＊	短縮位〜やや伸張位
最大負荷＊	短縮位〜やや伸張位

肩甲骨を寄せて僧帽筋狙い

両腕を開きながら肩甲骨を寄せるリアデルトフライのバリエーション。主に僧帽筋の中・下部が鍛えられる。同時に広背筋も動員される。

1 内側のバーを肩の高さにセットし、バーを握って肘を90度程度に曲げる。

2 肩甲骨を寄せながら腕を左右に開いてバーを後方へ引いていく。

リバースリアデルトフライ

メイン 三角筋(中・後部)＊　**サブ** 僧帽筋(中・下部)、広背筋、大円筋、棘上筋、棘下筋、小円筋

主要動作 肩関節水平外転（肩関節外旋位・肩甲骨外転位）

負荷範囲＊	やや短縮位〜やや伸張位
最大負荷＊	やや短縮位〜やや伸張位

三角筋の中・後部を鍛える

逆手でバーを握るリアデルトフライ。肩関節を外向きにひねった状態(外旋位)で腕を開くため、三角筋の後部だけでなく中部にも負荷がかかる。

1 内側のバーを肩よりやや低い高さにセットし、バーを逆手で握って肘を軽く曲げる。

2 肩甲骨を寄せずに腕を大きく開いてバーを後方に振る。肘は軽く曲げた状態をキープする。

第5章 マシン種目の動き方・効かせ方

マシン種目❻
マシンショルダープレス

メイン
三角筋（前・中部）*

サブ
前鋸筋（下部）、僧帽筋、
上腕三頭筋、
大胸筋（上部）

主要動作
肩関節外転
（水平内転をともなう）
※外旋位
+ 肩甲骨上方回旋
+ 肘関節伸展

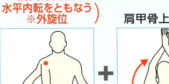
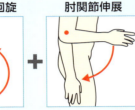

1
シートに深く座って背もたれで上体を固定し、横向きのバーを持つ。シートの高さは肘を肩より低い位置に下げてもバーの負荷が抜けない高さにセットする。

三角筋、僧帽筋など肩周辺の筋群を鍛える

肩関節の外旋位で腕を側方に振り上げ（肩関節外転）、三角筋の前部〜中部にかけて鍛える。前鋸筋の下部や僧帽筋といった肩周辺筋群も一緒に鍛えられる。バーを上げる方向が真上ではなく斜め内側になるため、フリーウエイトのプレス種目と比べてトップ付近で負荷が抜けにくい。ボトムでは肘を深く下ろせないため伸張位の負荷が弱いのが短所。

2 腕を振り上げてバーを頭上へ持ち上げる。このマシンはトップで負荷が抜けにくいため肘を伸びきる寸前まで伸ばし、肩関節を広い可動域で動かす。

※写真のマシンはバーの軌道が真上方向ではなく、斜め内側方向のタイプ

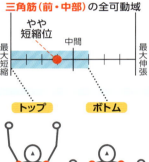

負荷範囲 * ● 最大負荷 *

三角筋（前・中部）の全可動域

やや短縮位 / 中間 / 最大短縮 / 最大伸張

トップ / ボトム

バリエーション
片手だけで行う

片手で行う方法もある。バーを上げられなくなってから空いている手で補助をすると、より限界まで追い込める。

第5章 マシン種目の動き方・効かせ方

▶▶ マシンショルダープレスのバリエーション

メイン 大胸筋（上部）*、三角筋（前部）　**サブ** 前鋸筋（下部）、上腕三頭筋

ショルダープレス（45度）

主要動作 肩関節水平内転（外転をともなう※半外旋位）
+肩甲骨上方回旋+肘関節伸展

負荷範囲*	やや短縮位〜やや伸張位
最大負荷*	中間位

大胸筋の上部と三角筋の前部を鍛える

シートに浅く座り上体を後傾させて大胸筋の上部を狙う方法。肩関節の動きが外転をともなう水平内転となる。三角筋前部や前鋸筋下部も一緒に鍛えられる。

胸を張ってバーを押し上げることで大胸筋の関与が高まる。

1 シートに浅く座って上体を後傾させる。両肩とお尻だけをシートにつけ、胸を張ってバーを持つ。

2 胸を張ったまま、腕を上方に振ってバーを持ち上げる。肘が伸びきる寸前までしっかり上げていく。

メイン 三角筋（前・中部）*　**サブ** 前鋸筋（下部）、僧帽筋、上腕三頭筋

ナローショルダープレス

主要動作 肩関節外転（外旋位）+肩甲骨上方回旋
+肘関節伸展

負荷範囲*	やや短縮位〜中間位
最大負荷*	やや短縮位

肩関節の可動域を広げて三角筋の前・中部を鍛える

手幅を狭めて行う方法。ボトムで肘がより深く下がり可動域が広がる。手幅が狭くなるとバーを押す力の方向がより内向きになるため、上腕三頭筋への負荷はそれほど増えない。

1 シートに深く座り、バーの内端を持つ。背中は背もたれにつける。シートはボトムで負荷が抜けない高さにセット。

2 腕を上方に振ってバーを頭上に持ち上げる。肘が伸びきる寸前までしっかり上げていく。

バーの内側を握ることで肘が深く曲がるため、上腕三頭筋への負荷が高まる。

| メイン | 三角筋（前・中部）* | サブ | 前鋸筋（下部）、僧帽筋、大胸筋（上部） |

ワイドショルダープレス

| 主要動作 | 肩関節外転（外旋位）＋肩甲骨上方回旋＋肘関節伸展 |

| 負荷範囲* | 短縮位〜中間位 |
| 最大負荷* | やや短縮位 |

肩関節周辺の筋群に負荷が集中しやすい

手幅を広くして行う方法。上腕三頭筋の関与が減り、三角筋など肩周辺の筋群に負荷が集中しやすくなる。肩関節の可動域が少し狭くなってしまうのが欠点。

1　シートに深く座り、横向きのバーの外端を持つ。シートは肘を肩より下げても負荷が抜けない高さにセット。

2　肘を伸ばしながらバーを頭上へ持ち上げる。肘が伸びきる寸前までしっかり上げていく。

| メイン | 三角筋（前部）* | サブ | 前鋸筋（下部）、僧帽筋、上腕三頭筋 |

ハンマーショルダープレス

| 主要動作 | 肩関節外転（屈曲をともなう※外旋位）＋肩甲骨上方回旋＆後傾＋肘関節伸展 |

| 負荷範囲* | 短縮位〜やや伸張位 |
| 最大負荷* | やや短縮位 |

三角筋前部に負荷を集中

縦向きの平行バーを握って行う。バーを上げる肩関節の動きが屈曲をともなう外転となるため、三角筋の前部に負荷が集まる。

1　シートに深く座り、縦向きの平行バーを持つ。肘を肩より下げる。

2　腕を上方に振ってバーを頭上に持ち上げる。肘が伸びきる寸前までしっかり上げていく。

| メイン | 三角筋（中・前部）* | サブ | 前鋸筋（下部）、僧帽筋、上腕三頭筋 |

逆向きショルダープレス

| 主要動作 | 肩関節水平外転（※外旋位）＋肘関節伸展 |

| 負荷範囲* | 短縮位〜中間位 |
| 最大負荷* | 中間位 |

三角筋中部の貢献増

逆向きに座って行う方法。上体が垂直に近くなり、バーの軌道が純粋な肩関節外転となって三角筋中部の貢献が増す。

1　シートに逆向きで座り、横向きのバーの外端を持つ。シートは肘が肩より低い位置になる高さにセット。

2　腕を上方に振ってバーを持ち上げる。バーの軌道が上体と同じ面上を通る。

第5章　マシン種目の動き方・効かせ方

マシン種目❼
プレスダウン

メイン
上腕三頭筋
（主に内側頭・外側頭）*

主要動作
肘関節伸展
（肩関節伸展位）

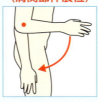

＋

肩関節伸展
（※固定）

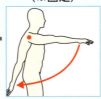

POINT
脇を締めたまま肘を伸ばしていく

脇を締めたまま肘を伸ばすことによって肩関節の関与が小さくなり、上腕三頭筋にフォーカスされる。限界まで追い込む際は脇を開いて肩の力でアシストする方法も有効。

1
頭上のバーを引き下げ、脇を締めて肘を90度より深く曲げる。手幅は肩幅より狭め。足を前後に開き、背すじを伸ばして上体を前傾させる。写真ではWバーを使っているがストレートバーでも実施できる。

上腕三頭筋の単関節筋を中心に鍛える

肘を伸ばしてバーを引き下げる動き（肘関節伸展）で上腕三頭筋を鍛える。ケーブルに働く力の作用線が肩から離れるため、肩関節でも腕を下方に振る固定の力が発揮される。

腕を下ろした状態（肩関節伸展位）で肘を伸ばすため、上腕三頭筋の二関節筋である長頭が緩んで動員されにくくなり、単関節筋である外側頭と内側頭の貢献度が高くなる。

2 脇を締めたまま肘を伸ばしてバーを引き下げる。上体と肘の位置を固定して肘先だけを動かして引く。

※この種目はケーブルマシンやラットプルダウンのマシンを使っても実施可能

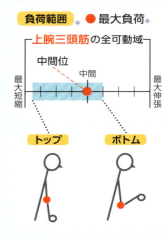

負荷範囲＊ ● 最大負荷＊
上腕三頭筋の全可動域
中間位　中間
最大短縮　　　　　最大伸張
トップ　　ボトム

NG 肩関節の動きでバーを引き下げる

肘の位置を固定せず、腕を後方に引く動きでバーを引き下げると、肩関節の関与が大きくなってしまうのでNG。

第5章 マシン種目の動き方・効かせ方

▶▶ **プレスダウンのバリエーション**

メイン 上腕三頭筋（主に内側頭・外側頭）＊　**サブ** 広背筋、大胸筋（下部）

脇開きプレスダウン

主要動作 肘関節伸展＋肩関節内転

負荷範囲 短縮位〜やや伸張位
最大負荷＊ 中間位

多関節種目として行う方法

開いた脇を締めながら肘を伸ばすプレスダウン。通常の方法より可動域を通して負荷が抜けにくくなる。広背筋や大胸筋下部にも負荷がかかる。

1. 頭上のバーを引き下げ、肘を90度以上に曲げて脇を開く。足は前後に開き上体を前傾。
2. 脇を締めながら肘を伸ばしてバーを引き下げる。動作中は上体の前傾角度を固定する。

動作中に肩甲骨を挙上して肩をすくめると大胸筋と広背筋が短く緩み、上腕三頭筋が動員されやすくなる。

メイン 上腕三頭筋（主に外側頭）＊

リバースプレスダウン

主要動作 肘関節伸展（回外位）＋肩関節伸展（※固定）

負荷範囲 短縮位〜中間位
最大負荷＊ 中間位

上腕三頭筋の外側頭を狙う

逆手でバーを握って行うプレスダウン。前腕を外向きにひねった回外位で肘を伸ばす動きになり、上腕三頭筋の外側頭の貢献度が大きくなる。

1. 頭上のバーを逆手で握って引き下げ、肘を90度程度に曲げ脇を締める。手幅は腰幅程度。
2. 脇を締めたまま肘を伸ばしてバーを引き下げる。上体と手首を固めたまま肘を伸ばす。

バーは手前に引き寄せるように下げるのではなく、真下に引き下げるイメージで肘を伸ばしていく。

メイン 広背筋* **サブ** 大円筋、上腕三頭筋（長頭）
ストレートアームプレスダウン
主要動作 肩関節伸展

負荷範囲* 短縮位〜やや伸張位
最大負荷* 中間位

広背筋を狙うプレスダウン
伸ばした腕を後方に振る動き（肩関節伸展）でバーを引き下げ広背筋を鍛える。大円筋にも負荷がかかる。上体の角度を固定するために腹直筋も働く。

1 腕を伸ばしたまま顔の高さまでバーを引き下げる。足は前後に開き上体を前傾させる。

2 上体を固定し、腕を伸ばしたまま後方に振る肩関節の動きでバーを引き下げる。

メイン 上腕三頭筋（やや外側頭）*
プレスダウン（二股ロープ）
主要動作 肘関節伸展

負荷範囲* 短縮位〜中間位
最大負荷* 中間位

短縮位でも負荷が抜けない
二股ロープで行う方法。前腕がやや回外位になり外側頭の貢献が少し増える。やや外側に向けて力を発揮するため短縮位でも負荷が抜けにくい。

1 セットした二股ロープを握って引き下げ、肘を90度以上に曲げて脇を締める。

2 脇を締めたまま肘を伸ばしてロープを引き下げる。二股ロープを外側に開きながら斜め下方向へ力を加える。

第5章 マシン種目の動き方・効かせ方

メイン 腹直筋（主に上部）*
ケーブルクランチ
主要動作 体幹屈曲

負荷範囲* 短縮位〜中間位
最大負荷* やや短縮位

腹直筋の上部を鍛える方法
上体を丸める動き（体幹屈曲）で二股ロープを引き下げ、腹直筋の上部を鍛えるバリエーション。自重クランチより高負荷で追い込める。

1 二股ロープを握って引き下げ、膝をついて腹筋に力を入れる。

2 股関節を固定したままみぞおち付近を中心に背中を丸める動きで二股ロープを引き下げる。

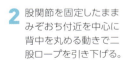

マシン種目 ⑧
ケーブルクロスオーバー

メイン
大胸筋 *

主要動作
肩関節水平内転

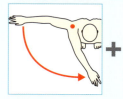

+

肩甲骨外転

+

肘関節屈曲（※固定）

サブ
前鋸筋、肘関節屈曲筋群（※固定）、
三角筋（前部）

1

左右のケーブルの起点を反対方向に離して肩ぐらいの高さにセットする。グリップを握り、胸を張って肩甲骨を寄せながら、肘をわずかに曲げた状態で腕を後方に引いて大胸筋を伸ばす。このスタートの体勢でケーブルの負荷が抜けない位置に立つ。

負荷を抜かずに大胸筋を追い込める

腕を水平面で閉じる動き（肩関節水平内転）で左右のケーブルを胸の前に引き寄せ大胸筋を強化する。左右のケーブルの起点を外側にセットすることでケーブルの張力が外側方向に働くため、腕を閉じたトップ付近でも負荷が抜けないのが最大の利点。軌道が固定されないので限界まで追い込む際に肘を曲げてさらに反復を重ねるテクニックも使いやすい。

バリエーション
フィニッシュで両手をクロスする

フィニッシュで腕を交差させると大胸筋をより短縮位まで収縮できるが、負荷は抜けやすくなる。

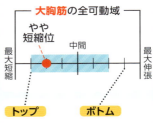

負荷範囲　●最大負荷
大胸筋の全可動域
やや短縮位　中間
最大短縮　　　　最大伸張
トップ　　ボトム

2
肘をわずかに曲げた角度でキープしたまま、左右の手を胸の前で合わせる。腕を閉じたトップの位置で1〜2秒間静止すると負荷が抜けにくい利点をより生かして追い込める。

第5章 マシン種目の動き方・効かせ方

▶▶ ケーブルクロスオーバーのバリエーション

肘曲げケーブルクロスオーバー

メイン 大胸筋＊ **サブ** 前鋸筋、三角筋(前部)、肘関節屈曲筋群(※固定)

主要動作 肩関節水平内転＋肩甲骨外転

負荷範囲＊ 短縮位～伸張位
最大負荷＊ 中間位

全可動域でむらなく負荷をかけられる

肘を曲げてプレス系に近い動きで行う方法。可動域全域でむらなく負荷をかけられる。肘を曲げることで可動域の中心はやや伸張位側にシフトする。

1 肘を90度近くまで曲げた状態で腕を後方に引き、スタートの体勢を作る。

2 肘を伸ばしながら腕を前方に振って胸の前で交差させる。

ケーブルクロスオーバー（斜め上方向）

メイン 大胸筋(上部)＊ **サブ** 前鋸筋、三角筋(前部)、肘関節屈曲筋群(※固定)

主要動作 肩関節水平内転(外転をともなう)

負荷範囲＊ 短縮位～やや伸張位
最大負荷＊ やや短縮位

斜め上方向に引いて大胸筋上部を鍛える

ケーブルの起点を低い位置にして行う方法。斜め上方向に腕を閉じる動き（外転をともなう肩関節水平内転）になり、大胸筋の上部が鍛えられる。

1 ケーブルの起点を低めにセットしてグリップを握る。

2 肘の角度を固定したまま斜め上方向に腕を閉じて顔の前で合わせる。

ケーブルクロスオーバー（斜め下方向）

メイン 大胸筋(下部)＊ **サブ** 前鋸筋、肘関節屈曲筋群(※固定)

主要動作 肩関節水平内転(内転をともなう)

負荷範囲＊ 短縮位～やや伸張位
最大負荷＊ やや短縮位

斜め下方向に引いて大胸筋下部を鍛える

ケーブルの起点を高い位置にして行う方法。斜め下方向に腕を閉じる動き（内転をともなう肩関節水平内転）になり、大胸筋の下部が鍛えられる。

1 ケーブルの起点を頭より高くセットしてグリップを握る。

2 肘の角度を固定したまま斜め下方向に腕を閉じて骨盤の前で合わせる。

| メイン | 大胸筋* | サブ | 前鋸筋、三角筋（前部）、肘関節屈曲筋群（※固定） |

片手ケーブルクロスオーバー

| 主要動作 | 肩関節水平内転＋肩甲骨外転 |

| 負荷範囲* | 短縮位〜やや伸張位 |
| 最大負荷* | やや短縮位 |

片手で行うことで追い込みやすい

片手で行うバリエーション。限界まで追い込む際に空いている手を使ってアシストできる。上体を固定するために脇腹の腹斜筋群も少し動員される。

1 足を肩幅より広めに開き、ケーブルクロスオーバーのスタートの体勢を作る。

2 肘の角度を固定したまま、上腕部が胸につくぐらいまで大きく腕を閉じていく。

| メイン | 大胸筋（下部）* | サブ | 広背筋、大円筋、菱形筋群 |

ケーブルクロスオーバー（真下方向）

| 主要動作 | 肩関節内転＋肩甲骨下方回旋 |

| 負荷範囲* | やや短縮位〜やや伸張位 |
| 最大負荷* | 中間位 |

真下へ腕を振り鍛える

ケーブルを高い位置から体の側面で真下方向に閉じる動き（肩関節内転）で大胸筋の下部と広背筋を鍛える。大円筋、菱形筋群にも負荷がかかる。

1 ケーブルの起点を最も高くして、ケーブルが垂直になる位置に立ち、グリップを握る。

2 上体を立てて肘を伸ばしたまま体の側面で左右の腕を振り下ろし閉じていく。

第5章 マシン種目の動き方・効かせ方

| メイン | 肩甲下筋*、大胸筋 | サブ | 広背筋、大円筋 |

両手ケーブルローテーション（内旋）

| 主要動作 | 肩関節内旋＋肩関節内転（※固定） |

| 負荷範囲* | 中間位〜やや伸張位 |
| 最大負荷* | やや伸張位 |

腕をひねる動きで肩甲下筋を鍛える

腕を内向きにひねる動き（肩関節内旋）でケーブルを引き寄せて、肩深部の肩甲下筋を強化する。大胸筋などの内旋筋群も一緒に鍛えられる。

1 グリップを握り脇を締める。ケーブルの起点は肘の高さに。脇は少し開いてもOK。

2 脇をしっかり締めて肘を90度に曲げたまま、肘先をできるだけ内側に閉じていく。

155

▶▶ **ケーブルクロスオーバーのバリエーション**

メイン 肩甲下筋* サブ 大胸筋、広背筋、大円筋
ケーブルローテーション（内旋）

主要動作 **肩関節内旋**

負荷範囲* やや短縮位～やや伸張位
最大負荷* 中間位

肩深部の肩甲下筋に負荷をかけて鍛える

肩関節を内向きにひねる動き（内旋）でケーブルを引いて肩甲下筋を鍛える。脇に反対の手を挟むことで上腕部が垂直になり内旋しやすくなる。

1 ケーブルの起点を肘の高さにしてグリップを握り、脇を締める。反対の手は脇に挟む。

2 脇を締めて肘の位置を固定し、肘を90度に曲げたまま、肘先を内側へ振って水平にケーブルを引いていく。

メイン 棘下筋*、小円筋、棘上筋 サブ 三角筋（後部）
ケーブルローテーション（外旋）

主要動作 **肩関節外旋**

負荷範囲* 短縮位～中間位
最大負荷* やや短縮位

肩深部の外旋筋群に負荷をかけて鍛える

肩関節を外向きにひねる動き（外旋）でケーブルを引いて外旋筋群を鍛える。脇に反対の手を挟むことで上腕部が垂直になり外旋しやすくなる。

1 ケーブルの起点を肘の高さにしてグリップを握り、脇を締める。反対の手は脇に挟む。

2 脇を締めて肘の位置を固定し、肘を90度に曲げたまま、肘先を外側へ振って水平にケーブルを引っぱる。

メイン 浅指屈筋*、深指屈筋 サブ 尺側手根屈筋、橈側手根屈筋
ケーブルリストカール

主要動作 **手関節掌屈（屈曲）**

負荷範囲 短縮位～やや伸張位
最大負荷* やや短縮位

前腕の屈曲筋群を鍛える

手の指を握りながら手首を曲げる動き（手関節掌屈）でケーブルを引き、前腕前面の屈曲筋群を鍛える方法。

1 片膝立ちでケーブルの起点を顔の高さにセット。グリップを指先で浅く握り肘を膝におく。グリップは手首が反る位置で握る。

2 指を握りながら手首を曲げてケーブルを引く。指も動かすことで多関節筋まで鍛えられる。

マシン種目⑨
ケーブルフロントレイズ

ダンベルで行うより負荷が抜けにくい

腕を前方に振り上げる動き（肩関節屈曲）でケーブルを引いて三角筋の前部を鍛える。肩甲骨も連動するため僧帽筋と前鋸筋も働く。ダンベルで行う同種目と比べ、可動域を通して負荷が抜けにくいのが利点。

メイン
三角筋（前部）*

サブ
僧帽筋（下部）、
前鋸筋（下部）、
肘関節屈曲筋群（※固定）

主要動作
肩関節屈曲（外旋位） ＋ 肩甲骨後傾（上方回旋をともなう） ＋ 肘関節屈曲（※固定）

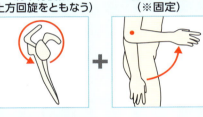

1 ケーブルの起点を最も低い位置で近めにセット。そこから手の平を前に向けてグリップを握り、肘を軽く曲げる。足は前後に開き上体を少し前傾させる。腕を引いても負荷が抜けない位置に立つ。

2 肘の角度をキープしたまま、腕を前方に振り上げる。手先を頭の高さまで上げるのが目安。

負荷範囲 * ●最大負荷*
三角筋（前部）の全可動域
最大短縮 — 中間位 — 中間 — 最大伸張
トップ　ボトム

第5章 マシン種目の動き方・効かせ方

▶▶ ケーブルフロントレイズのバリエーション

メイン 三角筋(前・中部)*　**サブ** 三角筋(中部)、僧帽筋(下部)、前鋸筋(下部)、肘関節屈曲筋群(※固定)

ケーブルフロントレイズ(手甲上)

主要動作 肩関節屈曲(内旋位)
+肩甲骨後傾(上方回旋をともなう)
+肘関節屈曲(※固定)

負荷範囲*	短縮位～やや伸張位
最大負荷*	中間位

三角筋前部の中部寄りを鍛える

手の甲を上に向けて腕を振り上げるバリエーション。ターゲットは同じ三角筋前部であるが、負荷のかかる中心部分は中部寄りの前部にシフトする。

1 手の甲を前に向けてケーブルフロントレイズの体勢に。

2 腕を伸ばしたまま前方に振り上げ、頭の高さまでケーブルを引いていく。

メイン 三角筋(前部)*　**サブ** 僧帽筋(下部)、前鋸筋(下部)、上腕二頭筋

肘曲げケーブルフロントレイズ

主要動作 肩関節屈曲(外旋位)
+肩甲骨後傾(上方回旋をともなう)
+肘関節屈曲(※固定)

負荷範囲*	やや短縮位～伸張位
最大負荷*	やや短縮位～伸張位

全可動域でむらなく負荷をかけられる

肘を曲げることで可動域を通して大幅に負荷が抜ける局面がなくなり、むらなく全域で負荷がかかる。可動域の中心はやや伸張位側へシフトする。

1 片手でグリップを握り、肘を90度程度に曲げて深く引く。

2 肘の角度を固定したままアッパーを打つように腕を前方に振り上げる。手先を顔の高さまで上げるのが目安。

メイン 上腕三頭筋(主に長頭)*　**サブ** 上腕三頭筋(内側頭・外側頭)

ケーブルフレンチプレス

主要動作 肘関節伸展

負荷範囲*	やや短縮位～伸張位
最大負荷*	やや伸張位

上腕三頭筋を鍛える方法

ケーブルで上腕三頭筋を鍛える方法。主に長頭が鍛えられる。肘を伸ばしたトップで負荷が抜けないのが特徴。

1 ケーブルの起点を低くして、二股ロープを頭上で握り背中を向ける。二関節筋である上腕三頭筋の長頭が強くストレッチされる。

2 肘を高い位置で固定したまま肘を伸ばして二股ロープを引き上げる。ダンベルで行う場合と違い最後まで負荷が抜けない。

メイン 三角筋(前部)＊、大胸筋(上部)　**サブ** 前鋸筋(下部)、肘関節屈曲筋群(※固定)

ケーブルフロントレイズ(対角方向)

負荷範囲＊	短縮位～やや伸張位
最大負荷＊	中間位

主要動作 肩関節屈曲(内転をともなう※外旋位)
＋肩甲骨後傾＋肘関節屈曲(※固定)

三角筋の前部と大胸筋の上部を強化

腕を対角の軌道で斜め前方に振り上げるバリエーション。三角筋の前部と一緒に大胸筋の上部も鍛えられる。

1 ケーブルの起点を最も低い位置にセット。片手でグリップを握り、肘を少し曲げた状態で後方に引く。脇は30度程度開く。

2 肘の角度をキープしたまま、対角の軌道で斜め前方に腕を振り上げ、ケーブルを顔の高さまで引いていく。

メイン 僧帽筋(特に上部)＊、三角筋(中・後部)　**サブ** 前鋸筋、肩関節外旋筋群、肘関節屈曲筋群

ケーブルアップライトロー

負荷範囲＊	短縮位～やや伸張位
最大負荷＊	やや短縮位

主要動作 肩甲骨上方回旋＋肩甲骨挙上
＋肩関節外転＆外旋(※固定)

僧帽筋と三角筋中・後部をケーブルで鍛える

肩甲骨を上方回旋しながら挙上する動きでケーブルを引き上げ、僧帽筋を広い可動域で鍛える。肘を側方に振り上げる肩関節外転の動きもともなうため三角筋の中・後部も一緒に鍛えられる。

1 ケーブルの起点を最も低い位置にセットし、ストレートバーの中心部分を両手で持つ。背すじを伸ばし、肘は軽く曲げて肩の位置を下げる(肩甲骨下制)。

2 肩をすくめて肘を曲げながら腕を側方へ振り上げ、バーを引き上げる。手から引き上げるのではなく、肩をすくめて肘を振り上げる動きでケーブルを引き上げていく。

第5章 マシン種目の動き方・効かせ方

マシン種目⑩
ケーブルサイドレイズ

伸張位側を中心に三角筋へ負荷をかける

腕を側方に振り上げる動き（肩関節外転）でケーブルを引き上げ、三角筋の中部を鍛える。ダンベルで行う同種目と比べて、可動域が伸張位側にシフトする。腕を下ろしたボトムでも負荷が抜けないのが利点。

メイン
三角筋（中部）*

サブ
僧帽筋、前鋸筋（下部）、棘上筋、棘下筋

主要動作
肩関節外転

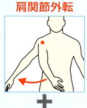

＋

肩甲骨上方回旋

負荷範囲 * ● **最大負荷** *

三角筋（中部）の全可動域

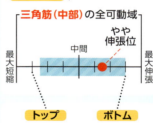

最大短縮 ─ 中間 ─ やや伸張位 ─ 最大伸張

トップ **ボトム**

1
左右のケーブルの起点を離して低めにセット。体の側面に腕を下ろし、左右のケーブルを交差してグリップを握る。少し脇を開いて体側から腕を離し、三角筋中部に力を入れる。

2
腕を側方に振り上げてケーブルを顔の高さまで引き上げる。上げ過ぎると負荷が抜けるので注意。肘は少し曲がってもOK。

▶▶ ケーブルサイドレイズのバリエーション

メイン 三角筋(前・中部)※　**サブ** 僧帽筋、前鋸筋(下部)、上腕二頭筋

外旋位ケーブルサイドレイズ

主要動作 肩関節外転(外旋位)＋肩甲骨上方回旋＋肘関節屈曲(※固定)

負荷範囲※	やや短縮位～やや伸張位
最大負荷※	やや伸張位

プレス系に近いレイズ種目

肘を曲げて行う方法。ショルダープレスに近いが、可動域がより伸張位側にシフト。肘を曲げることで可動域を通してむらなく負荷がかかる。

1 ケーブルの起点を低くセット。ケーブルは背面に通し片手で握る。肘は90度強に曲げる。

2 肘の角度を変えずに腕を側方へ振り上げる。手先を頭の高さまで上げるのが目安。

メイン 三角筋(中・後部)※　**サブ** 僧帽筋、前鋸筋(下部)、棘上筋、棘下筋

ケーブルサイドロー

主要動作 肩関節外転＋肩甲骨上方回旋

負荷範囲※	中間位～伸張位
最大負荷※	やや伸張位～伸張位

可動域全域を通して むらなく負荷をかける

肘を曲げながら開いてケーブルを引く方法。肩関節の可動域は小さくなるが、伸張位の負荷が強く、可動域全域でむらなく負荷がかかるようになる。

1 左右のケーブルの起点を遠ざけて低めにセットする。膝立ちになり、腕を深く交差させて左右のグリップを握る。

2 腕を外側に振る動きでケーブルを引く。前腕はケーブルのほぼ延長線上にくる。

メイン 三角筋(中・後部)※、棘上筋　**サブ** 棘下筋、小円筋、僧帽筋

フェイスプル

主要動作 肩関節水平外転(外転・外旋をともなう)

負荷範囲※	やや短縮位～やや伸張位
最大負荷※	やや短縮位

三角筋と外旋筋群を鍛える

肩関節を外向きにひねり(外旋)ながら水平外転する動きで肩周辺を強化。三角筋の中・後部と一緒に外旋筋群の棘上筋、棘下筋も鍛えられる。

1 ケーブルの起点を顔の高さにセットし、腕を前方に伸ばして二股ロープを握る。

2 背すじを伸ばし、腕を後方に振りながら肩関節を外旋し、二股ロープを前方から顔に向けて引き寄せる。

第5章 マシン種目の動き方・効かせ方

マシン種目⓫

ケーブルリアレイズ

主に伸張位側で三角筋後部に負荷をかける

腕を後方に開く動き（肩関節水平外転）でケーブルを引き上げ、三角筋の後部を鍛える。ダンベルの同種目に比べ、可動域が伸張位側にシフトする。ケーブルを交差させることによりボトムで負荷が抜けなくなる。

メイン
三角筋（後部）＊

サブ
僧帽筋、大菱形筋、小菱形筋

主要動作
肩関節水平外転 ＋ 肩甲骨内転

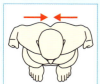

1 左右のケーブルの起点を遠ざけて低めにセットする。上体を前傾し、左右のケーブルを交差させてグリップを握る。

負荷範囲 ＊ ● **最大負荷**＊
三角筋（後部）の全可動域

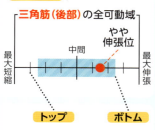

やや伸張位／中間／最大短縮／最大伸張

トップ　　ボトム

2 肘を伸ばしたまま腕を後方に開いてケーブルを引き上げる。引く動きにつられて肩甲骨を寄せず、開いたままケーブルを引いていく。

▶▶ ケーブルリアレイズのバリエーション

メイン 三角筋（後部）*　**サブ** 僧帽筋、広背筋、大円筋
ケーブルリアロー（水平）
主要動作 肩関節水平外転＋肩甲骨内転

負荷範囲*	やや短縮位〜伸張位
最大負荷*	やや短縮位〜伸張位

伸張位で負荷を抜かずに三角筋後部を鍛える
交差させた腕を水平に開く動きで三角筋の後部を強化する。リアレイズより可動域が伸張位側にシフトし、可動域全域でむらなく負荷がかかる。

1 左右のケーブルの起点を肩の高さにセットする。腕を深く交差させてグリップを握り、手先を肩の高さに上げる。

▶▶
◀◀

2 肘を曲げながら腕を後方に開いて水平にケーブルを引く。肩甲骨は寄せずに、左右の肘を遠ざける意識で引いていく。

メイン 三角筋（中・後部）*　**サブ** 僧帽筋
ケーブルリアロー（斜め上方向）
主要動作 肩関節水平外転（外転をともなう）＋肩甲骨上方回旋

負荷範囲*	やや短縮位〜伸張位
最大負荷*	やや短縮位〜伸張位

伸張位で負荷を抜かずに三角筋中・後部を強化
交差させた腕を斜め上方向に開いて三角筋の中・後部を強化。リアレイズより可動域が伸張位側にシフトし、可動域全域でむらなく負荷がかかる。

1 左右のケーブルの起点を胸の高さにセットする。腕を深く交差させてグリップを握り、肘を腹に近づけ脇を締める。

▶▶
◀◀

2 腕を側方へ振り上げながらケーブルを引く。肩甲骨は寄せず、左右の肘をできるだけ遠ざける意識で。

メイン 三角筋（後部）*　**サブ** 広背筋、大円筋、僧帽筋
ケーブルリアロー（斜め下方向）
主要動作 肩関節水平外転（内転をともなう）＋肩甲骨内転

負荷範囲*	やや短縮位〜伸張位
最大負荷*	やや短縮位〜伸張位

三角筋後部と一緒に広背筋も鍛える
交差させた腕を斜め下方向に振る動きで三角筋後部を鍛える。水平に引くリアローより広背筋、大円筋の貢献度が高くなる。

1 左右のケーブルの起点を顔の高さにセットする。腕を深く交差させてグリップを握り、手先を肩より高く上げる。

▶▶
◀◀

2 斜め下方向に腕を振ってケーブルを引く。左右の肘をできるだけ遠ざける。三角筋により効かせたい場合は肩甲骨を寄せない。

第5章 マシン種目の動き方・効かせ方

マシン種目⑫
アブドミナルクランチ

メイン
腹直筋*

サブ
腸腰筋、
大腿直筋、
内転筋群（前側）

主要動作
体幹屈曲

＋

股関節屈曲

POINT
上体を丸めてパッドを押す

みぞおち付近を中心に背中を丸めることで脊柱が屈曲し、腹直筋がしっかり収縮する。

1
パッドを胸ぐらいの高さにセットしてシートに座る。両腕の肘先をパッドに乗せ、パッドを押してウエイトを少し浮かせた状態にする。

可動域全域で負荷が抜けにくい腹直筋種目

背中（脊柱）を丸める動き（体幹屈曲）でパッドを押し下げ、腹部前面の腹直筋を鍛えるマシン種目。股関節を屈曲する動きにも負荷がかかるため下腹部深部前側の腸腰筋も動員される。自重で行うクランチやシットアップに比べて可動域を通して負荷が抜けにくいのが利点。ピンの差し替えで容易に負荷（重量）を増減できるのも自重種目にはない長所。

NG　背中が丸まらずに股関節の動きになる

背中を伸ばしたまま脚の付け根を支点に上体を倒すと股関節主体の動きになり腹直筋が十分に鍛えられない。

負荷範囲　＊　● 最大負荷＊

腹直筋の全可動域

中間位　中間

最大短縮　　　　最大伸張

トップ　ボトム

2

脚の付け根から曲げる股関節の動きではなく、主に背中を丸める体幹の動きでパッドを押していく。みぞおち付近を中心に上体を丸める動きでパッドを押し下げると腹直筋全体に効く。

第5章　マシン種目の動き方・効かせ方

▶▶ アブドミナルクランチのバリエーション

メイン 外腹斜筋*、内腹斜筋　サブ 腰方形筋
アブドミナル側屈クランチ
　　　　　　　　　　　　　　　主要動作　体幹側屈

負荷範囲*	短縮位〜中間位
最大負荷*	短縮位〜中間位

背中を横に丸めて腹斜筋群を鍛える

横向きに座って背中（脊柱）を真横に丸める動き（体幹側屈）でパッドを押し下げ、脇腹の腹斜筋群を鍛えるバリエーション。可動域の全域で最大負荷をかけて追い込める。

1 パッドを胸の高さにセットし、シートに横向きで座る。パッドに片腕を乗せて脇を締め、軽く押してウエイトを少し浮かせる。

2 みぞおち付近を中心に背中を横に丸めてパッドを押し下げる。脇腹を縮めたトップで1〜2秒間止めるとより追い込みやすい。

メイン 内腹斜筋*　サブ 外腹斜筋、腹直筋、腰方形筋
アブドミナル回旋位クランチ
　　　　　　　　　　　　　　　主要動作　体幹屈曲（体幹回旋位）

負荷範囲*	短縮位〜やや短縮位
最大負荷*	短縮位〜やや短縮位

上体をひねった状態で丸め込む動きで内腹斜筋を刺激

脊柱をひねった状態（体幹回旋位）で丸めて（体幹屈曲）パッドを押し下げるバリエーション。作用方向が完全に一致する内腹斜筋（同側）が強く動員される。

1 パッドを胸の高さにセットする。シートに横向きで座って上体をひねり、パッドに両腕を乗せる。

2 みぞおち付近を中心に背中を丸める動きでパッドを押し下げる。トップで1〜2秒間止めると内腹斜筋をより追い込みやすくなる。

166

メイン **腸腰筋** * サブ 大腿直筋、内転筋群（前側）、腹直筋

マシン股関節シットアップ

主要動作 **股関節屈曲＋体幹屈曲**

負荷範囲	短縮位～やや短縮位
最大負荷*	短縮位～やや短縮位

下腹深部の腸腰筋を鍛える

背すじを伸ばしたまま上体を前方に倒す動き（股関節屈曲）でパッドを押し下げ、腸腰筋を鍛える方法。大腿直筋や内転筋群にも負荷がかかる。

背すじを伸ばしたまま股関節から上体を倒していく。

1 パッドを胸の高さにセットしてシートに座る。背すじを伸ばして脇を締め、手の平をパッドに乗せる。

2 背すじを伸ばしたまま股関節から上体を前方に倒してパッドを押し下げる。股関節の動きだけで押す。

プラス1 さまざまな腹筋マシン

レバータイプ
パッドを押すのではなく、レバーを引くタイプ。効果は胸パッドタイプとほぼ同じであるが、やや手で引く動きになりやすい短所も。

アブベンチ
写真提供：BODYMAKER

カマボコ型に湾曲したシートがテコの支点として働くため、腹直筋の伸張位で確実に負荷をかけることができる。

肘パッド付レバータイプ
肘から押せるのが特徴。効果は胸パッドタイプとほぼ同じ。

足パッド可動タイプ
上半身とともに足パッドも動くタイプ。股関節屈曲の動きが大きくなり腸腰筋の貢献が高まる。

第5章 マシン種目の動き方・効かせ方

マシン種目⓭
ロータリートーソ

メイン
内腹斜筋（同側）＊　外腹斜筋（反対側）

主要動作
体幹回旋　＋　股関節内転（※固定）

サブ
内転筋群（※固定）

POINT
スタートのセットで上体を大きくひねる

スタートで上体を大きくひねった状態を作ることがこのマシンのポイント。よほど体が硬い人でなければ脚のパッドは最大に振った位置でセットする。

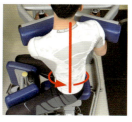

1
シートに座って太ももの内側にパッドを当てる。そこから上体をひねって正面のレバーをつかみ、胸にパッドを当てる。

下半身から体幹をひねって腹斜筋群を鍛える

脊柱を左右にひねる動き（体幹回旋）で脇腹の内腹斜筋と外腹斜筋を鍛える。回旋に対する貢献度が強い内腹斜筋のやや前側下部が特に刺激される。脚が開かないように固定する動きで内転筋群にも負荷がかかる。容易に負荷（重量）を増減できるのは自重の回旋種目にはない長所。

ここで紹介するマシンは上半身を固定して下半身をひねるタイプ。

2 上体を固定したまま下半身を反対側まで振って脇腹の腹斜筋群をひねっていく。このマシンは同じ方向へ続けてひねるタイプなので、向きを変えて逆方向にもひねってバランス良く鍛える。

負荷範囲 * ● 最大負荷 *

内腹斜筋（同側）の全可動域
やや短縮位〜やや伸張位
最大短縮 — 中間 — 最大伸張

トップ　ボトム

バリエーション
下半身を固定して上半身をひねるタイプ

脚を固定して上半身をひねるタイプのマシンもある。得られる効果や注意点は下半身をひねるマシンとほぼ同様。

第5章　マシン種目の動き方・効かせ方

マシン種目⑭
レッグプレス

メイン

大腿四頭筋＊

大殿筋（下部）

主要動作

膝関節伸展

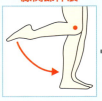

＋

股関節伸展

大内転筋
（内転筋群後ろ側）

サブ ハムストリング

1

プレートの中央の高さに足をついてつま先を少し外側に向ける。足幅は腰幅程度。シートは膝の角度が90度より鋭角になる位置にセットする。そこからレバーをつかんで背すじを伸ばす。

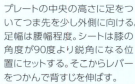

POINT
**背もたれから
お尻を浮かさない**

お尻が背もたれから浮いて背中が丸まってしまうと（脊柱の後湾）腰を痛めるリスクが高い。お尻はつけたまま動作する。

170

腰に負担をかけずお尻と太ももを鍛える

膝を伸ばしながら股関節を伸展させる動きでプレートを押し出し、大腿四頭筋、大殿筋、大内転筋を鍛える。ピンで容易に負荷（重量）を増減できるため、限界がきたら素早く重量を下げて追い込めるのはスクワットにはない利点。腰の負担もスクワットより小さいが、伸張位側の可動域が狭いのが難点。またボトムで脊柱が後湾すると危険なので注意。

バリエーション

45度のレッグプレスマシン

プレートを斜め45度に押し上げるタイプのレッグプレス。効果は水平タイプとほぼ同じ。

負荷範囲＊ ● **最大負荷**＊

大腿四頭筋の全可動域

最大短縮 — 中間 — 中間位 — 最大伸張

トップ　ボトム

2

膝を伸ばしてプレートを押す。膝が伸びきる手前まで押していく。戻すときもウエイトスタックにプレートを完全に下ろしてしまって、負荷が抜けることがないよう注意して反復する。

第5章　マシン種目の動き方・効かせ方

▶▶ レッグプレスのバリエーション

メイン 大殿筋(下部)＊、大腿四頭筋、大内転筋(内転筋群後ろ側)　サブ ハムストリング
股関節レッグプレス
主要動作 股関節伸展＋膝関節伸展

負荷範囲＊	中間位～やや伸張位
最大負荷＊	やや伸張位

大殿筋の貢献度を高める
プレートの上部に足をついて行うバリエーション。膝関節よりも股関節にかかる負荷が大きくなるため、大殿筋と大内転筋の貢献度が増す。

1
プレートの上部に足をつく。つま先はプレートからはみ出して良い。足幅は腰幅程度。

2 背すじを伸ばしたまま、股関節を伸展してプレートを押す。膝が伸びきる手前まで押す。

メイン 大腿四頭筋＊　サブ 大殿筋(下部)、大内転筋(内転筋群後ろ側)
膝関節レッグプレス
主要動作 膝関節伸展＋股関節伸展

負荷範囲＊	やや短縮位～やや伸張位
最大負荷＊	やや伸張位

大腿四頭筋に負荷を集中する
プレートの下部に足をついて行うバリエーション。股関節の負荷が減り膝関節にかかる負荷が大きくなるため大腿四頭筋の貢献度がより高まる。

1
プレートの下部に足をつく。かかとはプレートからはみ出して良い。足幅は腰幅程度。

2 背すじを伸ばしたまま、膝を伸ばしてプレートを押す。膝が伸びきる手前まで押す。

メイン 大内転筋(内転筋群後ろ側)＊、大殿筋(下部)、大腿四頭筋　サブ ハムストリング
ワイドレッグプレス
主要動作 股関節伸展(内転をともなう)＋膝関節伸展

負荷範囲＊	やや短縮位～やや伸張位
最大負荷＊	やや伸張位

大内転筋の貢献度を高める
プレートの外側に足をついて行うバリエーション。股関節を内転しながら伸展する動きでプレートを押し出すため、大内転筋の貢献度が高くなる。

1
プレート中央の外側に足をつく。つま先を少し外側に向け、ガニ股気味に股関節を開く。

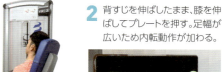

2 背すじを伸ばしたまま、膝を伸ばしてプレートを押す。足幅が広いため内転動作が加わる。

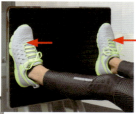

※「ハックスクワット」の筋肉、動作、負荷の
データは立ち上げる局面のデータ

メイン 大腿四頭筋*、大殿筋（下部）　**サブ** 大内転筋（内転筋群後ろ側）、ハムストリング

ナローレッグプレス

主要動作 膝関節伸展＋股関節伸展

負荷範囲*	やや短縮位～やや伸張位
最大負荷*	やや伸張位

大腿四頭筋と大殿筋を強化

両足を揃えて行うバリエーション。股関節を内転する動きが小さくなるため大内転筋の関与が減り、大殿筋下部と大腿四頭筋の貢献度が高まる。

1 プレート中央に足を揃えてつく。膝も揃えて曲げる。レバーをつかみ背すじを伸ばす。

2 背すじを伸ばして足を揃えたまま、膝と股関節を伸展してプレートを押し出す。足先を揃えたまま両膝を遠ざけて押すと外側広筋（がいそくこうきん）の貢献度が増す。

メイン 腓腹筋*、ヒラメ筋　**サブ** 長腓骨筋など下腿筋群

カーフレイズ（レッグプレスマシン）

主要動作 足関節底屈（屈曲）

負荷範囲*	やや短縮位～伸張位
最大負荷*	やや伸張位

レッグプレスマシンでふくらはぎを鍛える

ふくらはぎの腓腹筋（ひふくきん）とヒラメ筋を鍛える方法。自重で行うカーフレイズより高重量で追い込める。カーフレイズマシンが施設にない場合の代替種目にもなる。

1 つま先部分をプレートの下端に乗せる。膝を伸ばしてかかとを深く下げ、ふくらはぎの筋群を伸ばす。足幅は腰幅程度。

2 膝を伸ばしたままつま先でプレートを押し、背伸びをするようにかかとを持ち上げる。

メイン 大腿四頭筋*　**サブ** 大殿筋（下部）、大内転筋（内転筋群後ろ側）、ハムストリング

ハックスクワット

主要動作 膝関節伸展＋股関節伸展

負荷範囲*	やや短縮位～伸張位
最大負荷*	やや伸張位

広い可動域で大腿四頭筋を強化

スクワットに近い動きで大腿四頭筋を鍛えるマシン。レッグプレスより伸張位側の可動域が広く、スクワットよりも腰痛のリスクが低いのが利点。

1 肩に乗る位置にパッドをセットし、レバーを握る。背中をシートに密着させて膝を軽く曲げる。足幅は腰幅程度。

2 背すじを伸ばして背中をシートにつけたまま、深くしゃがみ込む。ここから膝を伸ばし1に戻る。

第5章　マシン種目の動き方・効かせ方

マシン種目⓯
レッグエクステンション

メイン
大腿四頭筋 *

POINT
膝関節の回転軸とマシンの回転軸を一致させる

膝関節とマシンの回転軸が一致するように背もたれの位置を調節すると、違和感なく膝を屈伸することができる。

主要動作
膝関節伸展

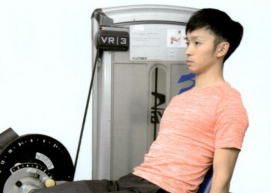

1

シートに座ってレバーをつかみ、上体を固定する。足首の前面に当てるパッドは、膝を90度以上の角度に曲げても負荷が抜けない位置にセットする。足幅は腰幅程度。

大腿四頭筋だけを狙って追い込める

膝を伸ばす動きでパッドを押し上げ、大腿四頭筋を鍛えるマシン種目。動員される筋群は少ないが大腿四頭筋だけを狙って負荷をかけられる。

可動域を通して負荷が抜けないため化学的ストレスの刺激を得やすい。動きがシンプルで大腿四頭筋に効かせやすく、高重量でも安全に限界まで追い込めるのも長所。ただし伸張位が可動域に含まれないのが短所。

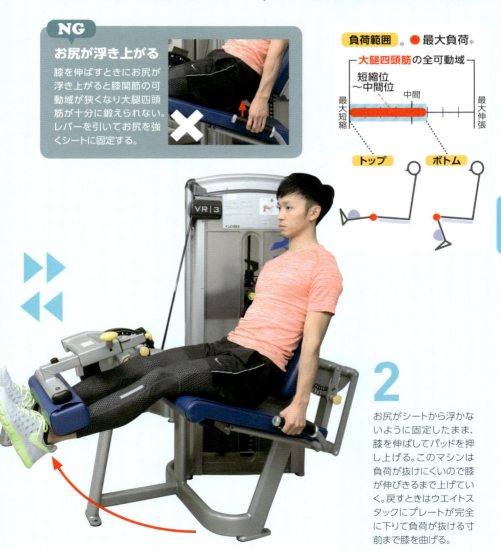

NG お尻が浮き上がる
膝を伸ばすときにお尻が浮き上がると膝関節の可動域が狭くなり大腿四頭筋が十分に鍛えられない。レバーを引いてお尻を強くシートに固定する。

2
お尻がシートから浮かないように固定したまま、膝を伸ばしてパッドを押し上げる。このマシンは負荷が抜けにくいので膝が伸びきるまで上げていく。戻すときはウエイトスタックにプレートが完全に下りて負荷が抜ける寸前まで膝を曲げる。

第5章 マシン種目の動き方・効かせ方

175

▶▶ レッグエクステンションのバリエーション

メイン 大腿直筋(特に広筋群)*
レッグエクステンション(上体前傾)　**主要動作** 膝関節伸展(股関節屈曲位)

負荷範囲*	短縮位〜中間位
最大負荷	短縮位〜中間位

単関節筋の広筋群を狙って追い込む
上体を前傾して二関節筋の大腿直筋を緩めた状態で膝を伸ばす。大腿直筋の関与が下がり、単関節筋の広筋群の貢献度が増す。

1 シートに座ってレバーをつかむ。股関節を支点に上体を前傾し、足首の前面にパッドを当てる。足幅は腰幅程度。

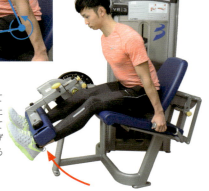

2 背すじを伸ばして上体を前傾させたまま膝を伸ばしてパッドを押し上げる。膝が伸びきるまで上げていく。

メイン 大腿四頭筋*
つま先レッグエクステンション　**主要動作** 膝関節伸展

負荷範囲*	やや短縮位〜やや伸張位
最大負荷	やや短縮位〜やや伸張位

大腿四頭筋の可動域が伸張位側にシフトする
つま先でパッドを押し上げるレッグエクステンション。膝関節がより曲がったポジションで反復するため、大腿四頭筋の可動域が伸張位側にシフトする。

足指を反らせて、足指の裏側全体をパッドに押し当てる。

1 シートに座りレバーをつかむ。つま先をパッドに当てて膝を深く曲げる。足幅は腰幅程度。

2 膝を伸ばしてパッドを押し上げる。つま先がパッドの中心からズレないように注意して押していく。

膝外旋レッグエクステンション

メイン 大腿四頭筋（特に内側広筋）*　　**主要動作** 膝関節伸展（膝関節外旋位）

負荷範囲*	短縮位〜中間位
最大負荷*	短縮位〜中間位

内側広筋を狙って鍛える

膝から先を外向きにひねった状態（膝関節外旋位）で膝を伸ばす方法。大腿四頭筋の中でも内側にある内側広筋の貢献度が高くなる。

1 シートに座って足首にパッドを当てたら、膝から先をひねりつま先を外側に向ける。

2 つま先を外側に向けたまま膝を伸ばしてパッドを押し上げる。伸展位では膝関節内外旋の可動域が小さいが、できるだけ最後まで外旋位を維持する意識で。

膝内旋レッグエクステンション

メイン 大腿四頭筋（特に外側広筋）*　　**主要動作** 膝関節伸展（膝関節内旋位）

負荷範囲*	短縮位〜中間位
最大負荷*	短縮位〜中間位

外側広筋を狙って鍛える

膝から先を内向きにひねった状態（膝関節内旋位）で膝を伸ばす方法。大腿四頭筋の中でも外側にある外側広筋の貢献度が高くなる。

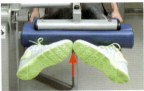

1 シートに座って足首にパッドを当てたら、膝から先をひねりつま先を内側に向ける。

2 つま先を内側に向けたまま膝を伸ばしてパッドを押し上げる。伸展位では膝関節内外旋の可動域が小さいが、できるだけ最後まで内旋位を維持する意識で。

片脚レッグエクステンション

メイン 大腿四頭筋*　　**主要動作** 膝関節伸展

負荷範囲*	短縮位〜中間位
最大負荷*	短縮位〜中間位

空いている脚でアシストができる

片脚で行うバリエーション。両脚で行う場合と効果は変わらないが、限界まで追い込む際に空いている脚でアシストすることでより力を出し切れる。

1 スタートの体勢を作り、片足だけ足首をパッドに当てる。

2 膝を伸ばして片脚でパッドを押し上げる。限界まで追い込む際は反対の脚でアシストしてもOK。

第5章 マシン種目の動き方・効かせ方

マシン種目 ⑯
マシンバックエクステンション

メイン
脊柱起立筋＊

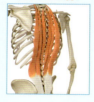

サブ
大殿筋、
ハムストリング、
大内転筋
（内転筋群後ろ側）

主要動作
体幹伸展

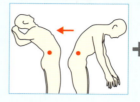

＋

股関節伸展

POINT
スタートの体勢で背中を軽く丸める

スタートのボトムポジションで背中を軽く丸めることによって脊柱の可動域が広がり、伸張位で負荷をかけられる。

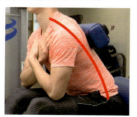

1

肩甲骨付近にパッドが当たるようにセットしてシートに座る。両手は胸におく。そこから上体を前傾し、背中を軽く丸める。丸めすぎると腰を痛めるリスクが高まるので注意。

背中を反らせる動きで
脊柱起立筋を鍛える

　上体を後方に倒しながら（股関節伸展）、背中（脊柱）を反らせる動き（体幹伸展）でパッドを後方に押し込み、脊柱起立筋を鍛えるマシン種目。デッドリフトのマシン版。

　可動域全域で負荷が抜けないこと、デッドリフトに比べて腰を痛めにくいことが長所。軽めの重量にセットして高回数行うと、腰痛リスクをより小さくして丁寧に鍛えられる。

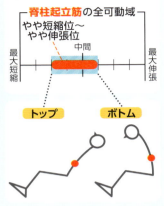

2　背中を適度に反らせながら、同時に股関節を伸展して上体を後方に倒していく。背中を過度に反らせる必要はない。

NG　背中の反りが不十分
背中を反らさず股関節から上体を倒すと股関節主体の動きになり脊柱起立筋が十分に鍛えられない。

第5章 マシン種目の動き方・効かせ方

▶▶ マシンバックエクステンションのバリエーション

メイン 脊柱起立筋* **サブ** 大殿筋、ハムストリング、大内転筋（内転筋群後ろ側）

マシンバックエクステンション（フルレンジ）

主要動作 体幹伸展＋股関節伸展

負荷範囲*	短縮位～やや伸張位
最大負荷*	短縮位～やや伸張位

可動域を広くして脊柱起立筋を追い込む

背中をしっかり丸めた状態から大きく反らせて、脊柱を広い可動域で動かすバリエーション。運動のボリュームが大きくなる。

1 シートに座って肩甲骨付近にパッドを当てる。そのまま上体を前傾し、背中をしっかり丸める。脊柱が屈曲して脊柱起立筋が伸びる。

2 上体を後方に倒しながら背中を大きく反らせてパッドを押し込む。この方法は可動域重視なのでより軽重量、高回数で。

メイン ハムストリング*、大殿筋、大内転筋（内転筋群後ろ側） **サブ** 脊柱起立筋

スティッフレッグドバックエクステンション

主要動作 股関節伸展＋体幹伸展

負荷範囲*	やや短縮位～伸張位
最大負荷*	やや短縮位～伸張位

股関節主体の動きでお尻と太ももを強化

膝を伸ばしたまま股関節を伸展する動きで、ハムストリング、大殿筋、大内転筋を総合的に鍛える。スティッフレッグドデッドリフトのマシン版。

背すじを伸ばして上体を前傾させることにより、股関節をより深く屈曲させることができる。

1 シートに座って肩甲骨付近にパッドを当てる。膝を伸ばして踏ん張り、そこから背すじを伸ばして上体を前傾し、股関節を屈曲する。

2 背すじを真っすぐ伸ばしたまま、脚の付け根（股関節）から上体を後方に倒してパッドを押す。

メイン 脊柱起立筋* **サブ** 大殿筋（※固定）、ハムストリング（※固定）
体幹マシンバックエクステンション
主要動作 体幹伸展＋股関節伸展（※固定）

負荷範囲*	やや短縮位〜やや伸張位
最大負荷*	やや短縮位〜やや伸張位

股関節を固定して脊柱起立筋にフォーカス

股関節を屈曲位で固定したまま脊柱だけを動かし、脊柱起立筋のみを狙って鍛える方法。軽めの負荷重量で丁寧に動作する。

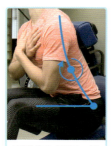

股関節を固定し、脊柱を反らせる動きだけでパッドを押す。

1 シートに座って肩甲骨付近にパッドを当てる。股関節を屈曲位で固定し、背中を丸める。ここで脊柱起立筋が伸びる。

2 骨盤を前傾して股関節を固定したまま背中を反らせる。脊柱が反る動きを感じながら広い可動域で動作する。

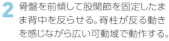

メイン 大殿筋*、ハムストリング、大内転筋（内転筋群後ろ側） **サブ** 脊柱起立筋
股関節マシンバックエクステンション
主要動作 股関節伸展＋体幹伸展（主に脊柱下部）

負荷範囲*	やや短縮位〜伸張位
最大負荷*	やや短縮位〜伸張位

股関節主体の動きで股関節周辺筋群を刺激

パッドを低めの位置に当てるバリエーション。体幹伸展動作に対するテコのレバーが股関節に比べて相対的に短くなるため、大殿筋など股関節周辺の筋群にかかる負荷が大きくなる。

1 シートに座って背中の中心付近にパッドを当てる。上体を前傾し、背中を軽く丸める。

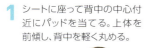

2 股関節から上体を後方に倒してパッドを押し込む。腰部を軽く反らせて脊柱も動かす。この方法では扱える重量がアップする。

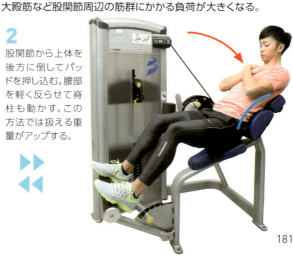

第5章 マシン種目の動き方・効かせ方

181

マシン種目⑰
ヒップフレクション

下腹深部の腸腰筋(ちょうようきん)を狙って鍛えるマシン種目

脚を前方に振る動き（股関節屈曲）でパッドを押して腸腰筋を強化。脚を伸張位側に深く引けるため可動域が広く、全域で負荷が抜けにくい。負荷（重量）を細かく調節しながら腸腰筋を鍛えられる貴重な種目。

メイン		サブ	主要動作
大腰筋(腸腰筋)*	腸骨筋(腸腰筋)*	大腿直筋、内転筋群（前側）	股関節屈曲

  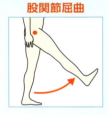

1 横向きで台に乗り、マシン側の太もも下部にパッドを当てる。パッドは脚を後方に引いても負荷が抜けない位置でセット。そこからバーをつかみ上体を固定する。

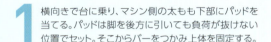

負荷範囲 * ● 最大負荷 *

腸腰筋の全可動域
やや短縮位～やや伸張位
最大短縮　中間　最大伸張

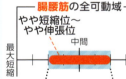

トップ　ボトム

2 太もも下部でパッドを押して股関節を屈曲する。膝を曲げながら、できるだけ太ももを振り上げる。脚を戻すときに上体が前傾すると股関節の可動域が小さくなるので注意。

▶▶ ヒップフレクションのバリエーション

メイン 大殿筋* サブ ハムストリング、大内転筋（内転筋群後ろ側）
ヒップエクステンション 主要動作 股関節伸展

負荷範囲*	短縮位〜やや伸張位
最大負荷*	短縮位〜やや伸張位

脚を後方に振って大殿筋を鍛える

脚を後方に振る動き（股関節伸展）でパッドを押し下げ、大殿筋を鍛える。脚を大きく引けるため短縮位側の可動域が広く、全域で負荷が抜けない。

1　太もも裏の下部にパッドを当てる。パッドは脚を水平まで上げても負荷が抜けない位置でセット。バーをつかみ上体が倒れないよう固定。

2　上体が前傾しないように固定し、太もも裏の下部でパッドを押して股関節を伸展する。できるだけ太ももを後方に引く。

メイン 中殿筋*、大腿筋膜張筋 サブ 大殿筋（上部）、小殿筋
ヒップアブダクション 主要動作 股関節外転

負荷範囲*	短縮位〜やや伸張位
最大負荷*	短縮位〜やや伸張位

脚を外側に開いて中殿筋を鍛える

脚を外側に振る動き（股関節外転）でパッドを押して中殿筋を強化する。大腿筋膜張筋も鍛えられる。脚を大きく開き、広い可動域で追い込める。

1　正面を向いて台に乗り太ももの外側下部にパッドを当てる。パッドは脚を内側まで振っても負荷が抜けない位置でセット。

2　左右のバーを持って上体を立てたまま、太ももの外側でパッドを押して股関節を外転する。できるだけ脚を大きく開く。

メイン 内転筋群*
ヒップアダクション 主要動作 股関節内転

負荷範囲*	やや短縮位〜やや伸張位
最大負荷*	やや短縮位〜やや伸張位

脚を内側に振って内転筋群を鍛える

脚を閉じる動き（股関節内転）でパッドを押して内転筋群を鍛える。脚を内外に大きく振れるため可動域が広く、全域で負荷が抜けないのが長所。

1　正面を向いて台に乗り、内ももの下部にパッドを当てる。パッドは脚を大きく開いても負荷が抜けない位置でセット。

2　左右のバーを持って上体を立てたまま、内ももの下部でパッドを押して股関節を内転する。できるだけ脚を内側まで振る。

第5章　マシン種目の動き方・効かせ方

マシン種目⑱
マシンアダクション

股関節前側の恥骨筋、薄筋を中心に鍛える

脚を内側に振る動き（股関節内転）で左右のパッドを閉じて内転筋群を鍛える。股関節屈曲位で内転するため、ヒップアダクション（→P.183）に比べて内転筋群の前側にある恥骨筋と薄筋の貢献が特に大きい。

メイン
内転筋群
（特に恥骨筋、薄筋）*

主要動作
股関節内転（屈曲位）

負荷範囲 * ● **最大負荷** *

内転筋群の全可動域

最大短縮 — 中間 — 中間位～やや伸張位 — 最大伸張

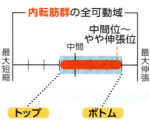

トップ **ボトム**

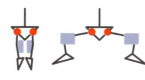

1 シートに座ってレバーをつかみ、脚を開いて膝の内側にパッドを当てる。パッドは大きく開脚しても負荷が抜けない位置でセットし可動域を広げる。

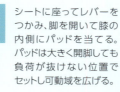

2 股関節から脚を内側に振って左右のパッドを閉じる。このマシンは負荷が抜けないため左右のパッドがつくまで閉じていく。戻すときは負荷が抜ける寸前まで脚を開いて反復する。

▶▶ **マシンアダクションのバリエーション**

メイン 内転筋群（特に恥骨筋）*

マシンアダクション（上体前傾）

主要動作 股関節内転（深い屈曲位）

負荷範囲	中間位〜伸張位
最大負荷	中間位〜伸張位

内転筋群の最前部にある恥骨筋を強く刺激

上体を前傾し、股関節を深く屈曲した状態で脚を閉じるバリエーション。内転筋群の最前部にある恥骨筋が強く動員される。

1 脚を開いてマシンアダクションのスタート体勢を作り、脚の付け根（股関節）から上体を前方に倒す。

2 背すじを伸ばして上体を前傾させたまま、股関節から脚を内側に振って左右のパッドを閉じる。

メイン 内転筋群（特に恥骨筋、薄筋）* **サブ** 股関節外旋筋群

膝浮かしマシンアダクション

主要動作 股関節内転（屈曲位）＋股関節外旋（※固定）

負荷範囲*	中間位〜やや伸張位
最大負荷*	中間位〜やや伸張位

股関節外旋筋群も鍛える

膝をパッドから浮かせたまま、足先の内側でレバーを閉じる方法。股関節の外旋方向に固定する力が発揮されるため外旋筋群も少し動員される。

シートに座って脚を開く。そこから膝がパッドから離れた状態にして、足元のレバーに足先の内側部分を当てる。

1 膝をパッドから離したまま、足先（かかと〜土踏まず付近）の内側で押す力のみでレバーを閉じる。

2 膝をパッドから離したまま、足先だけでレバーを押し込んで左右のレバーを閉じる。

マシン種目⑲
マシンアブダクション

お尻側部の外転筋群を短縮位で鍛える

脚を外側に振る動き（股関節外転）でパッドを左右に開いて中殿筋と小殿筋を鍛える。股関節屈曲位で外転するため、ヒップアブダクション（→P.183）に比べて外転筋群後ろ側の中殿筋後部の貢献が大きくなる。

メイン
中殿筋（後部）*　小殿筋（後部）

サブ
大殿筋（上部）、大腿筋膜張筋
（※ボトム付近で）

主要動作
股関節外転（屈曲位）

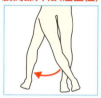

1 シートに座り、脚を閉じて膝の外側にパッドを当てる。レバーをつかみ、パッドを軽く押してウエイトを浮かし中殿筋に負荷をかける。

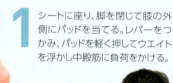

負荷範囲　● 最大負荷*

中殿筋の全可動域
やや短縮位〜中間位　中間
最大短縮　　　　　　　　　最大伸張

トップ　　ボトム

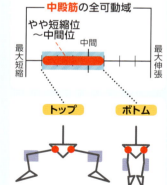

2 股関節から脚を外側に振って左右のパッドを開く。できるだけ大きく脚を開いていく。戻すときは負荷が抜ける寸前まで脚を閉じて反復する。

▶▶ マシンアブダクションのバリエーション

メイン 大殿筋(上部)＊　**サブ** 中殿筋(後部)、小殿筋(後部)、大腿筋膜張筋（※ボトム付近で）

マシンアブダクション（上体前傾）

主要動作 股関節外転（深い屈曲位）

負荷範囲＊ やや短縮位～やや伸張位
最大負荷＊ やや短縮位～やや伸張位

大殿筋上部の貢献度が高まる

上体を前傾し、股関節を深く屈曲した状態で脚を開く方法。動きと筋線維の走行方向が一致するため大殿筋上部の貢献度が少し高まる。

1 脚を閉じてマシンアブダクションのスタートの体勢を作り、脚の付け根（股関節）から上体を前方に倒す。

2 背すじを伸ばして上体を前傾させたまま、股関節から脚を外側に振って左右のパッドをできるだけ開く。

メイン 大腿筋膜張筋＊、中殿筋(後部)、小殿筋(後部)　**サブ** 大殿筋(上部)

膝浮かしマシンアブダクション

主要動作 股関節外転（屈曲位）
＋股関節内旋（※固定）

負荷範囲＊ 短縮位～中間位
最大負荷＊ 短縮位～中間位

大腿筋膜張筋を強く動員する

膝をパッドから浮かせたまま、足先の外側でレバーを開く方法。股関節内旋方向に固定する力が発揮されるため、外転と内旋の働きを併せもつ大腿筋膜張筋が強く動員される。

1 シートに座って脚を閉じ、足先の外側を足元のレバーに当てる。そこから膝を内側に締めてパッドから離す。

2 膝を内側に締めてパッドから離したまま、足先だけでレバーを押して脚を開いていく。

膝はパッドから離したまま足先の外側で押す力のみでレバーを開く。

マシン種目⑳
マシンカーフレイズ

ふくらはぎの腓腹筋、ヒラメ筋を鍛える

かかとを上げて背伸びをする動き（足関節底屈）で肩に乗せたパッドを持ち上げ、ふくらはぎの腓腹筋とヒラメ筋を鍛える。膝を伸ばして二関節筋の腓腹筋が伸びた状態で底屈するため腓腹筋が強く動員される。

メイン
腓腹筋* 　ヒラメ筋

サブ
腓骨筋群、後脛骨筋、足趾屈曲筋群

主要動作
足関節底屈（膝関節伸展位）

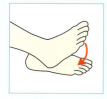

1 両肩をパッドの下に当てて、つま先部分を足元の台に乗せる。膝を伸ばしたまま、かかとを下げてふくらはぎの筋肉を伸ばす。

負荷範囲 ● **最大負荷***

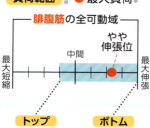

トップ　　ボトム

2 膝を伸ばしたまま、背伸びをする動きでかかとを高く上げつま先立ちになる。足首の動きだけでパッドを持ち上げる。

▶▶ マシンカーフレイズのバリエーション

メイン 腓腹筋*、ヒラメ筋　**サブ** 腓骨筋群、後脛骨筋、足趾屈曲筋群

片脚マシンカーフレイズ

主要動作 足関節底屈（膝関節伸展位）

負荷範囲* やや短縮位～伸張位
最大負荷* やや伸張位

片脚に負荷を集中させる

片脚で行うマシンカーフレイズ。底屈動作は強い筋力を発揮できるためマシンの上限重量で物足りない場合は片脚に負荷を集中させて追い込む。

1 両肩をパッドの下に当てて、片足のつま先部分を足元の台に乗せて、かかとを下げる。

2 膝を伸ばしたまま、かかとを高く上げてつま先立ちになる。足首の動きだけでパッドを持ち上げる。

メイン ヒラメ筋*　**サブ** 腓腹筋、腓骨筋群、後脛骨筋、足趾屈曲筋群

膝曲げマシンカーフレイズ

主要動作 足関節底屈（膝関節屈曲位）

負荷範囲* やや短縮位～やや伸張位
最大負荷* 中間位

ヒラメ筋の貢献度を高める

膝を曲げた状態で底屈するマシンカーフレイズ。二関節筋の腓腹筋が緩んで動員されにくくなるため、単関節筋であるヒラメ筋の貢献度が高まる。

1 マシンカーフレイズのスタート体勢から、背すじを伸ばして膝を30度程度曲げる。

2 膝を曲げたまま、かかとを高く上げてつま先立ちになる。足首の動きだけでパッドを持ち上げていく。

メイン ヒラメ筋*　**サブ** 腓骨筋群、後脛骨筋、足趾屈曲筋群

シーテッドカーフレイズ

主要動作 足関節底屈（深い膝関節屈曲位）

負荷範囲* やや短縮位～やや伸張位
最大負荷* 中間位

単関節筋のヒラメ筋に強くフォーカスする

座って膝を深く曲げた状態で底屈するタイプのマシン。二関節筋の腓腹筋が短く緩んでほぼ動員されなくなり、単関節筋のヒラメ筋に負荷が集まる。

1 シートに座りパッドを膝の上に乗せる。つま先部分を足元の台に乗せてかかとを下げる。

2 かかとを高く上げてパッドを持ち上げ、つま先立ちになる。レバーを持つ手の力で補助をしても良い。

第5章 マシン種目の動き方・効かせ方

マシン種目㉑
レッグカール

メイン
ハムストリング*

サブ
腓腹筋

主要動作
膝関節屈曲
（股関節屈曲位）

POINT
マシンの回転軸と膝関節の回転軸を合わせる

背もたれの前後位置を適切に調整し、マシンの回転軸と膝関節の回転軸を一致させることによって違和感なく膝を屈伸できる。

1
シートに座ってレバーをつかみ、足首の後面を足先のパッドに乗せる。足幅は腰幅程度。そこから膝上のパッドを下ろし、太ももを上から強く押さえて固定する。

ハムストリングだけを狙って追い込める

膝を曲げる動きでパッドを押し下げ、太もも裏のハムストリングを鍛えるマシン種目。負荷が極端に抜ける局面がなく、可動域の全域を通して負荷をかけ続けることができる。

デッドリフト系の種目とは異なり、腰に負担をかけずにハムストリングを追い込めるのも長所。ただし膝を伸ばして戻す際にウエイトを下ろしてしまうと負荷が抜けるので注意。

POINT
パッドで太ももをしっかり固定する

パッドで太ももを上から強く押さえつけることにより、膝関節の回転軸（支点）がしっかり固定され、自然な膝関節屈曲動作となる。

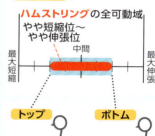

負荷範囲　●最大負荷
ハムストリングの全可動域
やや短縮位〜やや伸張位
最大短縮　中間　最大伸張
トップ　ボトム

2

膝を曲げて足先のパッドを引き下げる。このマシンは最後まで負荷が抜けないため膝の角度が90度以上になるまで曲げる。戻すときも負荷が抜ける寸前まで膝を伸ばす。

第5章　マシン種目の動き方・効かせ方

▶▶ レッグカールのバリエーション

メイン ハムストリング* サブ 腓腹筋
片脚レッグカール
主要動作 膝関節屈曲（股関節屈曲位）

負荷範囲*	やや短縮位～やや伸張位
最大負荷*	やや短縮位～やや伸張位

片脚に負荷を集めて追い込む
片脚で行う方法。両脚で行う場合と基本的な効果は変わらないが、追い込む際に空いているほうの脚でアシストできるのが利点。

1 片足だけ足首の後面を足先のパッドに乗せ、レッグカールのスタートの体勢を作る。

2 足先のパッドを引き下げ、膝を90度より深い角度まで曲げる。

メイン ハムストリング（特に大腿二頭筋の長頭）* サブ 腓腹筋
レッグカール（上体前傾）
主要動作 膝関節屈曲（深い股関節屈曲位）

負荷範囲*	中間位～伸張位
最大負荷*	中間位～伸張位

可動域をより伸張位側に移す
上体を前傾（深い股関節屈曲位）し、二関節筋のハムストリングがより伸ばされた状態で膝を曲げていくレッグカール。

1 足首の後面を足先のパッドに乗せ、背すじを伸ばしたまま股関節から上体を前傾させる。

2 足先のパッドを引き下げ、膝を90度より深い角度まで曲げる。

メイン ハムストリング* サブ 腓腹筋
ライイングレッグカール
主要動作 膝関節屈曲（股関節伸展位）

負荷範囲*	短縮位～中間位
最大負荷*	短縮位～中間位

ハムストリングを主に短縮位で動員
寝て行うタイプのレッグカール。股関節を伸展し、二関節筋のハムストリングを短縮した状態で膝を曲げるため、座って行うマシンとは刺激が異なる。

1 シートに腹ばいで寝てレバーをつかみ、足先のパッドを足首の後面に合わせる。

2 レバーを握って上体を固定し、膝を曲げて足先のパッドを持ち上げる。膝は90度より深く曲げる。

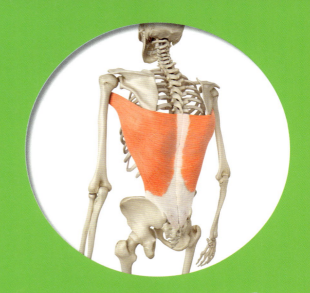

第6章

関節動作と主働筋

狙った筋肉を思い通りに鍛えるには、各関節動作に対する主働筋を知る必要がある。さらに、主働筋として働くそれぞれの筋肉の特徴を理解することによって的確な鍛え分けが可能となる。本章では、全身の関節動作と主働筋の関係をCGイラストで分かりやすく解説する。

肩関節の可動域と主働筋

肩関節は腕を振る方向や捻る方向によって異なる動作になり、関与する筋も異なる。肩関節の筋を鍛える場合はターゲットとなる筋が稼働する動作の種目を選んで行う。

肩関節の屈曲・伸展

動き	屈曲	脇に下ろした腕を真っすぐ前方に上げる（前方挙上）
	伸展	前方に上げた腕を真っすぐ後ろに引く。脇に下ろした腕を真っすぐ後方に上げる（後方挙上）
主働筋（貢献度ランキング）	屈曲	❶三角筋（前部）▶P.197　❸上腕二頭筋▶P.209 ❷大胸筋（上部）▶P.198　❹前鋸筋▶P.204
	伸展	❶広背筋▶P.197 ❷大円筋▶P.198 ❸三角筋（後部）▶P.197 ❹上腕三頭筋（長頭）▶P.209
日常生活動作	屈曲	物を前方に持ち上げる。物を前方に押す
	伸展	物を下方に引き下げる。物を後方に持ち上げる
スポーツ動作	屈曲	バレーボールのアンダーハンドパス。ランニングの腕振り
	伸展	クロールの水かき。ランニングの腕振り。スキーのクロスカントリーでストックを突いて進む動作

屈曲
ランニングの腕振り

伸展
スキーのクロスカントリーでストックを突いて進む動作

肩関節の外転・内転

動き	外転	腕を横（体の側方）に開く（側方挙上）
	内転	横に上げた腕を下方に下げる。脇に下ろした腕を体前面の内側まで振る
主働筋（貢献度ランキング）	外転	❶三角筋（中部）▶P.197　❸前鋸筋▶P.204 ❷棘上筋▶P.199　　　❹僧帽筋▶P.203
	内転	❶広背筋▶P.197 ❷大胸筋（下部）▶P.198 ❸大円筋▶P.198 ❹上腕三頭筋（長頭）▶P.209
日常生活動作	外転	物を側方に持ち上げる
	内転	物を脇に挟んで抱きかかえる。気をつけをする
スポーツ動作	外転	クロールの水かき。バレエで両手を広げる動作
	内転	ゴルフスイングの後ろの腕。体操のつり輪

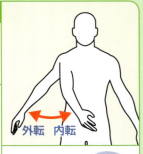

外転
クロールの水かき

内転
ゴルフスイングの後ろの腕

動かす方向で主働筋が変わる肩関節

球関節である肩関節は、前後・左右・捻りと3次元のあらゆる方向に動かすことができる。関節構造や靭帯による結合が緩いためローテーターカフ筋群が関節の安定に寄与していることが特徴。肩関節の動きには土台部分にあたる肩甲骨自体の動きが伴うことも大きな特徴である。

肩関節の外旋・内旋

動き		
	外旋	上腕を回転軸にして、肩を外向きに回す
	内旋	上腕を回転軸にして、肩を内向きに回す
主働筋 (貢献度 ランキング)	外旋	❶棘下筋 ▶P.199 ❷小円筋 ▶P.199 ❸三角筋(後部) ▶P.197 ❹棘上筋 ▶P.199
	内旋	❶肩甲下筋 ▶P.199 ❷大胸筋 ▶P.198 ❸広背筋 ▶P.197 ❹大円筋 ▶P.198
日常生活 動作	外旋	裁縫で針を引く。話し相手の胸を手の甲で叩いてツッコミを入れる
	内旋	水銀体温計を振る
スポーツ 動作	外旋	テニス・バドミントンのバックハンド
	内旋	野球のピッチング。やり投げの投てき

外旋 / 内旋

外旋 テニスのバックハンド

内旋 野球のピッチング

肩関節の水平内転(水平屈曲)・水平外転(水平伸展)

動き		
	水平内転	水平面で腕を後方から前方へ動かす
	水平外転	水平面で腕を前方から後方へ動かす
主働筋 (貢献度 ランキング)	水平内転	❶大胸筋 ▶P.198 ❷三角筋(前部) ▶P.197 ❸上腕二頭筋 ▶P.209
	水平外転	❶広背筋 ▶P.197 ❷三角筋(後部) ▶P.197 ❸大円筋 ▶P.198
日常生活 動作	水平内転	胸の前で物を抱える
	水平外転	人混みで人をかき分ける
スポーツ 動作	水平内転	ボクシングのフック。円盤投げの投てき
	水平外転	アーチェリーの弓を引く動作。フリスビーを投げる動作

水平外転 / 水平内転

水平内転 ボクシングのフック

水平外転 アーチェリーの弓を引く動作

第6章 関節動作と主働筋

肩関節を動かす筋一覧

肩関節の動きは、肩関節をまたいで上半身の肩甲骨や脊柱、胸骨、肋骨、鎖骨と腕の上腕骨をつないでいる筋の働きにより、上腕骨が動かされることで成立している。

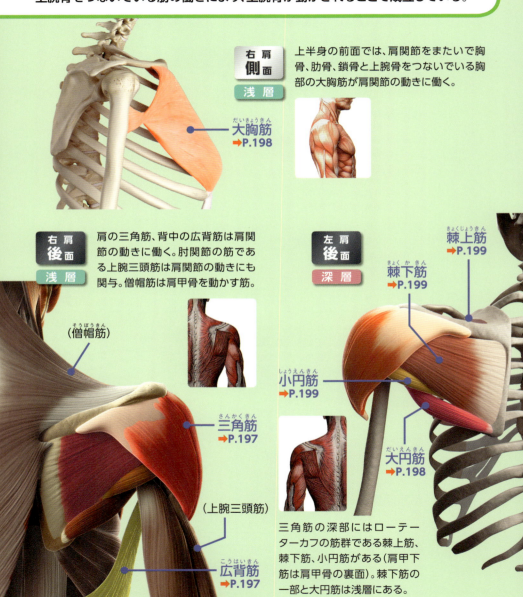

右肩 側面 浅層
上半身の前面では、肩関節をまたいで胸骨、肋骨、鎖骨と上腕骨をつないでいる胸部の大胸筋が肩関節の動きに働く。

- 大胸筋（だいきょうきん）➡P.198

右肩 後面 浅層
肩の三角筋、背中の広背筋は肩関節の動きに働く。肘関節の筋である上腕三頭筋は肩関節の動きにも関与。僧帽筋は肩甲骨を動かす筋。

- （僧帽筋）（そうぼうきん）
- 三角筋（さんかくきん）➡P.197
- （上腕三頭筋）
- 広背筋（こうはいきん）➡P.197

左肩 後面 深層
- 棘上筋（きょくじょうきん）➡P.199
- 棘下筋（きょくかきん）➡P.199
- 小円筋（しょうえんきん）➡P.199
- 大円筋（だいえんきん）➡P.198

三角筋の深部にはローテーターカフの筋群である棘上筋、棘下筋、小円筋がある（肩甲下筋は肩甲骨の裏面）。棘下筋の一部と大円筋は浅層にある。

肩関節屈曲・外転筋
三角筋（さんかくきん）

肩を覆う大きな筋肉。筋全体を広げると二等辺三角形になることが筋名の由来。上肢の筋では最も体積が大きく、肩関節のほぼすべての動きに関与する。筋全体を鎖骨部（前部）・肩峰部（中部）・肩甲棘部（後部）に分けることができ、それぞれ働きが異なる。

起始
① 鎖骨部：鎖骨の外側1/3の前縁
② 肩峰部：肩甲骨の肩峰
③ 肩甲棘部：肩甲骨の肩甲棘の下縁

停止
上腕骨の三角筋粗面

左肩側面

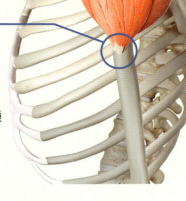

主な働き
① 鎖骨部（前部）：②肩関節の屈曲・③水平内転・④内旋
② 肩峰部（中部）：①肩関節の外転
③ 肩甲棘部（後部）：②肩関節の伸展・③水平外転・④外旋

① 外転　② 屈曲／伸展　③ 水平外転／水平内転　④ 外旋／内旋

肩関節伸展・内転・水平外転筋
広背筋（こうはいきん）

背中の中部〜下部から脇の下にかけて広がる人体で最も面積の大きい筋。主に腕を前方から後方へ引く動き（肩関節伸展）や、上方から下方へ引く動き（肩関節内転）の主働筋として働く。この筋が発達すると、いわゆる"逆三角形ボディ"が形成される。

主な働き
肩関節の①伸展・②内転・③水平外転・④内旋

① 伸展　② 内転　③ 水平外転　④ 内旋

背中左側面

停止
上腕骨の小結節稜

起始
① 第6（または7）胸椎〜第5腰椎にかけての棘突起（胸腰筋膜を介して）
② 正中仙骨稜
③ 腸骨稜の後方
④ 第9（または10）〜12肋骨・肩甲骨の下角

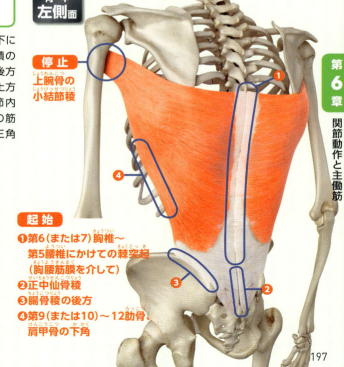

第6章 関節動作と主働筋

肩関節水平内転筋
大胸筋（だいきょうきん）

胸板を形成する扇状の強力な筋。腕を横から前方に振る動き（肩関節水平内転）の主働筋。上腕を内側にひねる動き（肩関節内旋）にも働く。鎖骨部（上部）、胸肋部（中部）、腹部（下部）でそれぞれ作用する方向が異なる。

起始
① 鎖骨部：鎖骨の内側半分
② 胸肋部：胸骨前面、第2〜6肋軟骨
③ 腹部：腹直筋鞘の前葉

停止
上腕骨の大結節稜

主な働き
肩関節の ① 水平内転・② 内転（下部）・③ 内旋・④ 屈曲（上部）・⑤ 吸気の補助

 水平内転
 内転
 内旋
 屈曲

左胸部 前面

肩関節伸展筋
大円筋（だいえんきん）

脇の下に位置し、肩甲骨から上腕骨へつながる筋。広背筋とともに脇の下の後腋窩ヒダを形成する。停止部が広背筋と近く、似た作用をもつ。主に広背筋の腕を引く働き（肩関節伸展）を補助する。

主な働き
肩関節の ① 伸展・② 内転・③ 内旋

 伸展
 内転
 内旋

左肩 後側面

停止
上腕骨の小結節稜

起始
肩甲骨の外側縁・下角

肩関節屈曲筋
烏口腕筋（うこうわんきん）

肩甲骨の烏口突起から起始する小さな筋肉。腕を前方に上げる動き（肩関節屈曲）や、横から前方に振る動き（肩関節水平内転）に作用するが、単独で作用するのではなく、ほかの筋肉とともに補助的に働く。

主な働き
肩関節の ① 屈曲の補助・② 水平内転・③ 内転

 屈曲
 水平内転
 内転

左肩 前面
左鎖骨

起始
肩甲骨の烏口突起

停止
上腕骨の内側中央

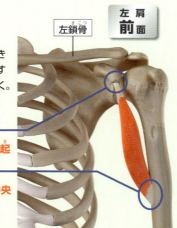

198

肩関節外転筋
棘上筋（きょくじょうきん）
ローテーターカフ①

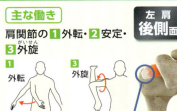
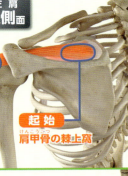

主な働き
肩関節の **1** 外転・**2** 安定・**3** 外旋

左肩 後側面

停止
上腕骨の大結節上部、肩関節包

起始
肩甲骨の棘上窩

三角筋とともに肩関節外転の主働筋。肩深部にあるローテーターカフ（回旋筋腱板）のひとつであり、肩関節外旋の動きも補助する。肩甲骨と上腕骨を引き付けて、肩関節を安定させる働きもある。

肩関節外旋筋
棘下筋（きょくかきん）
ローテーターカフ②

ローテーターカフで唯一表層にある。肩関節外旋の主働筋であり、肩関節を安定させる働きもある。

主な働き
肩関節の **1** 外旋・**2** 安定・**3** 水平外転

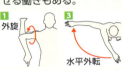
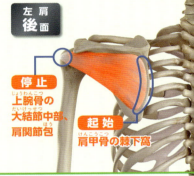

左肩 後面

停止
上腕骨の大結節中部、肩関節包

起始
肩甲骨の棘下窩

肩関節外旋筋
小円筋（しょうえんきん）
ローテーターカフ③

棘下筋の下、大円筋の上に位置する小さな筋。上腕を外向きにひねる肩関節外旋の働きや、肩関節の骨同士を引き付けて安定させる働きをもつ。大円筋と名前は似ているが支配神経や作用は異なる。

主な働き
肩関節の **1** 外旋・**2** 安定

左肩 後面

停止
上腕骨の大結節下部、肩関節包

起始
肩甲骨後面の外側縁

肩関節内旋筋
肩甲下筋（けんこうかきん）
ローテーターカフ④

腕を内向きにひねる肩関節内旋の主働筋。ローテーターカフの中でこの筋だけが肩甲骨の前面（背中から見ると肩甲骨の裏側）から起始する。上腕骨を引き付けて、肩関節の安定にも貢献している。

主な働き
肩関節の **1** 内旋・**2** 安定・**3** 水平内転

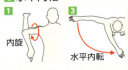
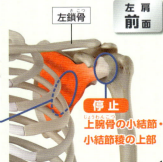

左肩 前面

左鎖骨

起始
肩甲骨の前面、肩甲下窩

停止
上腕骨の小結節・小結節稜の上部

第6章 関節動作と主働筋

肩甲骨の可動域と主働筋

肩甲骨は、肩関節の動きと連動し、上下、左右、内まわり・外まわりの動きが可能。
肩甲骨の筋は、僧帽筋上部の種目を除けば、肩関節の筋と一緒に鍛える種目が多い。

腕（肩関節）の動きの土台である肩甲骨

　肩関節の土台である肩甲骨は、胸郭の表面に沿ってスライドするように動く。肩甲骨と胸郭の間には仮想的に関節が存在するとみなすことができ、これを肩甲胸郭関節とよぶ場合もある。腕は肩関節（肩甲上腕関節）から先だけが動くのではなく、肩甲骨が動きの土台。

　本書では、肩甲胸郭関節を動かす筋を、肩甲骨の筋として紹介する。

肩甲骨の挙上・下制		
動き	挙上	肩、肩甲骨を上方に上げる
	下制	肩、肩甲骨を下方に下げる
主働筋（貢献度ランキング）	挙上	❶僧帽筋(上部) ▶P.203 ❷肩甲挙筋 ▶P.205 ❸大菱形筋 ▶P.203 ❹小菱形筋 ▶P.204
	下制	❶僧帽筋(下部) ▶P.202 ❷小胸筋 ▶P.205
日常生活動作	挙上	重い物を持つときに、肩をすくめて肩甲骨が下がるのを防ぐ
	下制	下方（足もと）に手を伸ばして物を拾う
スポーツ動作	挙上	重量挙げでバーベルを低い位置から挙げる。バレーボールのブロックで両手を高く上げる
	下制	ゴルフスイングのアドレスで肩を下げてリラックスする動作

もうひとつの肩甲骨の動き

肩甲骨の動きは、さらに「前傾・後傾」を含む場合もある。これは肩甲骨の前後方向への回転運動であり、通常は肩関節の伸展・屈曲にともなう。例えば、腕を前方に振る動きは、肩関節自体の屈曲だけでなく肩甲骨の後傾との連動で生じる。

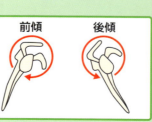

肩甲骨の外転(前進)・内転(後退)

動き		
	外転	肩甲骨を外に開く。肩を前に出す
	内転	肩甲骨を内に寄せる。肩を後ろに引く
主働筋 (貢献度 ランキング)	外転	❶前鋸筋 ▶P.204 ❷小胸筋 ▶P.205
	内転	❶僧帽筋(中部) ▶P.203 ❷大菱形筋 ▶P.203 ❸小菱形筋 ▶P.204
日常生活 動作	外転	かろうじて届く物に手を伸ばす
	内転	物を自分のほうへ引き寄せる。タンスの引き出しを手前に引く
スポーツ 動作	外転	砲丸投げの投てき。ボクシングのストレートパンチ
	内転	アーチェリーで弓を引く動作。柔道・レスリングで相手を引き付ける動作

肩甲骨の上方回旋・下方回旋

動き		
	上方回旋	肩甲骨を内回りに回転させる。通常、肩関節を大きく外転する動きにともなう
	下方回旋	肩甲骨を外回りに回転させる。通常、肩関節を大きく内転する動きにともなう
主働筋 (貢献度 ランキング)	上方回旋	❶僧帽筋 ▶P.203 ❷前鋸筋 ▶P.204
	下方回旋	❶大菱形筋 ▶P.203 ❷小菱形筋 ▶P.204 ❸小胸筋 ▶P.205
日常生活 動作	上方回旋	高いところに手を伸ばす
	下方回旋	気をつけをする
スポーツ 動作	上方回旋	クロールの水かき。バタフライの水かき
	下方回旋	体操のつり輪で体を上方へ持ち上げる動作

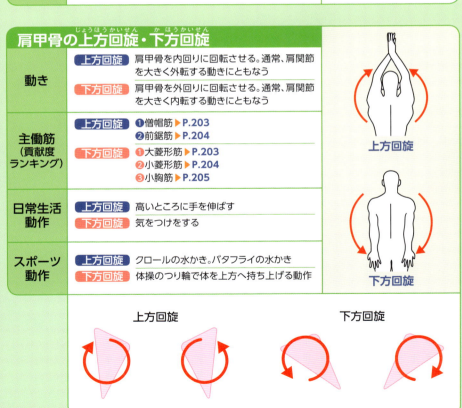

第6章 関節動作と主働筋

肩甲骨を動かす筋一覧

胸郭上部の背面を滑るように動く肩甲骨は、肩関節の土台となる部分。肩甲骨と頭蓋、脊柱、肋骨、鎖骨をそれぞれつないでいる筋の働きによって肩甲骨が動かされる。

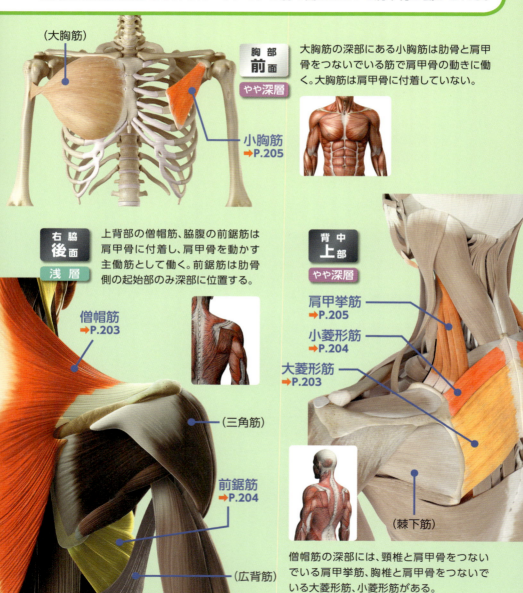

（大胸筋）

胸部 前面 やや深層

大胸筋の深部にある小胸筋は肋骨と肩甲骨をつないでいる筋で肩甲骨の動きに働く。大胸筋は肩甲骨に付着していない。

小胸筋 ➡P.205

右脇 後面 浅層

上背部の僧帽筋、脇腹の前鋸筋は肩甲骨に付着し、肩甲骨を動かす主働筋として働く。前鋸筋は肋骨側の起始部のみ深部に位置する。

僧帽筋 ➡P.203

（三角筋）

前鋸筋 ➡P.204

（広背筋）

背中 上部 やや深層

肩甲挙筋 ➡P.205
小菱形筋 ➡P.204
大菱形筋 ➡P.203

（棘下筋）

僧帽筋の深部には、頸椎と肩甲骨をつないでいる肩甲挙筋、胸椎と肩甲骨をつないでいる大菱形筋、小菱形筋がある。

肩甲骨挙上・下制・内転・上方回旋筋
僧帽筋（そうぼうきん）

背中の中央から上部の表層に広がる大きな筋。上部線維、中部線維、下部線維に分かれ、それぞれ働きは異なる。筋全体では肩甲骨上方回旋作用があり、腕を上げる三角筋の働きを補助する。上部線維が発達すると、首の付け根から肩にかけて筋が盛り上がる。

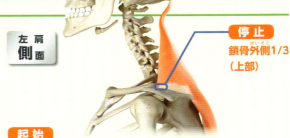

停止
鎖骨外側1/3（上部）

起始
- ❶ 上部線維（下行部）：後頭骨上項線、外後頭隆起、項靭帯を介して頸椎の棘突起
- ❷ 中部線維（横行部）：第7頸椎〜第3胸椎の棘突起、棘上靭帯
- ❸ 下部線維（上行部）：第4〜12胸椎の棘突起、棘上靭帯

主な働き

❶ 上部線維

肩甲骨の上方回旋／肩甲骨の内転（後退）／肩甲骨の挙上／頭頸部の伸展

❷ 中部線維　❸ 下部線維

肩甲骨の内転（後退）／肩甲骨の上方回旋／肩甲骨の内転（後退）／肩甲骨の下制

停止
肩甲骨の肩峰（中部）

停止
肩甲棘（中部）

停止
肩甲棘三角（下部）

肩甲骨内転・下方回旋筋
大菱形筋（だいりょうけいきん）

僧帽筋の深部にある薄い菱形の筋。胸椎から起始し、肩甲骨に停止する。僧帽筋とともに、左右の肩甲骨を寄せる動き（肩甲骨内転）に働く。菱形筋群の特徴として、肩甲骨を外回りに回転させる下方回旋の動きにも作用する。

主な働き
肩甲骨の ❶ 内転（後退）・❷ 挙上・❸ 下方回旋

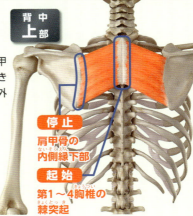

停止
肩甲骨の内側縁下部

起始
第1〜4胸椎の棘突起

第6章 関節動作と主働筋

203

肩甲骨外転筋
前鋸筋
（ぜんきょきん）

肋骨から起始し、肩甲骨の前部（背中から見て裏側）に停止するインナーマッスル。上部と下部に分かれ、下部の一部だけ表層にある。主に左右の肩甲骨を開く動き（肩甲骨外転）に作用し、腕を前方に押し出す動きを補助する。

主な働き
全体：**1** 肩甲骨の外転（前進）
上部：**2** 肩甲骨の下方回旋
下部：**2** 肩甲骨の上方回旋、**3** 肩甲骨が固定されている場合には肋骨を挙上

外転

下方回旋

上方回旋

左肩 前側面

胸部 右側面

停止
肩甲骨の内側縁
（上角・下角を含む）

起始
第1～8（または9）肋骨の外側面中央部

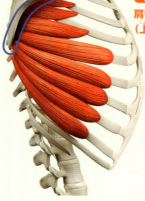

肩甲骨内転筋
小菱形筋
（しょうりょうけいきん）

大菱形筋の上を走る筋で、頸椎から起始する。大菱形筋とは形状だけでなく、働きもほぼ同じ。主に肩甲骨を寄せる動き（肩甲骨内転）に働き、肩甲骨を下方回旋させる動きにも作用する。

主な働き
肩甲骨の **1** 内転（後退）・**2** 挙上・**3** 下方回旋

内転

挙上

下方回旋

背中 上部

停止
肩甲骨の内側縁上部

起始
第6～7頸椎もしくは第7頸椎～第1胸椎の棘突起

肩甲骨下制筋
小胸筋（しょうきょうきん）

大胸筋の深部にある小さな筋。肋骨から起始し、肩甲骨の烏口突起に停止する。肋骨を支点に肩甲骨を引き下げる動き（肩甲骨下制）に作用し、激しい運動で呼吸が乱れた時には、胸郭（肋骨）を引き上げて呼吸を補助する働きも。

主な働き
肩甲骨の **1** 下制・**2** 下方回旋、**3** 肩甲骨が固定されている場合には肋骨を挙上

右肩 前面

停止 肩甲骨の烏口突起
起始 第2（または3）～5肋骨

肩甲骨挙上筋
肩甲挙筋（けんこうきょきん）

頸部後面の側部に位置するインナーマッスル。頸椎から起始し、肩甲骨に停止する。表層の僧帽筋とともに働き、主に肩甲骨を上方に引き上げる動き（肩甲骨挙上）に作用する。肩コリの原因となることが多い筋でもある。

主な働き
肩甲骨の **1** 挙上・**2** 下方回旋

頸部 後面

起始 第1～4頸椎の横突起の後結節
停止 肩甲骨の上角・内側縁上部

胸鎖関節安定筋
鎖骨下筋（さこつかきん）

胸骨から起始し、鎖骨に停止するインナーマッスルで、大胸筋に覆われている。腕を大きく動かしても、胸鎖関節（鎖骨の付け根と胸骨をつなぐ球状関節）が外れないように、鎖骨と胸骨を引き付けて安定させる役割を果たしている。

主な働き
鎖骨が外方向に引っ張られるのを防ぎ、胸鎖関節の安定・保護に貢献

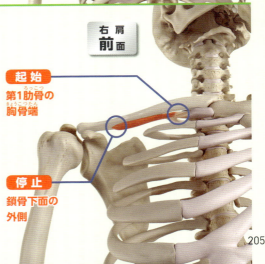

右肩 前面

起始 第1肋骨の胸骨端
停止 鎖骨下面の外側

第6章 関節動作と主働筋

肘関節の可動域と主働筋

肘を曲げ・伸ばしする肘関節は、肩関節と肘関節をまたぐ二関節筋が主働筋なので、肘関節の筋を鍛える場合は、肩関節のポジションも意識して狙った筋を鍛えていく。

肘関節の屈曲・伸展

動き		
動き	屈曲	肘を曲げる
	伸展	肘を伸ばす
主働筋（貢献度ランキング）※「屈曲」は回外位での貢献度	屈曲	❶上腕二頭筋 ▶P.209 ❷上腕筋 ▶P.210 ❸腕橈骨筋 ▶P.210 ❹長橈側手根伸筋 ▶P.215 ❺円回内筋 ▶P.211 ❻橈側手根屈筋 ▶P.214 ❼短橈側手根伸筋 ▶P.215
	伸展	❶上腕三頭筋 ▶P.209 ❷肘筋 ▶P.210
日常生活動作	屈曲	肘を曲げて物を持ち上げる。箸やスプーンを口に運ぶ摂食動作
	伸展	腹ばいの状態から起き上がるときに手で床面を押す。物を投げる。ドアを手で押して開ける
スポーツ動作	屈曲	テニスでトップスピンをかけるスイング。クライミングでロープを登る動作。ボートのオール漕ぎ
	伸展	やり投げ・砲丸投げの投てき。アメリカンフットボールや相撲で相手を手で押す動作。バレーボールのスパイク

※回外位での屈曲・伸展

※中間位（回外位と回内位の中間）での屈曲・伸展

屈曲 テニスでトップスピンをかけるスイング

屈曲 クライミングでロープを登る動作

屈曲 棒高跳びの踏み切りでバーを引き寄せる動作

伸展 砲丸投げの投てき

伸展 アメリカンフットボールで相手を手で押す動作

伸展 バレーボールのスパイク

前腕部を捻る橈尺関節と肘関節の関係

肘関節はトビラの蝶番（ヒンジ）のように動く関節であり、伸展と屈曲の動きが可能である。関節構造や靭帯による結合が硬く、関節として比較的安定している。

本書で肘関節の一部として扱う橈尺関節は、前腕の尺骨と橈骨が捻られるように動く車軸関節である。橈尺関節が動いて回外・回内の動きが起こると、肘先が捻られて手の平の向きが変わる。前腕を回内すると回外の主働筋でもある上腕二頭筋が緩むため、回内位で肘を曲げると上腕筋・腕橈骨筋が主働筋になる。

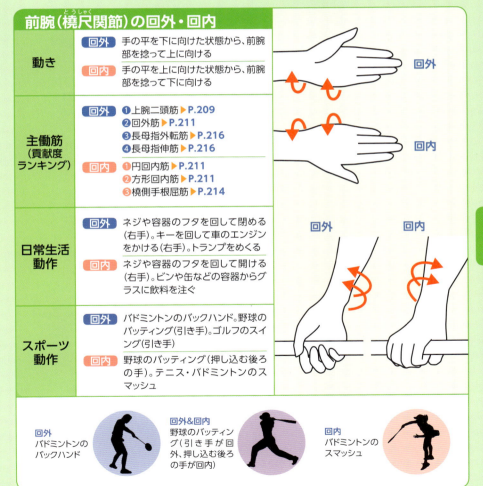

前腕（橈尺関節）の回外・回内

動き	回外	手の平を下に向けた状態から、前腕部を捻って上に向ける
	回内	手の平を上に向けた状態から、前腕部を捻って下に向ける
主働筋（貢献度ランキング）	回外	❶上腕二頭筋 ▶P.209 ❷回外筋 ▶P.211 ❸長母指外転筋 ▶P.216 ❹長母指伸筋 ▶P.216
	回内	❶円回内筋 ▶P.211 ❷方形回内筋 ▶P.211 ❸橈側手根屈筋 ▶P.214
日常生活動作	回外	ネジや容器のフタを回して閉める（右手）。キーを回して車のエンジンをかける（右手）。トランプをめくる
	回内	ネジや容器のフタを回して開ける（右手）。ビンや缶などの容器からグラスに飲料を注ぐ
スポーツ動作	回外	バドミントンのバックハンド。野球のバッティング（引き手）。ゴルフのスイング（引き手）
	回内	野球のバッティング（押し込む後ろの手）。テニス・バドミントンのスマッシュ

- 回外：バドミントンのバックハンド
- 回外＆回内：野球のバッティング（引き手が回外、押し込む後ろの手が回内）
- 回内：バドミントンのスマッシュ

第6章 関節動作と主働筋

肘関節を動かす筋一覧

肘関節をまたいで上腕の上腕骨と前腕の尺骨、橈骨をつないでいる筋の働きによって肘関節は動いている。上腕二頭筋、上腕三頭筋（長頭）は肩関節もまたぐ二関節筋。

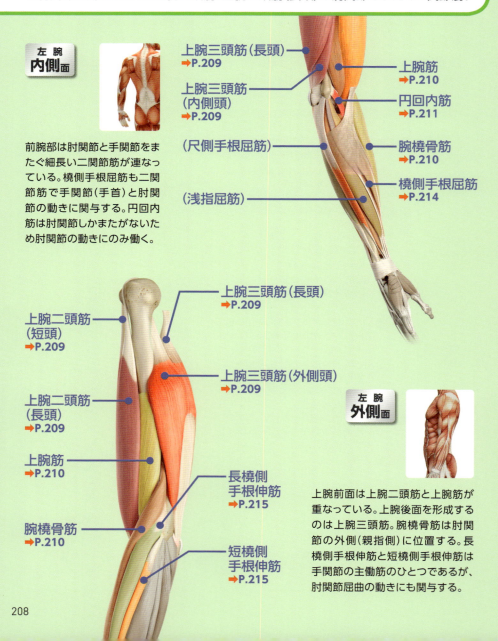

左腕 内側面

- 上腕三頭筋（長頭） ➡P.209
- 上腕三頭筋（内側頭） ➡P.209
- （尺側手根屈筋）
- （浅指屈筋）
- 上腕筋 ➡P.210
- 円回内筋 ➡P.211
- 腕橈骨筋 ➡P.210
- 橈側手根屈筋 ➡P.214

前腕部は肘関節と手関節をまたぐ細長い二関節筋が連なっている。橈側手根屈筋も二関節筋で手関節（手首）と肘関節の動きに関与する。円回内筋は肘関節しかまたがないため肘関節の動きにのみ働く。

左腕 外側面

- 上腕二頭筋（短頭） ➡P.209
- 上腕二頭筋（長頭） ➡P.209
- 上腕筋 ➡P.210
- 腕橈骨筋 ➡P.210
- 上腕三頭筋（長頭） ➡P.209
- 上腕三頭筋（外側頭） ➡P.209
- 長橈側手根伸筋 ➡P.215
- 短橈側手根伸筋 ➡P.215

上腕前面は上腕二頭筋と上腕筋が重なっている。上腕後面を形成するのは上腕三頭筋。腕橈骨筋は肘関節の外側（親指側）に位置する。長橈側手根伸筋と短橈側手根伸筋は手関節の主働筋のひとつであるが、肘関節屈曲の動きにも関与する。

肘関節屈曲筋
上腕二頭筋

肘を曲げる動き（肘関節屈曲）の主働筋。いわゆる「力こぶ」を作る筋。肩甲骨から起始する二関節筋であり、肩関節と肘関節をまたぐ。前腕（橈尺関節）を回外する動きの主働筋でもあり、腕を前方に上げる動き（肩関節屈曲）にも三角筋とともに働く。

左上腕 前面

起始
①長頭：肩甲骨の関節上結節
②短頭：肩甲骨の烏口突起先端

主な働き
1. 肘関節の屈曲（全体）
2. 前腕（橈尺関節）の回外（全体）
3. 肩関節の屈曲（主に長頭）
4. 肩関節の水平内転（主に短頭）

停止
①橈骨粗面
②上腕二頭筋腱膜を介して前腕筋膜に停止

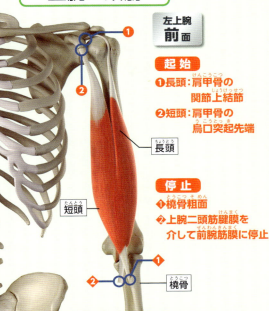
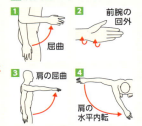

肘関節伸展筋
上腕三頭筋

上腕筋群の中で最も体積の大きい筋であり、肘を伸ばす動き（肘関節伸展）の主働筋。起始部および筋腹が長頭、内側頭、外側頭の3頭に分かれている。長頭だけが肩甲骨から起始して肩関節と肘関節をまたぐ二関節筋であり、肩関節内転の動きにも働く。

左上腕 後面

主な働き
1. 肘関節の伸展（全体）
2. 腕を高く上げた状態からの肩関節の内転（長頭）
3. 肩関節の伸展（長頭）

起始
①長頭：肩甲骨の関節下結節（橈骨神経溝より外側）
②外側頭：上腕骨後面（橈骨神経溝より外側）
③内側頭：上腕骨後面（橈骨神経溝より内側）

停止
尺骨の肘頭

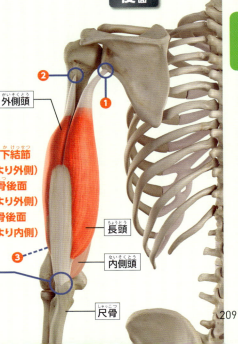

第6章 関節動作と主働筋

肘関節屈曲筋
上腕筋（じょうわんきん）

上腕二頭筋の深部にある扁平な筋。上腕二頭筋とともに肘関節屈曲の主働筋として働く。主に橈骨に停止する上腕二頭筋に対し、尺骨に停止する上腕筋は、前腕の向きに関係なく、肘を屈曲させる筋力を発揮できる性質をもつ。

主な働き
肘関節の屈曲

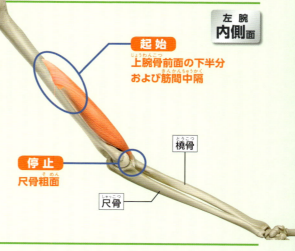

起始：上腕骨前面の下半分および筋間中隔
停止：尺骨粗面

左腕 内側面
橈骨
尺骨

肘関節屈曲筋
腕橈骨筋（わんとうこつきん）

前腕前面の最も外側（親指側）に位置する筋。橈骨神経に支配される唯一の肘関節屈曲筋であり、前腕が回内位の状態で肘を曲げる動きに特に強く働く。前腕を走るほかの筋とは異なり、手首（手関節）の動きには関与しない。

主な働き
1. 肘関節の屈曲（回内位）、
2. 前腕（橈尺関節）の回内（回外位～中間位に回旋）・
3. 回外（回内位～中間位に回旋）

※回内位とは回内した状態のこと

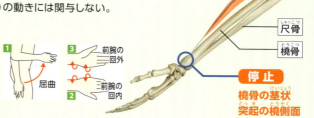

1 屈曲
3 前腕の回外
2 前腕の回内

起始：上腕骨の外側顆上稜、外側筋間中隔
停止：橈骨の茎状突起の橈側面

左前腕 外側面
尺骨
橈骨

肘関節伸展筋
肘筋（ちゅうきん）

肘関節後面のやや下側に位置する小さな筋。主に上腕三頭筋の働きを補助して肘関節伸展の動きに貢献する。肘関節が屈曲する際に、関節包が肘関節に巻き込まれないように防ぐ働きもある。

主な働き
1. 肘関節の伸展（上腕三頭筋の補助）、
2. 肘関節包を張る

1 伸展

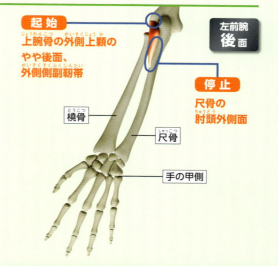

起始：上腕骨の外側上顆のやや後面、外側側副靭帯
停止：尺骨の肘頭外側面

左前腕 後面
橈骨
尺骨
手の甲側

前腕回外筋
回外筋（かいがいきん）

前腕後面の外側に位置する筋。橈骨頭を回り込むように覆っている。筋名の通り、肘先を外側にひねる動きに働く前腕回外の主働筋。円回内筋、方形回内筋の拮抗筋として逆方向の動きに作用する。

起始❶ 上腕骨の外側上顆
停止 （※回り込んだ裏側部分）橈骨の近位外側面
起始❷ 尺骨の回外筋稜、外側側副靱帯、橈骨輪状靱帯

左前腕 後面

主な働き
前腕（橈尺関節）の回外

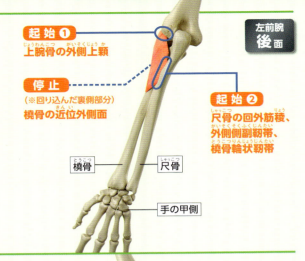

前腕回内筋
円回内筋（えんかいないきん）

肘の内側（小指側）から前腕の外側へ斜めに走行する筋。主に前腕を回内させる働きがあり、肘関節屈曲にも補助的に作用する。ゴルフ肘の症状など、過使用による損傷が起こりやすい筋でもある。

左前腕 前面

起始
❶上腕頭：内側上顆・内側上腕筋間中隔
❷尺骨頭：鈎状突起内側
停止 橈骨外側面の中央部

主な働き
❶前腕（橈尺関節）の回内、
❷肘関節の屈曲

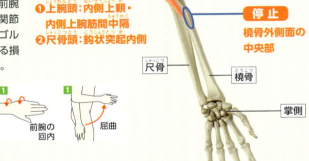

前腕回内筋
方形回内筋（ほうけいかいないきん）

前腕の手首側に位置する平らな筋。主に肘先（前腕）を内側にひねる働き（前腕の回内）がある。前腕回内の主働筋である円回内筋とともに作用し、手首（手関節）の動きには関与しない。

左手首 前面

起始 尺骨の遠位端1/4の前面
停止 橈骨の遠位端1/4の前面

主な働き
前腕（橈尺関節）の回内

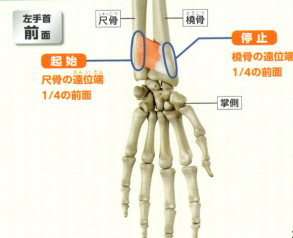

第6章 関節動作と主働筋

手関節の可動域と主働筋

手関節は上下（前後）・左右に手首を動かす。手関節を動かす筋は、手関節と手指の関節をまたぐ二関節筋が主働筋なので、手指の関節も一緒に動かして鍛えると効果的。

手関節の掌屈（屈曲）・背屈（伸展）

動き		
	掌屈	手首を手の平側に曲げる
	背屈	手首を手の甲側に曲げる

主働筋 （貢献度 ランキング）		
	掌屈	❶浅指屈筋 ▶P.214　❹橈側手根屈筋 ▶P.214 ❷深指屈筋 ▶P.214　❺長掌筋 ❸尺側手根屈筋 ▶P.214　❻長母指屈筋
	背屈	❶総指伸筋 ▶P.215　❺示指伸筋 ▶P.216 ❷長橈側手根伸筋 ▶P.215　❻小指伸筋 ❸短橈側手根伸筋 ▶P.215 ❹尺側手根伸筋 ▶P.215

手関節の橈屈（外転）・尺屈（内転）

動き		
	橈屈	手首を親指側に曲げる
	尺屈	手首を小指側に曲げる

主働筋 （貢献度 ランキング）		
	橈屈	❶長橈側手根伸筋 ▶P.215　❹橈側手根屈筋 ▶P.214 ❷長母指外転筋 ▶P.216　❺長母指屈筋 ❸長母指伸筋 ▶P.216
	尺屈	❶尺側手根屈筋 ▶P.214 ❷尺側手根伸筋 ▶P.215 ❸小指伸筋

手関節と手指の屈曲・伸展は主働筋が同じ

手首を手の平側に曲げる動き（掌屈）と手指を曲げる動きはともに浅指屈筋、深指屈筋が主働筋として働く。手首を手の甲側に曲げる動き（背屈）と手指を伸ばす動きはともに総指伸筋が主働筋として働く。

手関節を掌屈（屈曲）する前腕屈筋群を鍛える場合は、手首を掌屈しながら手指も曲げることで浅指屈筋、深指屈筋がより強く収縮する。

手関節を動かす筋一覧

手関節（手首）は、手関節をまたいで前腕の尺骨、橈骨と掌（および手の甲）の骨をつないでいる筋の働きによって動かされる。手指で停止する筋は手指の動きにも働く。

左前腕 後面

前腕部の後面には、主に手関節の伸展に働く伸筋群が連なる。浅層には総指伸筋や肘関節と手関節をまたぐ二関節筋の尺側手根伸筋があり、小指側には屈筋群の尺側手根屈筋も。その深部には長母指外転筋などが位置する。

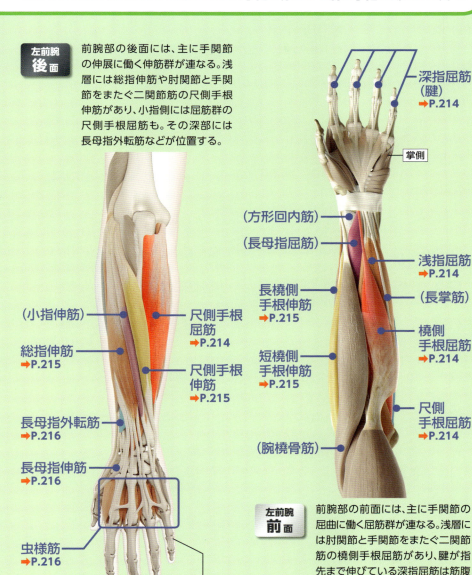

- 深指屈筋（腱） ➡P.214
- 掌側
- （方形回内筋）
- （長母指屈筋）
- 浅指屈筋 ➡P.214
- 長橈側手根伸筋 ➡P.215
- （長掌筋）
- 橈側手根屈筋 ➡P.214
- 短橈側手根伸筋 ➡P.215
- 尺側手根屈筋 ➡P.214
- （腕橈骨筋）
- （小指伸筋）
- 総指伸筋 ➡P.215
- 尺側手根屈筋 ➡P.214
- 尺側手根伸筋 ➡P.215
- 長母指外転筋 ➡P.216
- 長母指伸筋 ➡P.216
- 虫様筋 ➡P.216
- 手の甲側

左前腕 前面

前腕部の前面には、主に手関節の屈曲に働く屈筋群が連なる。浅層には肘関節と手関節をまたぐ二関節筋の橈側手根屈筋があり、腱が指先まで伸びている深指屈筋は筋腹が浅指屈筋の深部に位置する。

第6章 関節動作と主働筋

手関節掌屈筋・手指屈曲筋 浅指屈筋

親指を除く手指の屈曲と、手関節掌屈の主働筋。

主な働き
1. 第2～5指PIP（第2）関節の屈曲、
2. 手関節の掌屈（屈曲）

起始
1. 上腕尺骨頭：上腕骨の内側上顆
2. 尺骨頭：尺骨粗面の内側および内側側副靭帯
3. 橈骨頭：橈骨の上方前面

停止
第2～5指中節骨底の前縁

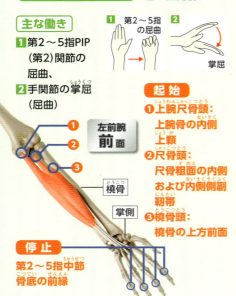

手関節掌屈筋・手指屈曲筋 深指屈筋

浅指屈筋と同様に手指屈曲と、手関節掌屈の主働筋。

主な働き
1. 第2～5指DIP（第1）・PIP（第2）関節の屈曲、
2. 手関節の掌屈（屈曲）

起始
尺骨前面、前腕骨間膜の前面

停止
第2～5指の末節骨底の掌側

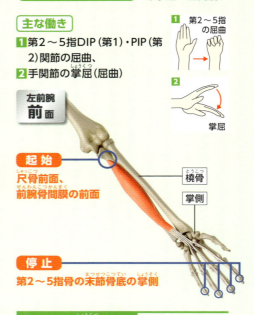

手関節尺屈筋 尺側手根屈筋

前腕表層の内側（小指側）を走る手関節尺屈の主働筋。

主な働き
手関節の
1. 尺屈（内転）・
2. 掌屈（屈曲）

起始①
上腕頭：上腕骨の内側上顆

起始②
尺骨頭：尺骨の肘頭および後縁の上部1/3

停止
① 豆状骨、豆中手靭帯
② 第5中手骨底

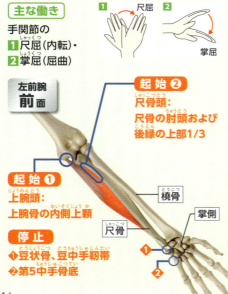

手関節掌屈筋 橈側手根屈筋

手関節の掌屈や橈屈に作用し、前腕の回内にも働く。

主な働き
手関節の
1. 掌屈（屈曲）・
2. 橈屈（外転）、
3. 前腕（橈尺関節）の回内、
4. 肘関節の屈曲

起始
上腕骨の内側上顆（共通屈筋起始部）

停止
第2中手骨底の掌側面

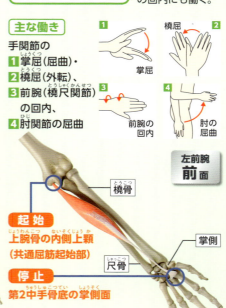

手指伸展筋 — 総指伸筋（そうししんきん）

親指を除く4指を伸展させることができる唯一の筋。

主な働き
1. 第2〜5指DIP（第1）・PIP（第2）・MP（付け根）関節の伸展、
2. 手関節の背屈（伸展）

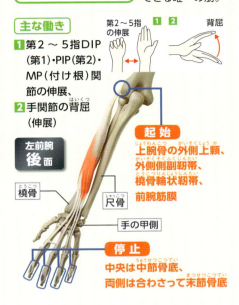

左前腕 後面

橈骨／尺骨／手の甲側

起始
上腕骨の外側上顆、外側側副靱帯、橈骨輪状靱帯、前腕筋膜

停止
中央は中節骨底、両側は合わさって末節骨底

手関節尺屈筋 — 尺側手根伸筋（しゃくそくしゅこんしんきん）

前腕後面の内側（小指側）を走り、手関節尺屈に働く。

主な働き
手関節の
1. 尺屈（内転）・
2. 背屈（伸展）

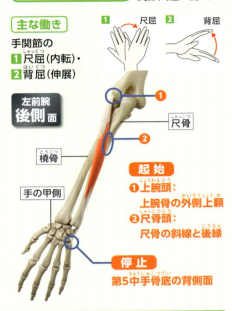

左前腕 後側面

尺骨／橈骨／手の甲側

起始
1. 上腕頭：上腕骨の外側上顆
2. 尺骨頭：尺骨の斜線と後縁

停止
第5中手骨底の背側面

手関節橈屈筋 — 長橈側手根伸筋（ちょうとうそくしゅこんしんきん）

前腕後面の外側（親指側）を走る手関節橈屈の主働筋。

主な働き
手関節の
1. 橈屈（外転）・
2. 背屈（伸展）、
3. 肘関節の屈曲

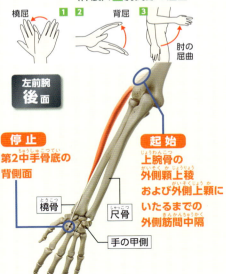

左前腕 後面

停止
第2中手骨底の背側面

橈骨／尺骨／手の甲側

起始
上腕骨の外側顆上稜および外側上顆にいたるまでの外側筋間中隔

手関節背屈筋 — 短橈側手根伸筋（たんとうそくしゅこんしんきん）

前腕後面で長橈側手根伸筋と並走し、働きもほぼ同じ。

主な働き
手関節の
1. 背屈（伸展）・
2. 橈屈（外転）、
3. 肘関節の屈曲

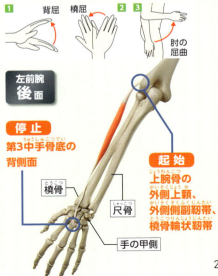

左前腕 後面

停止
第3中手骨底の背側面

橈骨／尺骨／手の甲側

起始
上腕骨の外側上顆、外側側副靱帯、橈骨輪状靱帯

第6章 関節動作と主働筋

長母指伸筋（ちょうぼししんきん）

親指を手の平から離す母子伸展の主働筋として働く。

主な働き
1. 母指のMP（付け根）関節およびIP（指節間）関節の伸展、
2. CM（親指の第3）関節の橈側外転

左前腕 後面

停止
母指の末節骨底の背側

起始
尺骨中部の背側面、前腕骨間膜の背側面

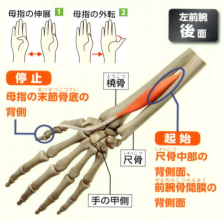

長母指外転筋（ちょうぼしがいてんきん）

親指を人差し指から離す母子外転の主働筋として働く。

主な働き
1. 手関節の橈屈、2. 母指の外転

左前腕 後面

停止
第1中手骨底の外側

起始
橈骨・尺骨中部の背側面、前腕骨間膜の背側面

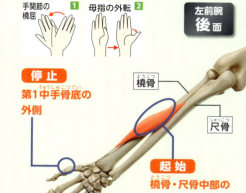

示指伸筋（じししんきん）

示指（人差し指）を伸展させる働きをもつ細長い筋。

主な働き
1. 示指の伸展、
2. 手関節の背屈

左前腕 後面

停止
示指の指背腱膜

起始
尺骨の遠位背側面、前腕骨間膜の背側面

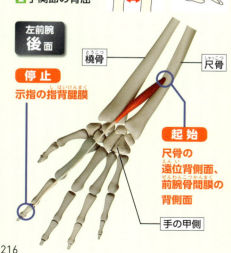

虫様筋（ちゅうようきん）

親指を除く手指の付け根の関節を曲げる働きをもつ筋。

主な働き
第2～5指MP（付け根）関節の屈曲およびDIP（第1）・PIP（第2）関節の伸展

第2～5指のMP屈曲・DIP・PIP伸展

左手掌

停止
伸筋腱膜と中手指節関節の関節包

起始
橈側2筋（人差し指・中指）：第2・3指にいたる深指屈筋腱の橈側
尺側2筋（薬指・小指）：第3～5指にいたる深指屈筋腱の相対する面（それぞれ2頭をもつ）

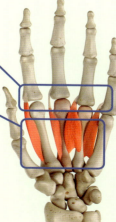

足関節の可動域と主働筋

足関節は足首を曲げ・伸ばししてつま先を上下に振る。足首を捻る外反・内反も可能。足関節の筋を鍛える種目は、ふくらはぎの底屈筋群を鍛える種目が中心となる。

足関節の底屈(屈曲)・背屈(伸展)

動き		
	底屈	足首を伸ばしてつま先を下方に振る
	背屈	足首を曲げてつま先を上方に振る

主働筋(貢献度ランキング)		
	底屈	❶ヒラメ筋 ▶P.219 ❷腓腹筋 ▶P.219 ❸長腓骨筋 ▶P.221
	背屈	❶前脛骨筋 ▶P.220 ❷長趾伸筋 ▶P.220 ❸長母趾伸筋 ▶P.220

足関節の外反(回内)・内反(回外)

動き		
	外反	足裏を外側に向けるように足首を横に捻る
	内反	足裏を内側に向けるように足首を横に捻る

主働筋(貢献度ランキング)		
	外反	❶長腓骨筋 ▶P.221 ❷短腓骨筋 ▶P.221 ❸第三腓骨筋 ▶P.221
	内反	❶後脛骨筋 ▶P.220　❹前脛骨筋 ▶P.220 ❷長母趾屈筋 ▶P.221 ❸長趾屈筋

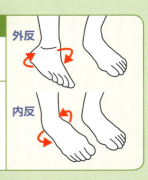

日常生活でもスポーツでも重要な底屈動作

足首を伸ばす底屈動作は、立った状態で体が前へ倒れないように体重を支える重要な役割を果たしている。それに対して背屈動作は、歩行時につまずかないようにつま先を上げる動きなどに使われる。

底屈伸動作は強い筋力を有する関節動作であり、スポーツにおいても走行時や跳躍動作において地面を蹴る動きなどに働く。足関節の筋の中では、主に底屈動作の主働筋であるふくらはぎの腓腹筋、ヒラメ筋を狙って鍛える場合が多い。

背屈動作に働く筋を狙って鍛える種目もあるが、内反・外反に働く筋を単独で鍛えることはあまりない。

第6章 関節動作と主働筋

足関節を動かす筋一覧

足関節(足首)は、足関節をまたいで大腿骨または下腿部の脛骨、腓骨と踵や足の甲、足趾(足指)の骨をつないでいる筋の働きで動かされる。足指を動かす筋もある。

左下腿 外側面

ふくらはぎの表層にある腓腹筋は膝関節と足関節をまたぐ二関節筋。ふくらはぎの下部に筋腹があるヒラメ筋は足関節のみをまたぐ単関節筋。スネの表層には前脛骨筋があり、その深部に長趾伸筋がある。下腿部の外側面は長腓骨筋が走行している。

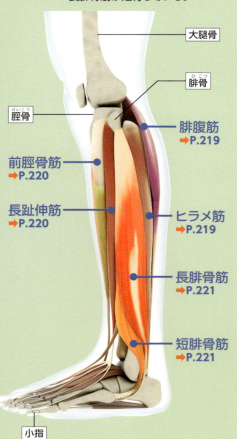

- 大腿骨
- 腓骨
- 脛骨
- 腓腹筋 ➡P.219
- 前脛骨筋 ➡P.220
- 長趾伸筋 ➡P.220
- ヒラメ筋 ➡P.219
- 長腓骨筋 ➡P.221
- 短腓骨筋 ➡P.221
- 小指

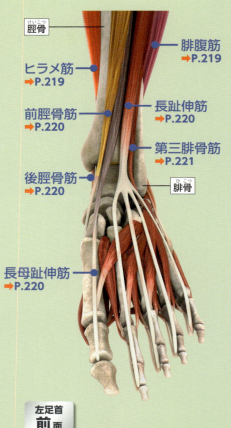

- 脛骨
- ヒラメ筋 ➡P.219
- 前脛骨筋 ➡P.220
- 後脛骨筋 ➡P.220
- 腓腹筋 ➡P.219
- 長趾伸筋 ➡P.220
- 第三腓骨筋 ➡P.221
- 腓骨
- 長母趾伸筋 ➡P.220

左足首 前面

ふくらはぎの腓腹筋とヒラメ筋は足関節の後面をまたいで踵の踵骨に停止する。足関節の前面をまたいでいるのは前脛骨筋や長趾伸筋、長母趾伸筋など。足指の骨に停止する長趾伸筋や長母趾伸筋は足関節の動きだけでなく足指の動きにも働く。

足関節底屈筋
腓腹筋
下腿三頭筋①

膝関節と足関節をまたぐ二関節筋で、ふくらはぎの膨らみを形成する。ヒラメ筋とともに、足先を下方に振る動き（足関節底屈）の主働筋として働く。"足がつる"状態は、主にこの筋の痙攣が原因となっている場合が多い。

主な働き
1. 足関節の底屈、
2. 膝関節の屈曲

底屈

膝の屈曲

左下腿 後面

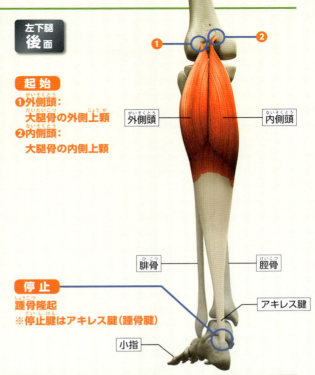

起始
①外側頭：大腿骨の外側上顆
②内側頭：大腿骨の内側上顆

外側頭　内側頭
腓骨　脛骨

停止
踵骨隆起
※停止腱はアキレス腱（踵骨腱）

アキレス腱
小指

足関節底屈筋
ヒラメ筋
下腿三頭筋②

大部分を腓腹筋に覆われている扁平な筋。足関節底屈の主働筋。腓腹筋と同様に停止腱はアキレス腱となっている。筋線維がとても短いため、筋体積の割にPCSA（生理学的断面積）が大きく、強い筋力を発揮できるのが特徴。

主な働き
足関節の底屈

底屈

左下腿 外側面

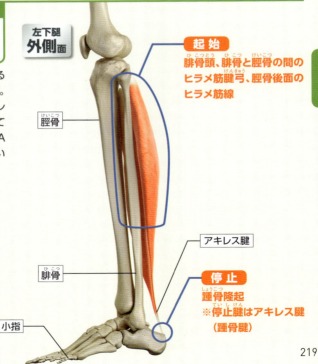

脛骨

起始
腓骨頭、腓骨と脛骨の間のヒラメ筋腱弓、脛骨後面のヒラメ筋線

アキレス腱
腓骨
小指

停止
踵骨隆起
※停止腱はアキレス腱（踵骨腱）

第6章 関節動作と主働筋

前脛骨筋（ぜんけいこつきん）

足関節背屈筋

脛骨の外側を走行する筋。足関節背屈の強力な主働筋。

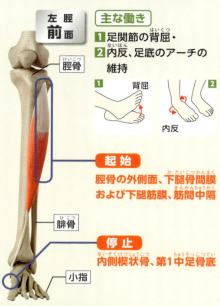

主な働き
1. 足関節の背屈・
2. 内反、足底のアーチの維持

起始
脛骨の外側面、下腿骨間膜および下腿筋膜、筋間中隔

停止
内側楔状骨、第1中足骨底

後脛骨筋（こうけいこつきん）

足関節底屈・内反筋

ふくらはぎの最も深層の筋。足関節の底屈や内反に働く。

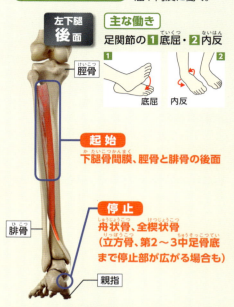

主な働き
足関節の 1. 底屈・2. 内反

起始
下腿骨間膜、脛骨と腓骨の後面

停止
舟状骨、全楔状骨（立方骨、第2～3中足骨底まで停止部が広がる場合も）

長趾伸筋（ちょうししんきん）

足趾伸展筋

親指を除く4本の足指を反らす動き（足趾伸展）の主働筋。

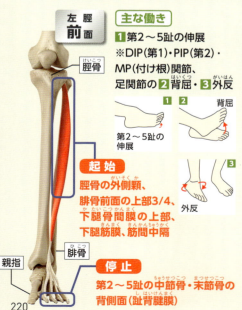

主な働き
1. 第2～5趾の伸展
※DIP（第1）・PIP（第2）・MP（付け根）関節、足関節の 2. 背屈・3. 外反

起始
脛骨の外側顆、腓骨前面の上部3/4、下腿骨間膜の上部、下腿筋膜、筋間中隔

停止
第2～5趾の中節骨・末節骨の背側面（趾背腱膜）

長母趾伸筋（ちょうぼししんきん）

母趾伸展筋

足の親指を反らす動きの主働筋。足関節背屈にも働く。

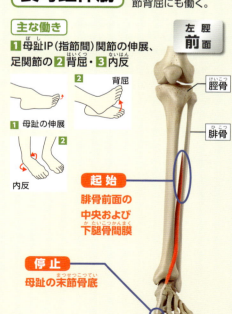

主な働き
1. 母趾IP（指節間）関節の伸展、足関節の 2. 背屈・3. 内反

起始
腓骨前面の中央および下腿骨間膜

停止
母趾の末節骨底

足関節外反筋　長腓骨筋（ちょうひこつきん）

ふくらはぎの外側を走行する筋。足関節外反の主働筋。

主な働き
足関節の ① 外反・② 底屈

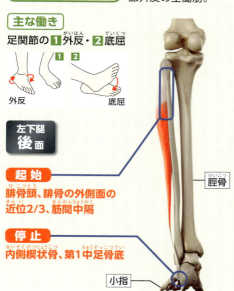

左下腿 後面

起始
腓骨頭、腓骨の外側面の近位2/3、筋間中隔

停止
内側楔状骨、第1中足骨底

足関節外反筋　短腓骨筋（たんひこつきん）

足関節外反の主働筋のひとつ。底屈にも補助的に働く。

主な働き
足関節の ① 外反・② 底屈

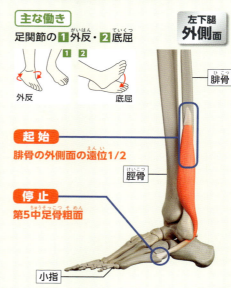

左下腿 外側面

起始
腓骨の外側面の遠位1/2

停止
第5中足骨粗面

足関節外反筋　第三腓骨筋（だいさんひこつきん）

足関節の外反や背屈の動きに補助的に働く小さな筋。

主な働き
足関節の ① 外反の補助・② 背屈

左下腿 外側面

起始
腓骨の下部前面

停止
第5中足骨底の背面

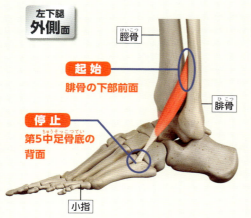

母趾屈曲筋　長母趾屈筋（ちょうぼしくっきん）

足の親指を曲げる動きの主働筋。足関節内反にも働く。

左下腿 外側面

主な働き
① 母趾IP（指節間）関節の屈曲、足関節の ② 底屈・③ 内反

起始
腓骨後面の下方2/3、下腿骨間膜の下部、筋間中隔

停止
母趾の末節骨底

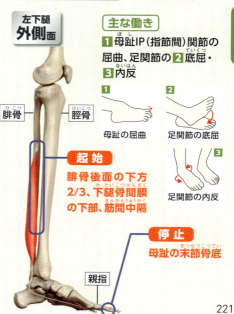

第6章 関節動作と主働筋

股関節の可動域と主働筋

股関節は脚を振る方向や捻る方向によって異なる動作になり、関与する筋も異なる。
股関節の筋を鍛える場合はターゲットとなる筋が稼働する動作の種目を選んで行う。

動きに関与する筋肉の総量が最も多い股関節

　股関節は、肩関節と同じ球関節であるため、脚を前後・左右・捻りの3次元方向に動かすことができる。

　脚の付け根にあたる関節であり、さまざまな運動における下半身動作の起点として重要な役割を担っている。

　特に、脚を後方に振る股関節伸展動作は、極めて強力な関節運動であり、あらゆるスポーツにおいて重要な動きとなる。股関節伸展筋をスクワットで鍛える場合は、上体を後方に振って股関節伸展動作を行う。

　膝関節の筋である太ももの大腿直筋、大腿二頭筋（長頭）は股関節と膝関節をまたぐ二関節筋であり、股関節の動きにも主働筋として働く。

股関節の屈曲・伸展

動き		
	屈曲	脚を付け根から前方に振る
	伸展	脚を付け根から後方に振る

主働筋（貢献度ランキング）		
	屈曲	❶大腰筋 ▶P.227　❺恥骨筋 ▶P.230 ❷腸骨筋 ▶P.227　❻長内転筋 ▶P.229 ❸大腿直筋 ▶P.236 ❹大腿筋膜張筋 ▶P.228
	伸展	❶大殿筋 ▶P.226　❻中殿筋（後部）▶P.226 ❷大腿二頭筋（長頭）▶P.239　❼梨状筋 ▶P.231 ❸大内転筋 ▶P.229 ❹半膜様筋 ▶P.238 ❺半腱様筋 ▶P.238

日常生活動作		
	屈曲	歩行時に太ももを前方に振る。上体を前に倒す
	伸展	歩く。階段を上る。座位から立ち上がる

スポーツ動作		
	屈曲	ランニングで太ももを前方に振る動き。サッカーでボールを蹴る動作
	伸展	ランニングで太ももを後方に振る動き。ダッシュ。ジャンプで地面を蹴る動き。背泳のキック

屈曲
伸展

屈曲
ランニングで太ももを前方に振る動き

伸展
ジャンプで地面を蹴る動き

股関節の外転・内転

動き	外転	脚を付け根から外側に開く
	内転	開いた脚を付け根から内側に閉じる
主働筋 (貢献度 ランキング)	外転	❶中殿筋 ▶P.226 ❷大殿筋(上部) ▶P.226 ❸大腿筋膜張筋 ▶P.228 ❹小殿筋 ▶P.228
	内転	❶大内転筋 ▶P.229 ❷大殿筋(下部) ▶P.226 ❸長内転筋 ▶P.229 ❹短内転筋 ▶P.230 ❺薄筋 ▶P.228 ❻恥骨筋 ▶P.230
日常生活 動作	外転	歩行時に骨盤を水平に保つ
	内転	座った状態で脚が開かないように両膝を閉じる
スポーツ 動作	外転	バスケットボールのサイドステップ。フィールド競技で方向転換をする際の蹴り脚
	内転	平泳ぎのキック。キックボクシングのローキック。柔道の出足払い

外転　内転

外転　バスケットボールのサイドステップ
内転　平泳ぎのキック

股関節の外旋・内旋

動き	外旋	大腿を回転軸にして、脚を付け根から外向きに回旋する
	内旋	大腿を回転軸にして、脚を付け根から内向きに回旋する
主働筋 (貢献度 ランキング)	外旋	❶大殿筋 ▶P.226　❺小殿筋(後部) ▶P.228 ❷大腿方形筋 ▶P.230　❻腸腰筋 ▶P.227 ❸内閉鎖筋 ▶P.231　❼外閉鎖筋 ▶P.231 ❹中殿筋(後部) ▶P.226　❽梨状筋 ▶P.231
	内旋	❶中殿筋(前部) ▶P.226　❹恥骨筋 ▶P.230 ❷小殿筋(前部) ▶P.228　❺長内転筋 ▶P.229 ❸大内転筋 ▶P.229　❻大腿筋膜張筋 ▶P.228
日常生活 動作	外旋	立位や歩行時に軸足を外側に捻って方向を転換する
	内旋	歩行時に真っすぐ足を出す動きに貢献する。脚が開かないように膝を閉じる
スポーツ 動作	外旋	サッカーのインサイドキック。平泳ぎのキック。柔道の出足払い
	内旋	ゴルフスイングの前足。野球の盗塁でスタートする際の蹴り脚

外旋　内旋

外旋　サッカーのインサイドキック
内旋　ゴルフスイングの前足

第6章 関節動作と主働筋

股関節を動かす筋一覧

股関節は、股関節をまたいで脊柱および骨盤と太ももの大腿骨をつないでいる筋の働きで動かされる。主な筋は殿部の殿筋群、股関節前面の屈筋群、深部の外旋筋群など。

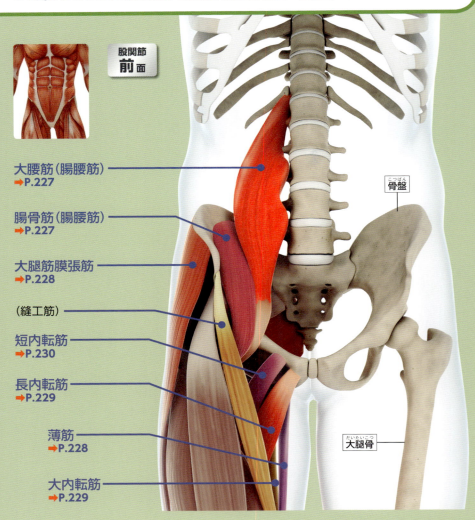

股関節 **前**面

- 大腰筋（腸腰筋）
  ➡P.227
- 腸骨筋（腸腰筋）
  ➡P.227
- 大腿筋膜張筋
  ➡P.228
- （縫工筋）
- 短内転筋
  ➡P.230
- 長内転筋
  ➡P.229
- 薄筋
  ➡P.228
- 大内転筋
  ➡P.229

骨盤
大腿骨

股関節の前面には、脊柱と大腿骨をつないでいる大腰筋、骨盤と大腿骨をつないでいる腸骨筋、長内転筋、短内転筋、恥骨筋などが走行している（※この図では恥骨筋を外して長内転筋、短内転筋を見せている）。大内転筋は内転筋群の中でもお尻寄りに位置する。薄筋と縫工筋は股関節と膝関節をまたぐ二関節筋。

左股関節 外側面

- 中殿筋 ➡P.226
- 小殿筋 ➡P.228
- 腸骨筋（腸腰筋）➡P.227
- 恥骨筋 ➡P.230
- 大殿筋 ➡P.226
- 左大腿骨

殿部では体積の大きい大殿筋がお尻の丸みを形成。お尻側部の中殿筋は一部が大殿筋に覆われていて、中殿筋は小殿筋の大部分を覆っている。恥骨筋は内転筋群で最も前側に位置する。

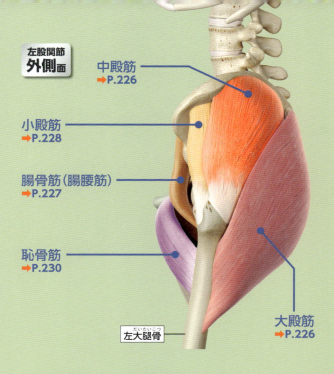

股関節 後側面

- 中殿筋 ➡P.226
- 梨状筋 ➡P.231
- （上双子筋）
- 内閉鎖筋 ➡P.231
- 大腿方形筋 ➡P.230
- 左大腿骨
- （下双子筋）

殿筋群の深部には股関節外旋筋群である梨状筋や内閉鎖筋、上双子筋、下双子筋、大腿方形筋などが連なって走行している。さらに深部には外閉鎖筋がある。

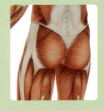
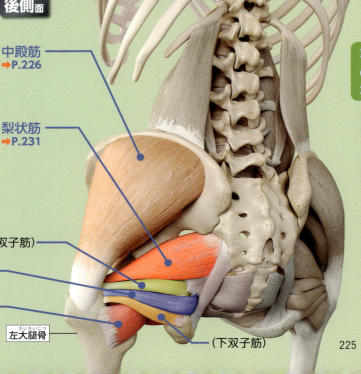

第6章 関節動作と主働筋

股関節伸展・外旋筋
大殿筋

起始
❶浅部：腸骨稜、上後腸骨棘、仙骨、尾骨
❷深部：腸骨翼の殿筋面、仙結節靭帯

骨盤 後面

お尻を形成する大きな筋。単一筋としては人体の筋で最大。主に太腿を後方に振る動き（股関節伸展）の主働筋として働く。股関節外旋の主働筋でもある。停止部の大腿筋膜は腸脛靭帯に移行する。大殿筋は歩行や走行など片足立ちの状態でより貢献度が高まる。

主な働き
1. 股関節の伸展（全体）
2. 股関節の外旋（全体）
3. 股関節の外転（上側）
4. 股関節の内転（下側）

左腸骨

左大腿骨

停止
❶上側：大腿筋膜の外側部で腸脛靭帯に移行
❷下側：大腿骨の殿筋粗面

股関節外転・内旋筋
中殿筋

骨盤 左側面

大殿筋の上部に位置し、大部分を大殿筋に覆われている。太腿を側方に振る動き（股関節外転）の主働筋。股関節内旋の主働筋でもある。片足時に骨盤が落ちないように維持する役割も担っている。

起始
腸骨翼の殿筋面
（前殿筋線と後殿筋線の間）、
腸骨稜の外唇、殿筋腱膜

左腸骨

主な働き
全体：股関節の 1 外転
前部：股関節の 2 内旋・3 屈曲
後部：股関節の 2 外旋・3 伸展

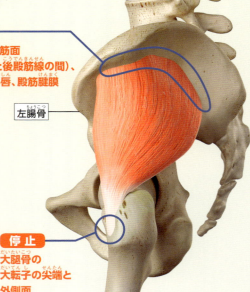

停止
大腿骨の
大転子の尖端と外側面

股関節屈曲筋
大腰筋
腸腰筋①

腸骨筋、小腰筋とともに股関節深層の腸腰筋を構成する。大腰筋は腰椎の側面から起始し、太腿の付け根に停止する筋で、股関節屈曲筋としては最も強力。腸骨筋とともに歩行や正しい姿勢の維持に重要な役割を果たしている。

停止
大腿骨の小転子

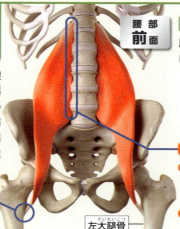

腰部前面

主な働き
股関節の①屈曲・②わずかに外旋、③脊柱の安定に貢献

屈曲

わずかに外旋

起始
①浅頭：第12胸椎〜第4腰椎の椎体側面および椎間円板側面
②深頭：全腰椎の肋骨突起

左大腿骨

股関節屈曲筋
腸骨筋
腸腰筋②

骨盤の腸骨内面に付着し、腸腰筋の中で最も深層に位置する。大腰筋とともに太腿を前方に振る動き（股関節屈曲）の主働筋として働く。筋が腸骨前面にあたって折れ曲がったまま、スライドして働く。

主な働き
股関節の①屈曲・②外旋

屈曲　外旋

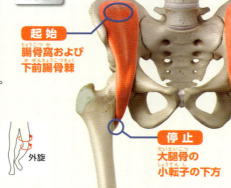

骨盤前面

左腸骨

起始
腸骨窩および下前腸骨棘

停止
大腿骨の小転子の下方

股関節屈曲筋
小腰筋
腸腰筋③

もともと大腰筋からの分束であり、約半数の人にしか存在しない特殊な筋。腸腰筋膜に停止し、腸腰筋の腱を引っ張るので、股関節屈曲の動きに作用するが、補助的な働きであり、貢献度は小さい。

主な働き
股関節の屈曲

屈曲

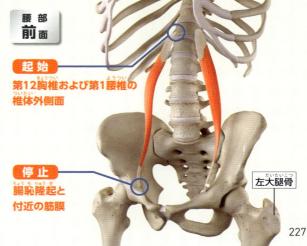

腰部前面

起始
第12胸椎および第1腰椎の椎体外側面

停止
腸恥隆起と付近の筋膜

左大腿骨

第6章 関節動作と主働筋

股関節外転筋
小殿筋（しょうでんきん）

お尻の上部側面にあり、中殿筋の深部に位置する。中殿筋とほぼ同じ作用をもつ。股関節外転の主働筋として働き、脚を内向きにひねる股関節内旋の動きにもわずかに作用する。中殿筋とともに足を横に踏み出す動きに強く働く。

主な働き
股関節の
1. 外転・
2. わずかな内旋

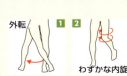

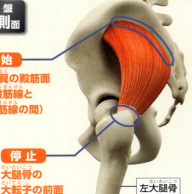

骨盤 左側面

起始: 腸骨翼の殿筋面（前殿筋線と下殿筋線の間）

停止: 大腿骨の大転子の前面

左大腿骨

股関節外転筋
大腿筋膜張筋（だいたいきんまくちょうきん）

股関節外転に働く筋。股関節屈曲の際、股関節の外旋を防ぎ、脚の向きを調整する働きもある。

主な働き
股関節の 1. 外転・2. 屈曲・3. 内旋、大腿筋膜の緊張

左大腿 前側面

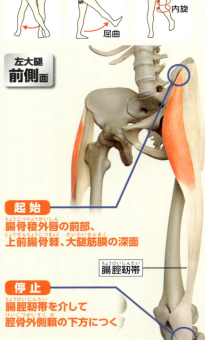

起始: 腸骨稜外唇の前部、上前腸骨棘、大腿筋膜の深面

腸脛靭帯

停止: 腸脛靭帯を介して脛骨外側顆の下方につく

股関節内転筋
薄筋（はっきん）

股関節と膝関節をまたぐ内転筋群で唯一の二関節筋。ほかの内転筋群と股関節内転に働く。

主な働き
1. 股関節の内転
2. 膝関節の屈曲
3. 股関節の屈曲
4. 下腿の内旋

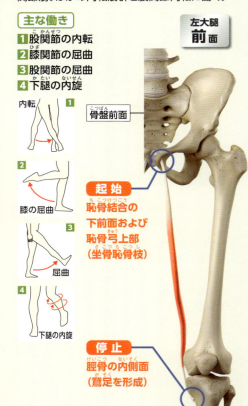

左大腿 前面

骨盤前面

起始: 恥骨結合の下前面および恥骨弓上部（坐骨恥骨枝）

停止: 脛骨の内側面（鵞足を形成）

股関節内転筋
大内転筋（だいないてんきん）

内転筋群の中では最大の筋で、最も強い筋力を発揮する。前側の内転筋部と、後側のハムストリング部に分かれていて、それぞれ起始部・停止部が異なる。開いた脚を内側に閉じる動き（股関節内転）の主働筋であり、股関節内旋や股関節伸展の動きにも作用する。

主な働き
全体：股関節の ①内転・③内旋
後部：②伸展

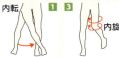

左大腿 後面

骨盤後面

起始 ②
ハムストリング部（腱性部）：
坐骨枝の前面および坐骨結節

大腿 前面

起始 ①
内転筋部（筋性部）：恥骨下枝

停止 ①
内転筋部（筋性部）：
大腿骨粗線の内側唇

停止 ②
ハムストリング部（腱性部）：
大腿骨の内側上顆（内転筋結節）

左大腿骨

股関節内転筋
長内転筋（ちょうないてんきん）

恥骨筋の下部と並走する筋で、大内転筋の前側に位置する。ほかの内転筋群とともに、開いた脚を内側に閉じる動き（股関節内転）に働く。停止部が骨盤の前側にあるため、太腿を前方に振る股関節屈曲の動きにも作用する。

主な働き
股関節の
①内転・②屈曲・③外転位で内旋

大腿 前面

骨盤前面

起始
恥骨上枝
（恥骨結節の下方）

停止
大腿骨粗線の
内側唇中部1/3の範囲

左大腿骨

第6章 関節動作と主働筋

股関節内転筋
短内転筋
（たんないてんきん）

恥骨筋と長内転筋に覆われ、大内転筋の前を走行する内転筋群のひとつ。通常は長内転筋とともに作用し、股関節の内転に働く。わずかながら股関節内旋および股関節屈曲の動きにも作用する。

> **主な働き**
> 股関節の **1** 内転・**2** 屈曲・**3** 外転位で内旋

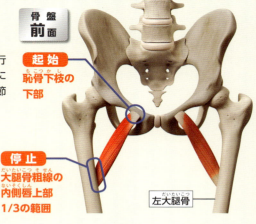

起始 恥骨下枝の下部
停止 大腿骨粗線の内側唇上部1/3の範囲
左大腿骨

股関節内旋筋
恥骨筋
（ちこつきん）

内転筋群の中で最も上部に位置する扁平な筋。大腰筋と長内転筋の間を走る。主に脚を内側にひねる動き（股関節内旋）に働くが、起始部が前寄りの恥骨櫛にあるため、股関節屈曲にも作用する。

> **主な働き**
> 股関節の **1** 内旋・**2** 屈曲・**3** 内転

起始 恥骨櫛
停止 大腿骨粗線の近位部と恥骨筋線
左大腿骨

股関節外旋筋
大腿方形筋
（だいたいほうけいきん）

四角い扁平な筋で、下双子筋の下に位置する。内閉鎖筋とともに股関節の最も強力な外旋筋として、脚を外向きにひねる動き（股関節外旋）に強く働く。股関節の内転作用も併せもっている。

> **主な働き**
> 股関節の **1** 外旋・**2** わずかに内転

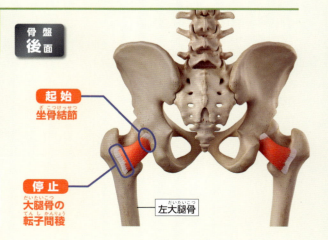

起始 坐骨結節
停止 大腿骨の転子間稜
左大腿骨

股関節外旋筋
外閉鎖筋（がいへいさきん）

股関節外旋筋群の中で最も深層にある筋。下双子筋と大腿方形筋に覆われている。ほかの外旋筋群とともに、脚を外向きにひねる股関節外旋の動きに働く。微弱ながら股関節内転にも作用する。

主な働き
股関節の❶外旋・❷わずかに内転

外旋

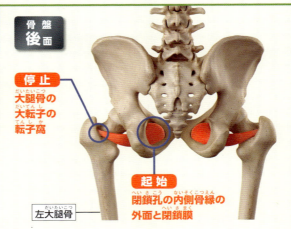

骨盤 後面

停止：大腿骨の大転子の転子窩

起始：閉鎖孔の内側骨縁の外面と閉鎖膜

左大腿骨

股関節外旋筋
内閉鎖筋（ないへいさきん）

大腿方形筋と並んで最も強力な外旋筋であり、股関節外旋の主働筋として働く。外旋作用のある大腿方形筋、内閉鎖筋、外閉鎖筋、梨状筋、上双子筋、下双子筋を総称し、「股関節外旋六筋」とよぶ。

主な働き
股関節の外旋

外旋

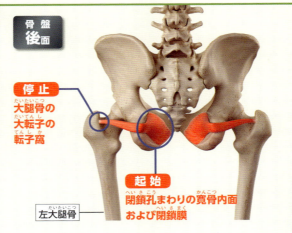

骨盤 後面

停止：大腿骨の大転子の転子窩

起始：閉鎖孔まわりの寛骨内面および閉鎖膜

左大腿骨

股関節外旋筋
梨状筋（りじょうきん）

大殿筋の深部にあるインナーマッスル。梨の形に見えるのが筋名の由来。股関節外旋六筋のひとつであり、股関節外旋の主働筋として働く。脚を外側に開く股関節外転の動きにもわずかに作用する。

主な働き
股関節の❶外旋・❷わずかに外転

外旋

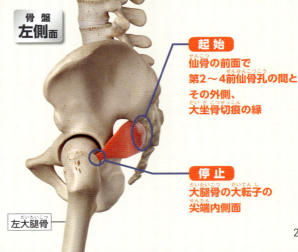

骨盤 左側面

起始：仙骨の前面で第2〜4前仙骨孔の間とその外側、大坐骨切痕の縁

停止：大腿骨の大転子の尖端内側面

左大腿骨

第6章 関節動作と主働筋

231

膝関節の可動域と主働筋

膝を曲げ・伸ばしする膝関節は、膝関節伸展筋群である太もも前面の大腿四頭筋と、膝関節屈曲筋群である太もも裏のハムストリングが主働筋となって動かされる。

膝を動かす大腿四頭筋とハムストリング

膝関節は関節する大腿骨と脛骨の結合が浅いため、数本の強固な靭帯で結合が補強されている。しかし、結合が浅いものの、膝を伸ばす膝関節伸展動作は人体の関節動作の中で最も強い関節動作のひとつである。

膝関節伸展筋群の大腿四頭筋は大腿直筋のみ股関節もまたぐ二関節筋であり、股関節屈曲の動きにも働く。膝関節屈曲筋群のハムストリングは3筋とも股関節もまたぐ二関節筋であり、股関節伸展の動きにも働く。膝関節の筋を高負荷で鍛えるならスクワットやデッドリフトなどフリーウエイトの多関節種目で股関節と一緒に鍛えると良い。

※膝が横に曲がる「内反・外反」の動きが起こるといわれることがある。これは、膝が内旋・外旋しながら屈曲した際に、仮想的に横に曲がったように見える現象であり、みずからの意志で膝を純粋に横に曲げることはできない

膝関節の屈曲・伸展

動き		
	屈曲	膝を曲げる
	伸展	膝を伸ばす
主働筋 (貢献度 ランキング)	屈曲	❶半膜様筋 ▶P.238　❺薄筋 ▶P.228 ❷半腱様筋 ▶P.238　❻縫工筋 ❸大腿二頭筋 ▶P.239　❼膝窩筋 ▶P.239 ❹腓腹筋 ▶P.219
	伸展	❶中間広筋 ▶P.236　❸内側広筋 ▶P.237 ❷外側広筋 ▶P.237　❹大腿直筋 ▶P.236
日常生活 動作	屈曲	歩行で太ももを前方に振り出した際、膝下が振られるのを止める。あらゆる膝を曲げる動き
	伸展	歩行時に膝を伸ばす。座位から立ち上がる。階段上り。あらゆる下肢動作
スポーツ 動作	屈曲	ランニングやダッシュで太ももを前方に振り出した際、膝下が振られるのを止める。自転車のペダル漕ぎ(膝を曲げて後方へ漕ぐ局面)など。あらゆるスポーツの膝を曲げる動き
	伸展	ランニングやダッシュにおいて膝を伸ばす。ジャンプ動作。蹴る動作など。あらゆるスポーツの膝を伸ばす動き

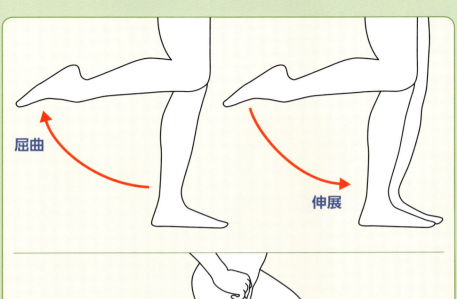

屈曲 / 伸展

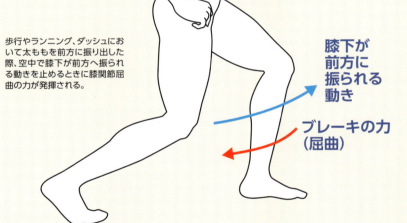

歩行やランニング、ダッシュにおいて太ももを前方に振り出した際、空中で膝下が前方へ振られる動きを止めるときに膝関節屈曲の力が発揮される。

膝下が前方に振られる動き

ブレーキの力（屈曲）

屈曲
ランニングやダッシュで膝下の振りを止める

屈曲
サッカーでボールを蹴る際に膝を曲げる

屈曲
自転車のペダル漕ぎ（膝を曲げて後方へ漕ぐ局面）

伸展
ランニングやダッシュで膝を伸ばす

伸展
ジャンプ動作

伸展
蹴る動作

第6章 関節動作と主働筋

膝関節を動かす筋一覧

膝関節は、膝関節をまたいで大腿骨と下腿部の脛骨、腓骨をつないでいる筋の働きで動かされる。太もも前面には大腿四頭筋、後面にはハムストリングという筋群がある。

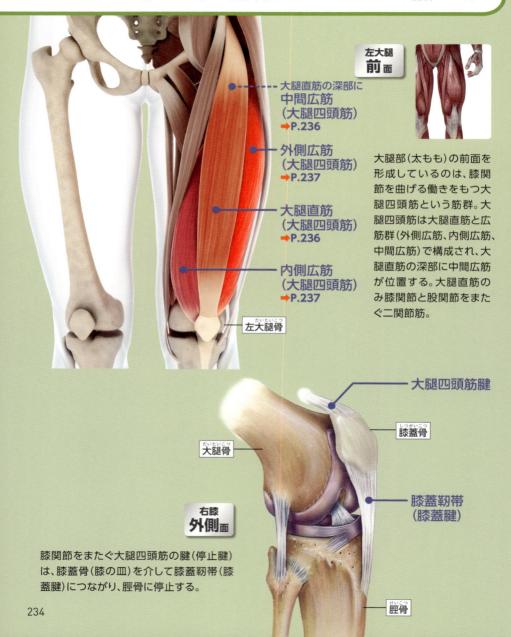

左大腿 前面

- 大腿直筋の深部に 中間広筋（大腿四頭筋）→P.236
- 外側広筋（大腿四頭筋）→P.237
- 大腿直筋（大腿四頭筋）→P.236
- 内側広筋（大腿四頭筋）→P.237
- 左大腿骨

大腿部（太もも）の前面を形成しているのは、膝関節を曲げる働きをもつ大腿四頭筋という筋群。大腿四頭筋は大腿直筋と広筋群（外側広筋、内側広筋、中間広筋）で構成され、大腿直筋の深部に中間広筋が位置する。大腿直筋のみ膝関節と股関節をまたぐ二関節筋。

右膝 外側面

- 大腿四頭筋腱
- 膝蓋骨
- 大腿骨
- 膝蓋靭帯（膝蓋腱）
- 脛骨

膝関節をまたぐ大腿四頭筋の腱（停止腱）は、膝蓋骨（膝の皿）を介して膝蓋靭帯（膝蓋腱）につながり、脛骨に停止する。

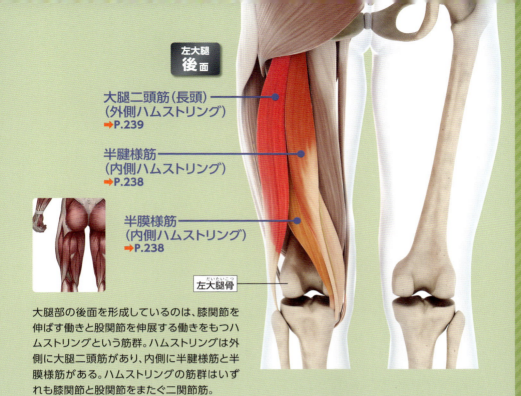

左大腿 後面

- 大腿二頭筋(長頭)（外側ハムストリング）
  ➡P.239
- 半腱様筋（内側ハムストリング）
  ➡P.238
- 半膜様筋（内側ハムストリング）
  ➡P.238
- 左大腿骨

大腿部の後面を形成しているのは、膝関節を伸ばす働きと股関節を伸展する働きをもつハムストリングという筋群。ハムストリングは外側に大腿二頭筋があり、内側に半腱様筋と半膜様筋がある。ハムストリングの筋群はいずれも膝関節と股関節をまたぐ二関節筋。

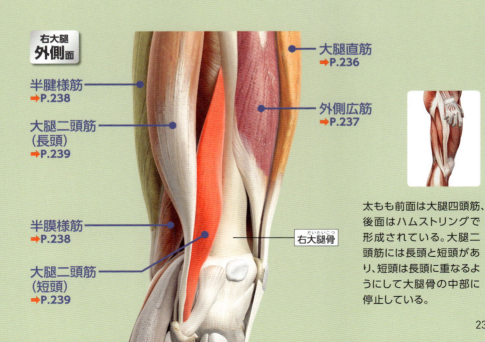

右大腿 外側面

- 半腱様筋 ➡P.238
- 大腿二頭筋（長頭）➡P.239
- 半膜様筋 ➡P.238
- 大腿二頭筋（短頭）➡P.239
- 大腿直筋 ➡P.236
- 外側広筋 ➡P.237
- 右大腿骨

太もも前面は大腿四頭筋、後面はハムストリングで形成されている。大腿二頭筋には長頭と短頭があり、短頭は長頭に重なるようにして大腿骨の中部に停止している。

第6章 関節動作と主働筋

膝関節伸展筋
大腿直筋
大腿四頭筋①

膝関節伸展の主働筋である大腿四頭筋の中心に位置する筋。大腿四頭筋唯一の二関節筋で膝関節と股関節をまたぐ。起始部が骨盤の前面にあるため、股関節屈曲の動きにも働く。広筋群より瞬発的な動きへの貢献度が高い。

主な働き
1. 膝関節の伸展
2. 股関節の屈曲

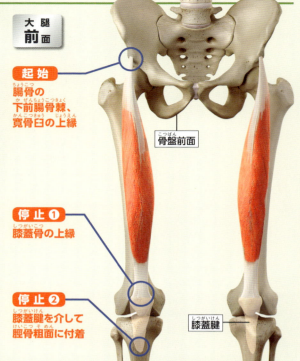

大腿前面

- 起始：腸骨の下前腸骨棘、寛骨臼の上縁
- 骨盤前面
- 停止①：膝蓋骨の上縁
- 停止②：膝蓋腱を介して脛骨粗面に付着
- 膝蓋腱

膝関節伸展筋
中間広筋
大腿四頭筋②

大腿直筋に覆われた太腿前面の深部にある強力な筋。膝を伸ばす動き（膝関節伸展）に働く大腿四頭筋のひとつ。大腿骨の前面から起始し、膝蓋骨（膝の皿）を介して膝蓋腱につながり、脛骨に停止する。広筋群の3筋はいずれも大腿直筋より体積が大きい。

主な働き
膝関節の伸展

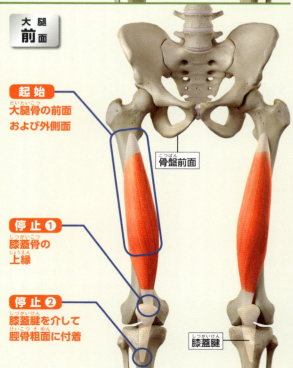

大腿前面

- 起始：大腿骨の前面および外側面
- 骨盤前面
- 停止①：膝蓋骨の上縁
- 停止②：膝蓋腱を介して脛骨粗面に付着
- 膝蓋腱

膝関節伸展筋
内側広筋
大腿四頭筋③

太腿前面の内側にある筋。大腿四頭筋の中で最も低い位置に筋腹がある。同じ広筋群の外側広筋や中間広筋と同様に、膝を伸ばす働き（膝関節伸展）の主働筋として働く。特に膝下やつま先を外に向けた状態（膝関節外旋位）で膝を伸ばす時に貢献度が高くなる。

主な働き
膝関節の伸展
（特に外旋位）

大腿前面

起始
大腿骨の転子間線から伸びる大腿骨粗線の内側唇

骨盤前面

停止❶
膝蓋骨の上縁および内側縁

停止❷
膝蓋腱を介して脛骨粗面に付着

膝蓋腱

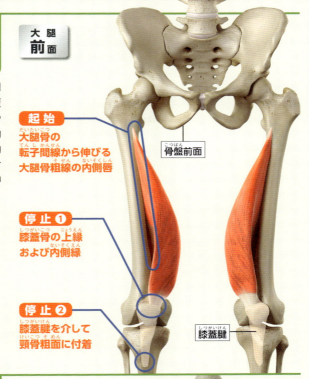

膝関節伸展筋
外側広筋
大腿四頭筋④

太腿前部の外側にある筋。ほかの広筋群と同様に、膝関節伸展の主働筋として働く。特に膝下やつま先を内側に向けた状態（膝関節内旋位）で膝を伸ばす時に貢献度が高くなる。大腿四頭筋は走行時に膝下が前方へ振られる動きにブレーキをかける働きもある。

主な働き
膝関節の伸展

大腿前面

起始
大腿骨の大転子の外側面、転子間線、殿筋粗面および粗線の外側唇

骨盤前面

停止❶
膝蓋骨の上縁および外側縁

停止❷
膝蓋腱を介して脛骨粗面に付着

膝蓋腱

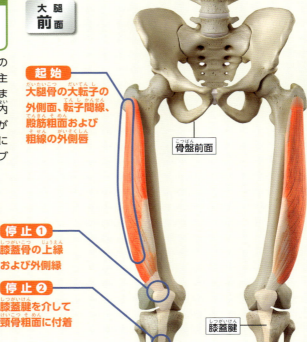

第6章 関節動作と主働筋

膝関節屈曲筋
半腱様筋
ハムストリング①

半膜様筋、大腿二頭筋とともに太腿裏でハムストリングを形成する。ハムストリングの筋群はすべて膝関節と股関節をまたぐ二関節筋。膝関節屈曲の主働筋で、股関節の伸展にも働く。半腱様筋は半膜様筋を覆うように走行し、筋線維が長く、筋腹が上寄りにある。短距離選手に発達が見られる筋。

主な働き
1. 膝関節の屈曲
（膝屈曲時に下腿を内旋）、
2. 股関節の伸展

1 屈曲

2 股関節の伸展

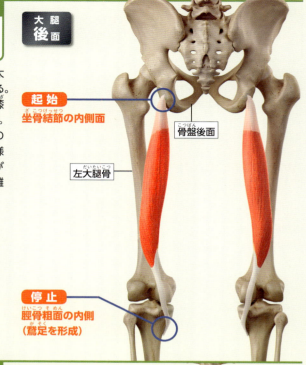

大腿後面

起始：坐骨結節の内側面
骨盤後面
左大腿骨
停止：脛骨粗面の内側（鵞足を形成）

膝関節屈曲筋
半膜様筋
ハムストリング②

ハムストリングのひとつとして、膝関節屈曲と股関節伸展の動きに働く。半腱様筋と比べて筋腹は膝寄りにあり、筋線維も短い。ハムストリングの中では、股関節伸展より、股関節屈曲の動きへの貢献度が比較的高い。筋の位置から半膜様筋と半腱様筋は、「内側ハムストリング」ともよばれる。

主な働き
1. 膝関節の屈曲
（膝屈曲時に下腿を内旋）、
2. 股関節の伸展

1 屈曲

2 股関節の伸展

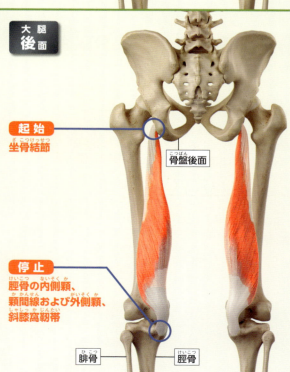

大腿後面

起始：坐骨結節
骨盤後面
停止：脛骨の内側顆、顆間線および外側顆、斜膝窩靭帯
腓骨　脛骨

膝関節屈曲筋
大腿二頭筋
ハムストリング③

ハムストリングの中で最も外側にある筋で、「外側ハムストリング」ともよばれる。起始部が2頭に分かれていて、短頭は大腿骨から、長頭は骨盤の坐骨結節から起始する。2頭とも膝関節屈曲の動きに働くが、長頭は股関節伸展に対する貢献度のほうが高い。短頭は股関節の動きには作用しない。

主な働き
1. 股関節の伸展、
2. 膝関節の屈曲
（膝屈曲時に下腿を外旋）

起始❶ 長頭：坐骨結節

骨盤後面

左大腿 後面

長頭

骨盤後面

短頭

起始❷ 短頭：大腿骨粗面の外側唇の中部1/3と外側筋間中隔

停止 腓骨頭

膝関節屈曲筋
膝窩筋

腓腹筋に覆われている小さな筋。膝の外側で大腿骨の先端から起始し、膝裏を斜行して脛骨に停止する。主に膝を曲げる動き（膝関節屈曲）に作用するが、わずかに膝関節内旋の作用もある。

主な働き
1. 膝関節の屈曲・
2. わずかな内旋

左膝 後面

起始 大腿骨の外側上顆

停止 脛骨の上部後面

腓骨　脛骨

第6章 関節動作と主働筋

体幹の可動域と主働筋

胴体部分にあたる体幹は、上体を丸める屈曲、反らせる（伸展）、左右に捻る（回旋）、横に曲げる（側屈）動きが可能。体幹の動きで上半身だけでなく下半身も動かせる。

「体幹の動き」とは胸椎と腰椎の動き

脊柱を構成する33個の椎骨のうち、上部の24個（頸椎・胸椎・腰椎）には可動性があり、骨盤と融合している下部の仙骨・尾骨には可動性がない。本書では、可動性のある上部24個の椎骨のうち、胸椎と腰椎の動きを体幹の動きと定義する。

各胸椎、各腰椎の間には椎間関節とよばれる関節があり、そのひとつひとつの可動域は小さいが、体幹全体としての可動域は大きくなる。

体幹の筋群を鍛える種目は、腹筋種目のように上半身を動かす種目が中心となるが、上体を固定し、骨盤ごと下半身を振ったり、捻ったりしてハードに鍛える種目もある。

体幹の屈曲（前屈）・伸展（後屈）

動き		
	屈曲	背を丸めて上体を前方に曲げる
	伸展	背を反らして上体を後方に曲げる
主働筋 （貢献度 ランキング）	屈曲	❶ 腹直筋 ▶ P.246 ❷ 外腹斜筋 ▶ P.247 ❸ 内腹斜筋 ▶ P.247
	伸展	❶ 脊柱起立筋 ▶ P.248 ❷ 腰方形筋 ▶ P.250 ❸ 半棘筋群 ▶ P.249 ❹ 多裂筋
日常生活 動作	屈曲	寝た状態から上体を起こす。重いリュックサックを背負う。正しい姿勢の維持
	伸展	背すじを伸ばす。腹ばいの状態で上体を起こす。荷物を抱える。正しい姿勢の維持
スポーツ 動作	屈曲	柔道・レスリングの背負い投げ。体操の前方宙返り
	伸展	重量挙げのリフティング動作。ジャンプ動作。レスリングのリフトアップ

屈曲
レスリングの背負い投げ

伸展
重量挙げの
リフティング動作

体幹の側屈

動き	側屈 上体を横(側方)に曲げる
主働筋 (貢献度 ランキング)	側屈 ❶外腹斜筋 ▶P.247 ❷内腹斜筋 ▶P.247 ❸腰方形筋 ▶P.250 ❹脊柱起立筋 ▶P.248
日常生活 動作	側屈 片手で荷物を持つ。正しい姿勢の維持
スポーツ 動作	側屈 テニスのサーブのテイクバック。レスリングの飛行機投げ。スキーのターン動作

側屈 テニスのサーブのテイクバック

側屈 レスリングの飛行機投げ

体幹の回旋

動き	回旋 脊柱を回転軸にして、上体を左右に捻る
主働筋 (貢献度 ランキング)	回旋 ❶内腹斜筋(同側回旋) ▶P.247 ❷外腹斜筋(反対側回旋) ▶P.247 ❸脊柱起立筋 ▶P.248 ❹回旋筋 ▶P.250
日常生活 動作	回旋 歩行動作。上体を回して物を移動させる。後ろに振り返る。正しい姿勢の維持
スポーツ 動作	回旋 ゴルフのスイング。野球のスイング・ピッチング。カヌーのパドリング

回旋 ゴルフのスイング

回旋 野球のピッチング

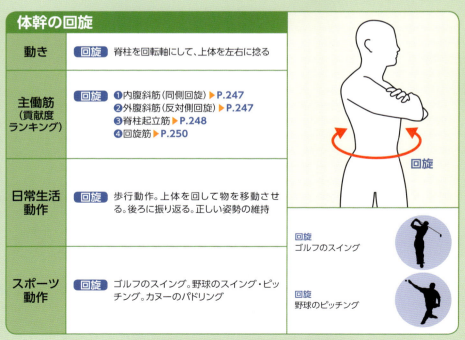

※同側回旋…右(左)側の筋肉が働いて、筋肉と同側の右(左)に回旋させること
※反対側回旋…右(左)側の筋肉が働いて、筋肉と反対側の左(右)に回旋させること

頸部の可動域と主働筋

頸部の動きは、椎骨が縦に連なって構成される脊柱の上部にあたる頸椎部分の動きのことを指す。体幹同様、前後左右に曲げたり、捻ったりする動きが可能である。

可動域が大きい頸部の椎間関節

脊柱を構成する椎骨の上部7つからなる頸椎は、体幹部の胸椎や腰椎と同様に、各椎骨間に椎間関節がある。体幹部に比べて頸部の椎間関節は可動域が大きく、頭部を大きく動かすことができる。動きも体幹と同じように、屈曲・伸展、側屈、回旋と、3次元の動きが可能である。

頸部を動かす筋は、伸展、屈曲、回旋＆側屈でそれぞれ主働筋が異なる。頸部の筋を鍛える場合は頭部の重さを利用した種目が多い。さらに頭部を支点にしたブリッジで体重を支え、高負荷で鍛える方法もある。頸部の筋を鍛えるのは格闘技の選手やレーサーに多く見られる。

頸部の屈曲・伸展

動き	屈曲	首を前方に曲げて頭を前に倒す
	伸展	首を後方に曲げて頭を後ろに倒す
主働筋（貢献度ランキング）	屈曲	❶斜角筋群 ▶P.251 ❷舌骨下筋群 ❸椎前筋（群）
	伸展	❶板状筋群 ▶P.252 ❷半棘筋群 ▶P.249 ❸脊柱起立筋 ▶P.248 ❹後頭下筋（群）
日常生活動作	屈曲	頭を前に倒して下を向く。仰向けに寝た状態から頭を起こす。うなずく。正しい姿勢の維持
	伸展	頭を後ろに倒して上を向く。腹ばいに寝た状態から顔を上げる。正しい姿勢の維持
スポーツ動作	屈曲	アメリカンフットボールのタックル時の首の固定。サッカーのヘディング
	伸展	レスリングのブリッジ。ラグビーのスクラム、平泳ぎの息つぎ

屈曲
アメリカンフットボールのタックル時の首の固定

伸展
レスリングのブリッジ

頸部の側屈

動き	側屈 首を横(側方)に曲げて頭を左右に倒す
主働筋 (貢献度 ランキング)	側屈 ❶胸鎖乳突筋 ▶P.252 ❷斜角筋群 ▶P.251 ❸脊柱起立筋 ▶P.248 ❹板状筋群 ▶P.252
日常生活 動作	側屈 横向きに寝た状態で頭を起こす。ジェットコースターなどの急カーブで首が左右に倒れないように保つ。正しい姿勢の維持
スポーツ 動作	側屈 カーレース、ボブスレー、水上スキーなどにおける高速カーブで首が左右に倒れないように耐える。バスケットボールなどのフィールド競技で方向転換をするときに頭を固定する

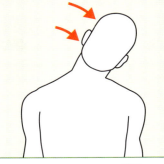

側屈
ボブスレーの高速カーブで首が左右に倒れないように耐える

側屈
バスケットボールで方向転換をするときに頭を固定する

頸部の回旋

動き	回旋 頸椎を回転軸にして、首を左右に回す
主働筋 (貢献度 ランキング)	回旋 ❶胸鎖乳突筋(反対側回旋) ▶P.252 ❷板状筋群(同側回旋) ▶P.252 ❸脊柱起立筋 ▶P.248 ❹回旋筋 ▶P.250
日常生活 動作	回旋 首を回して横を向く。後ろに振り向く。正しい姿勢の維持
スポーツ 動作	回旋 クロールの息つぎで首を捻る動作。スノーボードで進行方向を見る動作。野球のバッティングの構えでピッチャーを見る。アーチェリーの構えで的を見る

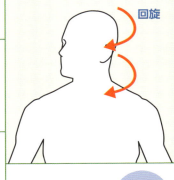

回旋
クロールの息つぎで首を捻る動作

回旋
スノーボードで進行方向を見る動作

※同側回旋…右(左)側の筋肉が働いて、筋肉と同側の右(左)に回旋させること
※反対側回旋…右(左)側の筋肉が働いて、筋肉と反対側の左(右)に回旋させること

体幹・頸部を動かす筋一覧

体幹・頸部を動かす筋は、背中側にある脊柱起立筋を中心とした脊柱まわりの筋群と、腹部の筋群に分けられる。脊柱起立筋の頸椎に付着する筋群は頸部の動きにも働く。

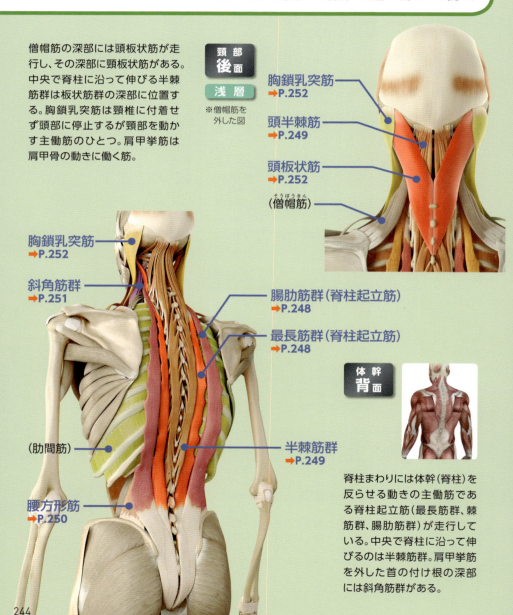

僧帽筋の深部には頭板状筋が走行し、その深部に頸板状筋がある。中央で脊柱に沿って伸びる半棘筋群は板状筋群の深部に位置する。胸鎖乳突筋は頸椎に付着せず頭骨に停止するが頸部を動かす主働筋のひとつ。肩甲挙筋は肩甲骨の動きに働く筋。

頸部 後面
浅層
※僧帽筋を外した図

- 胸鎖乳突筋 →P.252
- 頭半棘筋 →P.249
- 頭板状筋 →P.252
- (僧帽筋)

- 胸鎖乳突筋 →P.252
- 斜角筋群 →P.251
- (肋間筋)
- 腰方形筋 →P.250
- 腸肋筋群(脊柱起立筋) →P.248
- 最長筋群(脊柱起立筋) →P.248
- 半棘筋群 →P.249

体幹 背面

脊柱まわりには体幹(脊柱)を反らせる動きの主働筋である脊柱起立筋(最長筋群、棘筋群、腸肋筋群)が走行している。中央で脊柱に沿って伸びるのは半棘筋群。肩甲挙筋を外した首の付け根の深部には斜角筋群がある。

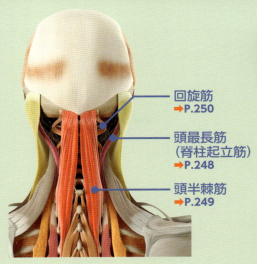

頸部 後面 やや深層

※僧帽筋、板状筋群を外した図

- 回旋筋 ➡P.250
- 頭最長筋（脊柱起立筋）➡P.248
- 頭半棘筋 ➡P.249

板状筋群（頭板状筋、頸板状筋）を外した深部には頭最長筋や半棘筋群が走行し、半棘筋群の深部には脊柱まわりの筋の中でも最も深層に位置する回旋筋がある。頸椎と頭部の側頭骨をつないでいる頭最長筋は脊柱起立筋の中でも頸部の伸展に働く筋。

体幹前面の浅層は、腹部に腹直筋があり、左右の脇腹に外腹斜筋がある。内腹斜筋は外腹斜筋に覆われていて、内腹斜筋の深部を腹横筋が走行している。腹横筋は呼吸に働く筋であり、体幹の動きには関与しない。

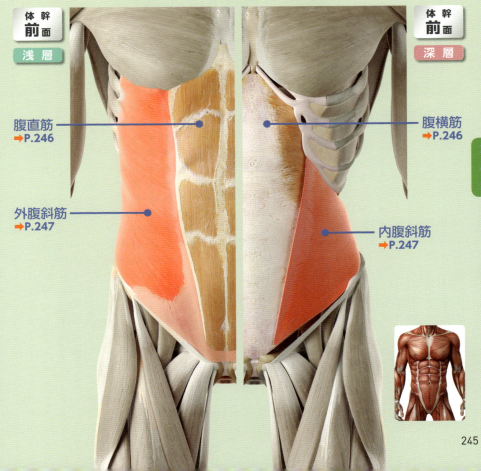

体幹 前面 浅層
- 腹直筋 ➡P.246
- 外腹斜筋 ➡P.247

体幹 前面 深層
- 腹横筋 ➡P.246
- 内腹斜筋 ➡P.247

第6章 関節動作と主働筋

体幹屈曲筋
腹直筋（ふくちょくきん）

一般的に「腹筋」と同義語の多腹筋。腹部の前面にあり、筋腹が上下4〜5段に分かれている。背中（脊柱）を前方に丸める働きをもつ体幹屈曲の主働筋。スポーツなどの激しい動作時は、体幹のブレを抑える動きにも貢献する。内臓を保護する役割も担っている。

主な働き
体幹の屈曲、胸郭前壁の引き下げ、腹腔内圧の拡大

屈曲

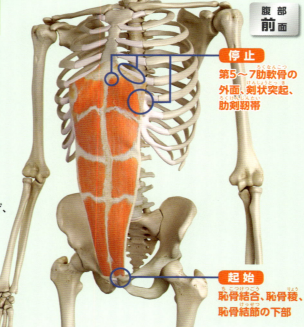

腹部前面

停止
第5〜7肋軟骨の外面、剣状突起、肋剣靭帯

起始
恥骨結合、恥骨稜、恥骨結節の下部

呼吸筋
腹横筋（ふくおうきん）

内腹斜筋に覆われ、側腹の筋では最も深層にある。腹腔の内部を圧迫し、お腹を凹ませる働きがあり、呼吸において息を吐く動き（呼気）の主働筋として作用する。横隔膜に対して拮抗的に働く性質をもっている。体幹の筋ではあるが、脊柱の動きには関与しない。

主な働き
下位肋骨を下に引き、腹腔内圧を拡大

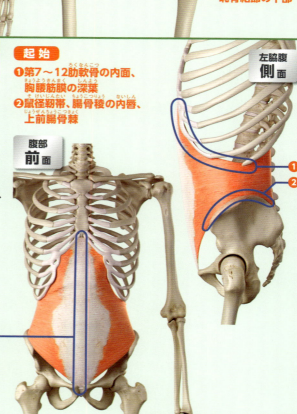

起始
❶ 第7〜12肋軟骨の内面、胸腰筋膜の深葉
❷ 鼠径靭帯、腸骨稜の内唇、上前腸骨棘

腹部前面

左脇腹側面

停止
剣状突起、白線、恥骨（恥骨結節、恥骨櫛）

体幹側屈筋
外腹斜筋 (がいふくしゃきん)

側腹で最も表層にある筋。後部は広背筋に覆われている。背中（脊柱）を横に曲げる動き（体幹側屈）や、反対側へひねる動き（体幹回旋※反対側）の主働筋。腹直筋とともに体幹屈曲にも働き、体幹を固定する動きにも貢献する。

主な働き
体幹（脊柱）の
1 側屈（同側）・2 回旋（反対側）・
3 屈曲、胸郭の引き下げ

1 側屈（同側）

2 回旋（反対側）

3 屈曲

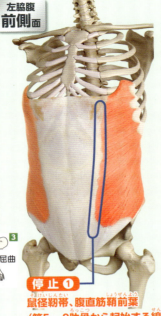

左脇腹 前側面

左脇腹 側面

起始
第5〜12肋骨の外面

停止 ①
鼠径靭帯、腹直筋鞘前葉
（第5〜9肋骨から起始する線維）

停止 ②
腸骨稜の外唇
（第10〜12肋骨から起始する線維）

体幹回旋筋
内腹斜筋 (ないふくしゃきん)

外腹斜筋の深部にある筋で、外腹斜筋や腹横筋と内臓を収める腹腔の壁（腹壁）を形成する。外腹斜筋とともに体幹側屈および体幹回旋（※同側）の主働筋として働く。腹直筋や外腹斜筋とともに体幹を固定する働きもある。

主な働き
体幹（脊柱）の
1 回旋（同側）・2 側屈（同側）・
3 前屈、胸郭の引き下げ

1 回旋（同側）

2 側屈（同側）

3 前屈

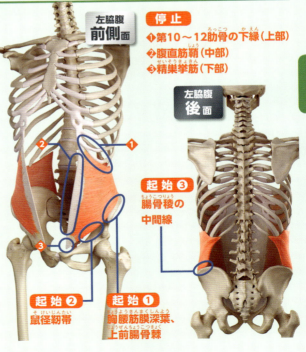

左脇腹 前側面

左脇腹 後面

停止
① 第10〜12肋骨の下縁（上部）
② 腹直筋鞘（中部）
③ 精巣挙筋（下部）

起始 ①
胸腰筋膜深葉、上前腸骨棘

起始 ②
鼠径靭帯

起始 ③
腸骨稜の中間線

第6章 関節動作と主働筋

247

体幹伸展筋
脊柱起立筋 複合筋

脊髄神経の後枝に支配される背面筋群の総称。頭部から骨盤まで縦に連なっている脊柱に沿って走行し、浅層に腸肋筋群、中間層に最長筋群、深層に棘筋群があり、場合によっては半棘筋群や板状筋群も含む。主に背中（脊柱）を反らす動き（体幹伸展）の主働筋として働く。重力に抗する動きに作用するため、「抗重力筋」ともいわれる。拮抗して働く腹直筋より日常生活での使用頻度が高く、遅筋線維の比率が高いのが特徴。腹筋群とともにスポーツの激しい動作時は、体幹を固定する動きに貢献する。

主な働き
1 体幹の伸展

体幹の伸展

2 体幹の回旋・側屈、頸部の伸展

体幹の回旋　体幹の側屈　頸部の伸展

3 頸部の回旋・側屈

頸部の回旋　頸部の側屈

体幹 後面

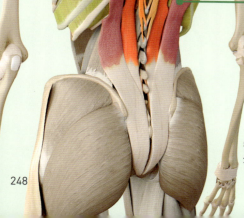

最長筋群

- **頭最長筋**
  [主な働き：頸椎の 1 伸展・2 側屈（同側）・3 回旋（同側）]
- **頸最長筋**（※頭最長筋を外した図）
  [主な働き：1 胸椎・頸椎の伸展、2 頸椎の側屈（同側）]
- **胸最長筋**
  [主な働き：胸椎・腰椎の 1 伸展・2 側屈（同側）]

棘筋群

- **頸棘筋**（※深層）
  [主な働き：頸椎の 1 伸展・2 側屈（同側）]
- **胸棘筋**（※深層）
  [主な働き：胸椎・腰椎の 1 伸展・2 側屈（同側）]

腸肋筋群

- **頸腸肋筋**
  [主な働き：頸椎の 1 伸展・2 側屈（同側）]
- **胸腸肋筋**
  [主な働き：胸椎の 1 伸展・2 側屈（同側）]
- **腰腸肋筋**
  [主な働き：胸椎の 1 伸展・2 側屈（同側）]

脊柱に沿って走行する脊柱起立筋群は、3層に分かれ、外側に腸肋筋群、内側に最長筋群、深層に棘筋群がある

頸部伸展筋

頭半棘筋（とうはんきょくきん）

半棘筋群（頭半棘筋、頸半棘筋、胸半棘筋）の中でも上部に位置し、主に頸部の伸展に働く。左右片側の筋だけが働くことで頸部の側屈にも作用する。頭部を固定して安定させる筋のひとつでもある。

停止：後頭骨の上項線と下項線の間

起始：第3頸椎〜第4（〜7）胸椎の横突起

主な働き
頸部の 1 伸展・ 2 側屈（同側）・ 3 回旋（反対側）

1 頸部の伸展
2 頸部の側屈（同側）
3 頸部の回旋（反対側）

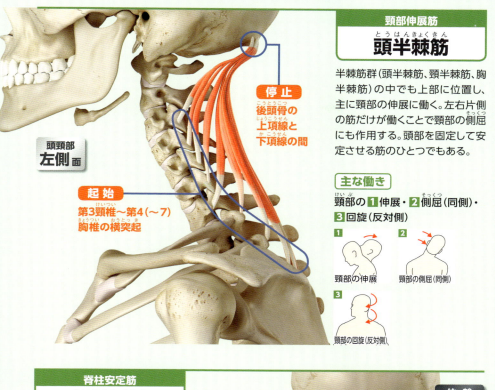

頭頸部 左側面

脊柱安定筋

頸半棘筋（けいはんきょくきん）

半棘筋群の中部に位置する筋（下部は胸半棘筋）。主に頸椎から上部の胸椎を伸展させる働きがあり、側屈や回旋の動きにも作用する。頸椎、胸椎ひとつひとつに筋が付着しているため、脊柱の椎骨同士がズレないように引き付け、脊柱を安定させる役割も担っている。

停止：第2（または3か4）〜6（または5）頸椎の棘突起

起始：第1〜6胸椎の横突起

主な働き
1 脊柱の安定、胸椎・頸椎の 2 伸展・ 3 側屈（同側）・ 4 回旋（反対側）

2 胸椎・頸椎の伸展
3 胸椎・頸椎の側屈（同側）
4 胸椎・頸椎の回旋（反対側）

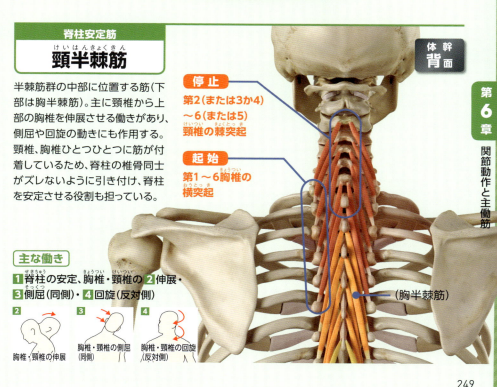

体幹 背面

（胸半棘筋）

第6章 関節動作と主働筋

体幹回旋筋
回旋筋（かいせんきん）

脊柱まわりで最も深層にある細長い筋。短回旋筋と長回旋筋からなり、筋名の通り体幹の回旋動作に働く。頸椎から腰椎にかけてノコギリの歯のような筋束がいくつも連なり、付着している椎骨のひとつひとつに回旋する力を与える。

主な働き
1 脊柱の回旋（反対側）
2 脊柱の伸展補助

脊柱の回旋（反対側）

※「回旋（反対側）」とは回旋方向と左右逆側の筋が働く意

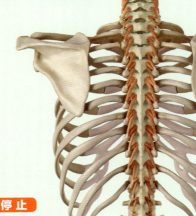
体幹 背面

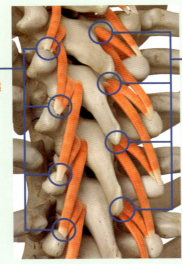

起始：椎骨の横突起
停止：筋に隣接する椎骨のうち、上位の棘突起基部

体幹側屈筋
腰方形筋（ようほうけいきん）

体幹の深層で腰椎の両側に位置する長方形の筋。大部分を脊柱起立筋に覆われている。主に背中（脊柱）を横に曲げる動き（体幹側屈）と、後ろに反らす動き（体幹伸展）に働く。停止部の一部である第12肋骨を引き付けて下制する作用ももつ。

主な働き
腰椎の 1 側屈・2 伸展、
3 第12肋骨の下制

1 腰椎の側屈
2 腰椎の伸展

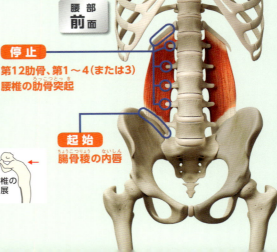
腰部 前面

停止：第12肋骨、第1～4（または3）腰椎の肋骨突起

起始：腸骨稜の内唇

頸部屈曲筋・呼吸筋
前斜角筋（ぜんしゃかくきん）

首を前方に曲げる動き（頸部屈曲）の主働筋である斜角筋群のひとつ。肋骨が固定されている状態で、頸部屈曲や頸部側屈に働く。肋骨を引き上げる作用があり、胸郭を広げて息を吸う時にも作用する。

頸部前面

起始 第3（または4）〜7（または6）頸椎の横突起の前結節

停止 第1肋骨の前斜角筋結節（リスフラン結節）

主な働き
1. 第1肋骨の挙上、頸椎の
2. 屈曲・
3. 側屈（同側）

頸椎の屈曲 頸椎の側屈（同側）

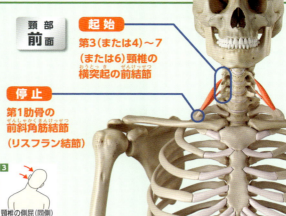

頸部屈曲筋・呼吸筋
中斜角筋（ちゅうしゃかくきん）

前斜角筋と同じ呼吸筋で、中斜角筋のほうが少し体積が大きい。働きも前斜角筋とほとんど同じで、肋骨を引き上げる作用があり、胸郭を広げて息を吸う時に使われる。頸部屈曲や頸部側屈には補助的に働く。

頸部後面

起始 第2（または1）〜7頸椎の横突起の後結節

停止 第1肋骨の周辺に広く停止

主な働き
1. 第1肋骨の挙上、頸椎の
2. 屈曲・
3. 側屈（同側）

頸椎の屈曲 頸椎の側屈（同側）

頸部屈曲筋・呼吸筋
後斜角筋（こうしゃかくきん）

頸椎から第2肋骨につながる呼吸筋。この筋は欠如している人も多い。ほかの斜角筋と同様に、肋骨を引き上げる働きがあり、胸郭を広げて息を吸う時に使われる。頸部屈曲や頸部側屈にも補助的に働く。

頸部後面

起始 第5〜7頸椎の横突起の後結節

停止 第2（または3）肋骨

主な働き
1. 第2肋骨の挙上、頸椎の
2. 屈曲・
3. 側屈（同側）

頸椎の屈曲 頸椎の側屈（同側）

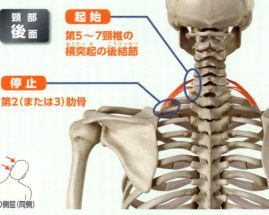

第6章 関節動作と主働筋

頸部伸展筋
頭板状筋（とうばんじょうきん）

首の後面にある比較的大きな筋。僧帽筋の筋腹の内側を走行し、筋腹に触れることもできる。頸板状筋とともに、首を後ろに反らす動き（頸部伸展）の主働筋として働く。片側だけが働く場合は、首を回す作用（頸部回旋※同側）もある。

主な働き
頸部の 1 伸展・2 回旋（同側）・3 側屈（同側）

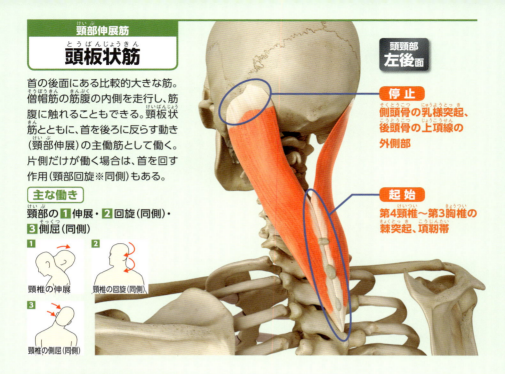

頭頸部 左後面

停止：側頭骨の乳様突起、後頭骨の上項線の外側部

起始：第4頸椎〜第3胸椎の棘突起、項靭帯

頸部回旋筋
胸鎖乳突筋（きょうさにゅうとつきん）

首の側面を斜めに通る帯状の筋で、速筋線維の占める割合が高い。横を向いた時に浮き出る筋であり、反対側に首を回す動き（頸部回旋※反対側）の主働筋として働く。頸部の屈曲にも作用するが、主に回旋をともなった屈曲（斜め下を向く動き）に貢献する。

主な働き
1. 頸部の回旋（反対側）
2. 頸部の回旋をともなった屈曲（斜め下を向く動作）
3. 頸部の側屈（同側）

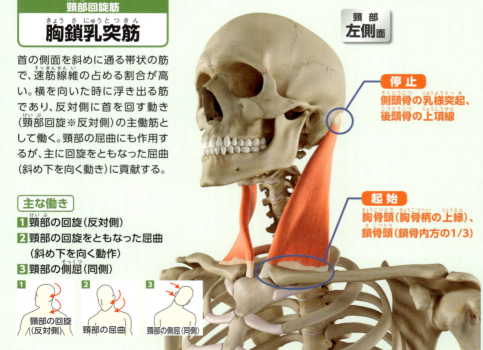

頸部 左側面

停止：側頭骨の乳様突起、後頭骨の上項線

起始：胸骨頭（胸骨柄の上縁）、鎖骨頭（鎖骨内方の1/3）

運動別 最大筋力（参考値）の比較

最大筋力には個人差があるが、各種研究で測定された関節動作ごとの最大筋力（参考値）を比較してランキング表示をすることで、各関節動作の筋力レベルと関節動作のパワーバランスが見えてくる。

順位	運動名	最大筋力（参考値）	掲載ページ
1位	股関節の伸展	200～230Nm	222
2位	膝関節の伸展	190～220Nm	232
3位	足関節の底屈（屈曲）	120～160Nm	217
4位	股関節の外転	110～130Nm	223
5位	股関節の内転	100～130Nm	223
6位	膝関節の屈曲	100～120Nm	232
7位	股関節の屈曲	90～110Nm	222
8位	肩関節の内転	80～100Nm	194
9位	肩関節の伸展	85～95Nm	194
10位	肩関節の屈曲	80～95Nm	194
11位	肩関節の外転	60～80Nm	194
12位	肘関節の屈曲	65～75Nm	206
12位	肩関節の内旋	65～75Nm	195
14位	肘関節の伸展	55～64Nm	206
15位	肩関節の外旋	35～45Nm	195
16位	足関節の背屈（伸展）	30～40Nm	217
17位	手関節の掌屈（屈曲）	15～20Nm	212
17位	手関節の尺屈（内転）	15～20Nm	212
19位	手関節の橈屈（外転）	13～18Nm	212
20位	前腕（橈尺関節）の回外	10～15Nm	207
21位	前腕（橈尺関節）の回内	8～13Nm	207
22位	手関節の背屈（伸展）	5～10Nm	212

※Nm（ニュートンメートル）＝力のモーメント（トルク）を表す単位
※数値はすべて成人男性のデータ。複数の文献をもとにおおよその平均値を算出したため、「参考値」とする

肩関節、肘関節、前腕、手関節のデータ：Garner and Pandy (2003)
股関節の屈曲、内転・外転、足関節の底屈・背屈のデータ：Arnold et al. (2010)
股関節の伸展、膝関節の屈曲のデータ：Anderson et al. (2007)より改編
膝関節の伸展のデータ：Van Eijden et al. (1987)より改編
※股関節伸展の数値は身体の硬さによりトルクを考慮して算出

著者のことば

　本書は、世の中に数多く存在している筋トレ関連の類書にはない有益かつユニークな切り口と情報で構成されています。

　一つ目の特徴は、「各筋トレ種目の姿勢や負荷のかけ方を変えることで、鍛えられる箇所や得られる効果がどのように変化するのか？」にフォーカスした見せ方になっている点です。初心者の場合はいわゆる「基本種目」を実施することがほとんどだと思います。しかし、ある程度筋トレ経験を積んでいくと、基本種目をアレンジしたバリエーション種目を試したくなるものです。成長が遅れている弱点箇所を補強する種目を追加したい場合もあるでしょうし、特定のスポーツで重要とされる部位を個別に強化したい場合もあるでしょう。一人ひとりの身体的な特徴やトレーニングの目的に合わせ、最適なバリエーション種目をチョイスするための判断基準となる情報をふんだんに盛り込んでいることが本書の大きな特徴です。

　二つ目の特徴は、筋トレで効率よく効果を得るための重要な要素である「最大負荷の位置」と「負荷範囲の長さ」を種目ごとに表示している点です。以前から各筋トレ種目を負荷がかかるポジションによって「コントラクト（短縮位）種目」「ミッドレンジ（中間位）種目」「ストレッチ（伸張位）種目」に分類する考え方はありましたが、負荷のかかり方をさらに「最大負荷の位置」と「負荷範囲の長さ」まで掘り下げて体系的に分類した例は、情報源の種類や国内・国外を問わず、私の知る限り本書が初めてです。こちらの情報も各自に適した種目を選ぶための基準となるでしょう。

　本書が皆様の目的に合わせたバリエーション種目選択の一助となり、レベルアップのお役に立てることを心より願っております。

国際武道大学 体育学部 准教授
荒川裕志

参考書籍&参考文献

- 『第5版 分冊解剖学アトラスI 運動器』(文光堂、長島聖司訳)
- 『身体運動の機能解剖 改訂版』(医道の日本社、中村千秋・竹内真希訳)
- 『目で見る筋力トレーニングの解剖学』(大修館書店、白井仁・今井純子訳)
- Garner BA and Pandy MG, Estimation of musculotendon properties in the human upper limb. Ann Biomed Eng, (2003).
- Arnold EM et al., A model of the lower limb for analysis of human movement. Ann Biomed Eng, (2010).
- Anderson DE, Madigan ML, Nussbaum MA. Maximum voluntary joint torque as a function of joint angle and angular velocity: model development and application to the lower limb. J Biomech, (2007).
- Arjmand N. and Shirazi-Adl A, Model and in vivo studies on human trunk load partitioning and stability in isometric forward flexions. J Biomech, (2006).
- Lemay MA and Crago PE, A dynamic model for simulating movements of the elbow, forearm, an wrist. J Biomech, (1996).
- Delp SL, Surgery simulation: a computer graphics systems to analyze and design musculoskeletal reconstructions of the lower limb. Dissertation, Stanford University, CA, USA, (1990).
- Hoy MG et al., A musculoskeletal model of the human lower extremity: the effect of muscle, tendon, and moment arm on the moment-angle relationship of musculotendon actuators at the hip, knee, and ankle. J Biomech, (1990).
- Marras WS et al., Female and male trunk geometry: size and prediction of the spine loading trunk muscles derived from MRI. Clin Biomech, (2001).
- Zajac FE. Muscle and tendon: properties, models, scaling, and application to biomechanics and motor control. Crit Rev Biomed Eng, (1989).
- Van Eijden TM, Weijs WA, Kouwenhoven E, Verburg J. Forces acting on the patella during maximal voluntary contraction of the quadriceps femoris muscle at different knee flexion/extension angles. Acta Anat (Basel), (1987).
- Delp SL, Anderson FC, Arnold AS, Loan P, Habib A, John CT, Guendelman E, Thelen DG. OpenSim: open-source software to create and analyze dynamic simulations of movement. IEEE Trans Biomed Eng, (2007).

撮影協力

国際武道大学

写真・イラスト協力

BODYMAKER
Shutterstock

■ 監修者略歴

石井 直方（いしい なおかた）

1955年東京都生まれ。東京大学大学院総合文化研究科教授。専門は身体運動科学、筋生理学。日本における筋肉研究の権威として知られる。ボディビル選手としても活躍し、ミスター日本優勝、世界選手権3位など輝かしい実績を誇る。『筋肉学入門』（講談社）、『石井直方の筋肉まるわかり大事典』（ベースボール・マガジン社）など著書・監修書多数。

■ 著者略歴

荒川 裕志（あらかわ ひろし）

1981年福島県生まれ。国際武道大学体育学部准教授。早稲田大学理工学部卒業。東京大学大学院総合文化研究科博士課程修了。博士（学術）。国立スポーツ科学センター研究員を経て現職。専門はバイオメカニクス・トレーニング科学。元プロ格闘家としての経歴も持つ。『効く筋トレ・効かない筋トレ』（PHP研究所）など、著書・共著書多数。

■ 編集協力	谷口洋一（株式会社アーク・コミュニケーションズ）
■ デザイン	小林幸恵（有限会社エルグ）
■ ウエア協力	ナイキジャパン
■ モデル	上地裕作・鍛冶知章（BRAFT）、遠藤洋希、秋山魁杜、秋山翔飛
■ 編集担当	齋藤友里（ナツメ出版企画株式会社）

ナツメ社Webサイト
https://www.natsume.co.jp
書籍の最新情報（正誤情報を含む）は
ナツメ社Webサイトをご覧ください。

筋トレ 動き方・効かせ方パーフェクト事典

2019年5月1日　初版発行
2021年3月30日　第6刷発行

監修者	石井直方（いしい なおかた）	Ishii Naokata,2019
著　者	荒川裕志（あらかわ ひろし）	©Arakawa Hiroshi,2019
発行者	田村正隆	

発行所　株式会社ナツメ社
　　　　東京都千代田区神田神保町1-52　ナツメ社ビル1F（〒101-0051）
　　　　電話　03（3291）1257（代表）　FAX　03（3291）5761
　　　　振替　00130-1-58661

制　作　ナツメ出版企画株式会社
　　　　東京都千代田区神田神保町1-52　ナツメ社ビル3F（〒101-0051）
　　　　電話　03（3295）3921（代表）

印刷所　図書印刷株式会社

ISBN978-4-8163-6621-5　　　　　　　　　　　　　　　　　Printed in Japan

〈本書に関するお問い合わせは、上記、ナツメ出版企画株式会社までお願いいたします。〉

＜定価はカバーに表示してあります＞
＜乱丁・落丁本はお取り替えします＞

本書の一部または全部を著作権法で定められている範囲を超え、ナツメ出版企画株式会社に無断で複写、複製、転載、データファイル化することを禁じます。